Harald F. Gregorius

# Danke, OLAV!

## Einsichten und Begegnungen auf einem Pilgerweg in Norwegen

Harald F. Gregorius

# Danke, OLAV!

## Einsichten und Begegnungen auf einem Pilgerweg in Norwegen

Geistkirch

## Über den Autor

**Harald F. Gregorius**, Jahrgang 1951, Sozialpädagoge, verheiratet, drei Kinder, arbeitete von 1978 bis zu seiner Berentung 2017 als Suchtberater im stationären und ambulanten Bereich und ist derzeit noch freiberuflich in der betrieblichen Suchtprävention engagiert.
Als Einstieg in den Ruhestand pilgerte er 2017 auf dem »Olavsweg« von Oslo nach Trondheim. Sechs Wochen intensiver Erfahrungen in der Begegnung mit sich und dem anspruchsvollen Pilgerweg, außergewöhnlicher Erlebnisse in traumhaft schönen Landschaften Norwegens und vor allem bereichernder Begegnungen mit liebenswerten und hilfsbereiten NorwegerInnen haben für ihn einen bleibenden und unschätzbaren Wert.

## Impressum

**www.geistkirch.de**

ISBN 978-3-946036-87-6
1. Auflage 2018


**Verlag** Geistkirch Verlag, Saarbrücken
**Bildnachweise** Alle Fotos von Harald Gregorius, außer
*Titelbild, 127, 150, 174:* Bettina Spin
*181, 224*: Werner Gehrmann
*94, 199, 226:* Jens Wendelmuth
Karte *Seite 9, Quelle:* OpenStreetMap
**Buchgestaltung** Ron Christmann, Heusweiler

# Vorwort

## Ja – wir lieben diesen Weg!

Norwegenfans waren wir schon lange. Über zehn Jahre haben wir als freie Mitarbeiter für *Hurtigruten* gearbeitet. Und Pilgerfans waren wir auch. In Spanien sind wir 800 Kilometer über den Jakobsweg gelaufen und in Tibet zusammen mit Buddhisten in 5000 Metern Höhe um den heiligen Berg Kailas; frei nach dem Motto von Abtprimas Notker Wolf: »Die Gestalt des Pilgers verbindet die Religionen dieser Erde.«

Aber von einem Olavsweg hatten wir noch nie gehört. Da kamen plötzlich mehrere Zufälle nacheinander in unser reiches Reiseleben: Der Hamburger *Pilgerpastor* Bernd Lohse hatte uns 2009 zu einem Vortrag über den Jakobsweg in seine Gemeinde eingeladen und erzählte anschließend von »seinem Pilgerweg« in Norwegen. Wir meldeten uns spontan für 2010 an. Wochen später waren wir auf dem *Hurtigruten*-Schiff *FRAM* zusammen mit dem *NDR*-Reporter und Moderator Peter von Sassen in der Antarktis unterwegs.

»Was macht ihr im nächsten Sommer?«, wollte Peter wissen. »Wir gehen wieder pilgern.« »Wieder auf den Jakobsweg?«. »Nein, nach Norwegen auf den Olavsweg, zusammen mit einem professionellen und sehr guten Pilgerpastor.« »Das klingt spannend, ich habe nie davon gehört und suche nach einem guten Thema für eine Weihnachtssendung. Erzählt mir, ich möchte da mit!«

Die gleiche Frage stellte mir Franz Alt. Wir kennen uns seit Jahren durch unsere gemeinsame Liebe zu Tibet und der Freundschaft mit dem Dalai Lama. So brachten wir auch Franz Alt und seine Frau Bigi in die Lohse-Gruppe. Franz sprach unterwegs diesen Satz in Peters Mikrofon: »Pilgern ist in allen Kulturen schon seit Jahrtausenden eine ganz wichtige Erfahrung spirituellen Lebens. Hier entstand im Mittelalter bereits die Idee eines friedlich vereinten Europa.« Franz Alt schrieb nach unserer Pilgertour Olavsweg-Berichte für etwa 40 deutsche Zeitungen.

Der NDR-Film wurde ein großer Erfolg. Über 500 Fernsehzuschauer meldeten sich spontan und wollten mit Pastor Lohse auf den Olavsweg – und Bernd rief uns fast verzweifelt an: »Helft mir, ich kann nicht mit 500 Pilgern gehen! Ihr habt Reiseerfahrung mit Gruppen in aller Welt, führt bitte zusätzlich Pilgergruppen über den Olavsweg. So wurde das Jahr 2010 bei uns der Beginn einer großen Liebe zu diesem ganz ungewöhnlich schönen Weg. Wir führten Gruppen, in einem Jahr gleich drei hintereinander, und gaben den ersten deutschsprachigen Pilgerführer heraus.

Nach diesem Führer ist auch Harald F. Gregorius durch Norwegen gewandert – und hat sich trotzdem oft verlaufen.

Der Olavsweg ist in ständiger Bewegung; da werden Wegstrecken nach einem Bergrutsch gesperrt oder der Weg wird ganz neu konzipiert, um die Großbaustellen an der *E6* (die zur Autobahn erweitert wird) weiträumig zu umgehen. Auch in Trondheim hat sich manches verändert: Im *Nidarosdom* wurde 2017 der ganz neue und besonders eindrucksvolle *Samische Altar* eingeweiht und fast nebenan entstand der neue wunderschöne *Katholische Dom*. Außerdem wurde in Oslo der Start-Stein zum Weg vom *Middelalderparken* in den *Bispegarden* verlegt, deshalb sucht man ihn am alten Platz vergeblich.

2017, in diesem Jahr ist Harald F. Gregorius gelaufen, haben wir 30 Wegänderungen neu vermessen und beschrieben. Die Neuauflage unseres Führers mit allen aktuellen Änderungen ist im Sommer 2018 erschienen.

Das vorliegende Buch »Danke, Olav!« wird dem Olavsweg neue Freunde bringen. Das freut uns und alle Norweger, die am oder vom Pilgerweg leben. Dabei ist Harald F. Gregorius weniger ein Pilger, sondern vielmehr ein rüstiger und zielstrebiger Wanderer. Er geht nicht, um Gott zu suchen oder ihm nahe zu sein, nicht um zu büßen oder eine seelische Bringschuld abzutragen. Er geht den Weg um Menschen zu treffen, auch völlig fremde; in der Pilgerherberge, im *KIWI*-Laden oder hinter dem Gartenzaun. Er möchte mit ihnen plaudern, kommunizieren und einfach zusammen sein. In diesem Buch beschreibt er unzählige solcher Begegnungen, die im Autor immer wieder Glücksmomente hervorrufen und tiefe Zufriedenheit zur Folge haben. So schlägt der Autor dieses Buches Brücken zu den Nachkommen der einst heidnischen Wikinger, die vor 1000 Jahren durch König Olav zu guten Christen erzogen wurden.

Wir wünschen allen Lesern sowie alten und neuen Freunden des Olavsweges Gottes Segen und immer – einen guten Weg.

**Helfried Weyer**
Buxtehude, im September 2018

TRONDHEIM
Skaun
Oppdal
Dovre
Otta
Dale-Gudbrands-Gard
Ringebu
Lillehammer
Gjøvik
Hamar
Kapp
Westweg
Granavollen
Bønsnes
Ostweg
Haslum
OSLO
Bergen
NORWEGEN
OLAVSWEG

# Die Geburt einer Idee

Glauben Sie mir, den Saarländern beiderlei Geschlechts ist der Olavsweg genauso unbekannt, wie den 4,9 Millionen Norwegern unser Saarland. »Dieser Zustand muss jedoch nicht schicksalhaft hingenommen werden«, sagte ich mir und bin vor nicht allzu langer Zeit auf die Nordländer zugegangen, auf Schusters Rappen, mit Sack und Gepacktem. Voller Neugierde und Entdeckerdrang aber auch mit der Unsicherheit und den Zweifeln eines 65-jährigen Jungrentners und Wanderamateurs. Über 600 km Fußweg mit gut 17 kg Gepäck auf meinem Silberrücken und einer Heerschar von 189 000 behäbig umherwabbelnder und offenkundig völlig überflüssiger Mitreisender. Alles blinde Passagiere, die sich ungeachtet ihres schlechten Images selbstbewusst in den Vordergrund zu schieben wussten. Der Name dieses weltweit bekannten und gefürchteten Clans: *Kalorien*. Von Kindesbeinen an haben sie sich bei mir eingenistet. Bar jeglicher Einsicht habe ausschließlich ich selbst die Bande genährt und bis heute tapfer mit mir rumgetragen. Diversen, von mir initiierten Einreisestopps oder Vertreibungskampagnen, Diäten genannt, war lediglich ein zumeist kurzfristiger Erfolg beschieden. Auf festen und flüssigen Nahrungsrouten schleuste der *K-Clan* sie früher oder später wieder auf meine Hüften. Ein verlässliches ambivalentes Verhaltensmuster: *Erst Lust – dann Frust*. Ein mir selbst und durch zahllose Beratungsgespräche mit meinen früheren suchtmittelaffinen Klienten wohlvertrautes Prinzip.

Nicht, dass ich der geneigten Leserschaft mit nachfolgenden Zeilen eine neue Diät, z.B. die *Olavs-Diät* an die Lenden legen möchte, jedoch war ein Teil meiner Motivation, mich derartig heftig auf die Socken zu machen, wohl halbbewusst von der Hoffnung getragen, mindesten 50 000 meiner fetthaltigen Beiwohner unauffällig in Norwegen verschwinden zu lassen, völlig legal und by the way, versteht sich. Sie merken bereits jetzt: »Von diesem Thema hat der Autor Ahnung.« Wenden wir nun den Blick wieder auf den Olavsweg und meine anderen Motivationsaspekte, ihn zu gehen.

Es war im Sommer 2009. Zusammen mit meinem Bruder besuchte ich unsere Tochter in Norwegen. Sie studierte zu dieser Zeit in Trondheim. Zunächst flogen wir nach *Bergen*, der vielleicht schönsten und zugleich regenreichsten Stadt Norwegens. Dort machten wir einen kurzen Zwischenstopp. Die Sonne war glücklicherweise für zwei Tage zuverlässig an unserer Seite. Von Bergen aus nahmen wir mit einem Schiff der *Hurtigruten* Kurs auf Trondheim. Spätestens nach dieser kurzen Seereise war meine Liebe zu Norwegen voll entbrannt. Die zwei Tage auf einem hochmodernen Postschiff mit allem Komfort ließen uns wie Könige fühlen. Die Atmosphäre an Bord war überaus entspannt. Kein Kleiderzwang, keine steifen Veranstaltungen, kein *Ete & Petete*. Ganztägig wurde uns ein unaufdringlicher, perfekter und zugleich freundlicher Service seitens der Schiffscrew zuteil. Dazu ein traumhaftes Küstenpanorama von Sonnenauf- bis untergang. Auf bequemen Sesseln konnten wir durch riesige Bordfenster die außergewöhnliche und reizvolle Küstenlandschaft seelenruhig in uns aufnehmen. »Fjord, was willst du noch mehr?« Ein gewaltiges Naturschauspiel von erhabenen schroffen Bergen, schäumenden, senkrecht sich in das glasklare Wasser des Fjordes ergießenden Wasserfällen und einsam an steilen Berghängen gelegene malerische Bauernhöfe hinterließen unauslöschliche Erinnerungsspuren in unserem Ganglienzellen, vor allen aber in unseren Herzen.

In Trondheim angekommen, gab unsere Tochter alles, um uns die reizvolle Stadt mit ihren zahlreichen Sehenswürdigkeiten nahezubringen. Andreas und ich lernten in der kurzen Zeit unseres Aufenthaltes unter anderem den monumentalen *Nidaros-Dom* und dessen jahrhundertealte Geschichte kennen. An einem sonnigen Morgen führte mich meine Neugierde in das Pilgerzentrum direkt neben der Kathedrale. Dort erfuhr ich zum ersten Mal von der Existenz eines *Olavsleden* oder *Pilegrimsleden* genannten Pilgerweges. Er führt von Oslo ausgehend über 642 km mitten durch die traumhafte Landschaft Süd- und Mittelnorwegens bis zum *Nidaros-Dom* in Trondheim. Seinen Namen verdankt er dem Wikingerkönig Olav Haraldson, der Ende des ersten Jahrtausends die Christianisierung Norwegens vorangetrieben hat. Seine Mission verfolgte er nicht immer auf friedliche Weise. Infolgedessen kam er am 29. Juli 1030 bei der Schlacht in *Stiklestad* ums Leben. Von seinen Getreuen wurde sein Leichnam am 3. August 1031 heimlich nach *Nidaros,* dem heutigen Trondheim, gebracht und in einer Sandbank am Ufer des Flusses *Nidelva* beerdigt. Mündlichen Überlieferungen zufolge hat man bei seiner Exhumierung den Leichnam des Königs nahezu unversehrt vorgefunden. Ebenso haben viele wundersame Ereignisse zu seiner Heiligsprechung geführt. Seither pilgern bis heute viele Menschen den Weg zu seinem Grab zum *Nidaros-Dom.*

## Wie kommen Gedanken in die Füße?

Meine Sehnsucht, diesen Weg zu gehen, war mit der Kenntnis seiner Historie geweckt und nahm immer mehr Platz in meinem Denken, Fühlen und Handeln ein. Während der nächsten Jahre saugte ich regelrecht alle Informationen über den Olavsweg in mir auf. Ich las Bücher, kaufte mir Fotobände, Reiseführer und begann in aller Ruhe und zunächst noch ohne konkrete Systematik mit der Entwicklung meines Projektes. Den Start in dieses, für mich einzigartige Abenteuer legte ich auf den Juni 2017 fest. Ab dem 1. 6. 2017 würde ich nämlich zur großen Schar der Rentner gehören. Ich bin dann hochoffiziell im *Faltikum* angelangt und werde von Vater Staat entsprechend alimentiert. Danke, Papa!

Meinem neuen Lebensabschnitt, dem, rein biologisch betrachtet, etwas Frühherbstliches anhaftet, wollte ich unbedingt einen außergewöhnlichen Einstand verschaffen. Der Olavsweg, nahezu unbekannter Bruder des berühmten Jakobsweges in Spanien, schien mir dafür in idealer Weise geeignet. Er wurde im Jahr 2010 neben dem *Camino* zum Europäischen Kulturweg erklärt. Was mache ich als dann 65-jähriger Jungrentner mit dem Weg – und was macht der Weg mit mir? Als ich Birgit, mein Herzblatt, mit meiner Idee bekannt machte, hielt sie es zunächst für eine meiner vielen kreativen, verrückten Ideen, mit denen ich sie im Verlaufe unserer Ehe überrascht, geschockt oder amüsiert hatte. Sie verhielt sich zunächst tendenziell neutral, da sie wusste: »Der wird sich sicher schon wieder einkriegen, und dann ist diese Nummer durch.« Für mich jedoch war mein Vorhaben mental schon im Bereich Nummer sicher. Die folgenden Jahre gaben sich die Klinke in die Hand. Ich erzählte so ziemlich jedem geneigten Ohrenpaar von meinem Vorhaben. Dabei erfuhr ich fast ausschließlich Anerkennung, Staunen und Bewunderung. Wasser auf die Mühlen meiner Motivation. Der Olavsweg war überdies fast allen, denen ich davon erzählte, völlig unbekannt. Weder kannten sie seinen Namen noch seine geografische Verortung.

# »In die Puschen, fertig, los!«

## *Montag, 19. Juni 2017*

Abfahrt, Bahnhof St. Ingbert, 11:13 Uhr. Meine Familie und unsere Freundin Tine verabschieden mich. Die Sonne scheint. Birgit kämpft mit den Tränen. Mein Gefühl ist indifferent. Ich bin hin- und hergerissen zwischen *mich auf die Abschiedssituationen einzulassen* und *an das Technisch-organisatorische zu denken.* Winken, Lachen, ein letztes Foto. Im Zugabteil beginne ich, mich auf meinem Platz einzurichten. Nach fünf Minuten Bahnfahrt erfolgt die überraschende Information über den Lautsprecher: »Wegen technischer Probleme in Kaiserslautern endet der Zug in Homburg. Bitte alle aussteigen!« Am Bahnhof in Homburg herrscht unter den Fahrgästen große Konfusion. Auch die Mitarbeiter der Deutschen Bundesbahn sind verunsichert und wirken nicht optimal informiert. Ich bleibe ruhig und locker, rede mit Fahrgästen, erfahre Bruchstücke an Infos. Am Bahnsteig lerne ich (Zug fährt um 12:09 Uhr ab) eine etwa 55-jährige Lehrerin kennen. Wir kommen ins Gespräch. Sie erzählt mir, immer noch Freude am Beruf zu haben. Sie arbeite mit Azubis aus dem Banken- und Versicherungswesen. Ihr jetziger Zielbahnhof sei München. Ich erzähle ihr von meinem Vorhaben, und dass ich über den Olavsweg ein Buch schreiben wolle. »Darauf bin ich sehr gespannt«, entgegnet sie und wirkt dabei interessiert. Mein erstes Fazit: »Statt sich jetzt in stressenden Gedanken und missmutigen Worten zu ergehen ist es besser, Kontakt zu angenehmen Menschen zu knüpfen.«

Der Ersatzzug von Homburg fährt pünktlich ab. Ich verpasse jedoch in Mannheim meinen Anschluss-ICE. Auch hier gelingt es mir, gelassen zu reagieren. Am Bahnsteig in Mannheim herrscht ebenfalls ein Chaos. Ich hole mir am Infocenter der DB eine schriftliche Reiseauskunft. Um nach Kiel zu kommen, muss ich nunmehr den ICE nach Hamburg nehmen. Da bis zur Abfahrt noch etwas Zeit ist, lege ich meinen Rucksack ab, setze mich auf eine Bank und esse zwei Snacks, die ich mitgenommen habe. Auf der kurzen Strecke zwischen Bahngleis und Infocenter spüre ich erstmals bewusst die schwere Last des Rucksacks. Das Handling gestaltet sich jedoch sehr gut. Da ich am Bahnhof keine Trekkingstöcke nutze, gerate ich bei plötzlichen Richtungsänderungen in eine leichte Gangunsicherheit.

Die weitere Fahrt bis nach Hamburg verläuft nach Plan. Ich verbringe die Zeit mit Lesen und *WhatsApp*-Schreiben. Während der Fahrt holt mich plötzlich mein Beruf kurz wieder ein. Ein Coaching-Klient ruft mich an. Ich verweise ihn freundlich an meine Kollegin. Im Hauptbahnhof Hamburg angekommen, orientiere ich mich kurz über die Anschlussmöglichkeit. Gelassen und neugierig beobachte ich das pulsierende Reisepublikum und den Trubel auf dem Bahnhof. In einem Shop trinke ich einen frischen Fruchtsaft. Minuten später steige ich in den Anschlusszug nach Kiel. Dort komme ich in ein kurzes Gespräch mit einer jungen Frau und ihrer zweijährigen Tochter. Die Kleine erinnert mich an meine dreijährige Enkelin Charlotte. Sie spielt mit einem kleinen Hund, der sich ihre Streiche ohne Knurren gefallen lässt. Kurz darauf höre ich aus dem Lautsprecher die Info: »Wegen Stellwerkproblemen verspätet sich die Abfahrt um zehn Minuten.« Dieses Prozedere wiederholt sich dreimal, nur mit den Ansagen: »… in 20 Minuten«, dann »… 40 Minuten« und schließlich »… 60 Minuten«. Ungeachtet dieser Tatsache bleibe ich nach wie vor ruhig und registriere aufmerksam das weitere Geschehen. Schlussendlich kommt der Hinweis: »Der Zug fährt heute nicht mehr. Sie erhalten weitere Informationen beim Reisecenter.« In den Abteilen macht sich Bewegung breit. Die Reisenden verlassen die Waggons, meist schimpfend und aufgeregt diskutierend. Ich höre Gerüchte von Brandanschlägen von G-20-Gegnern in der ganzen Bundesrepublik, so auch hier in der Hamburger Gegend. Das Reisecenter finde ich schnell, da mir, wie im Paradies, eine ca. 30 m lange Menschenschlange auffällt, die mit jeder Minute länger wird. »Die armen Angestellten«, sinniere ich vor mich hin. »Die müssen jetzt jedem noch so aufgeregten Reisenden die gleiche Story erzählen und Beruhigungsarbeit leisten.« Mir ist klar, dass ich mit der Bahn an diesem Abend nicht mehr von Hamburg nach Kiel kommen werde. Beim Überlegen nach Alternativen komme ich mit zwei jungen Leuten, einer Studentin und einem Gastronom ins Gespräch. Kurz darauf hat der junge Mann die Idee: *Flixbus*. Gesagt getan. Wir verlassen das Bahnhofsgebäude und finden etwa 100 Meter weiter tatsächlich eine Haltestelle besagten Busunternehmens. Schnell sehen wir, dass wir mit unserer Idee nicht alleine sind. Etliche, zumeist jüngere Leute stehen um eine Fahrkarte an. Uns gelingt es glücklicherweise noch, eine Fahrt nach Kiel zu ordern. Während der ca. einstündigen Fahrt unterhalte ich mich sehr angeregt mit dem sympathischen jungen Mann. Wir diskutieren teilweise intensiv gesellschaftliche und politische Themen, die mein Gegenüber sehr differenziert analysiert und bewertet. Zu meiner großen Freude bringt er mich am Hauptbahnhof in Kiel noch bis zu den Taxis. Nach acht Minuten und weiteren zehn Euro Investition steige ich um 23:20 Uhr vor dem Hause meiner *Airbnb*-Gastgeberin Nika aus. Da ich sie zuvor jeweils zeitnah über meine aktuelle Verspätung informiert hatte, blieb sie noch wach und begrüßt mich sehr herzlich. Nachdem sie mir mein Zimmer und einige Details gezeigt hatte, reden wir noch bis 0:30 Uhr zwischen Tür und Angel und finden einen guten Draht zueinander. Vor dem Schlafengehen dusche ich noch. Während dieser Nachts wache ich des Öfteren kurz auf. Draußen auf der Hauptstraße unterhalten sich lustige, vermutlich angeheiterte Besucher der Kieler Woche lautstark über ihre Erlebnisse.

## Dienstag, 20. Juni 2017

Um 6:00 Uhr wache ich mit Kopfschmerzen auf. Anscheinend hat mich die gestrige Hinfahrt mit Hindernissen doch mehr gefordert, als ich dachte. Aber statt Entspannungstraining oder Kopfmassage entschließe ich mich zur Behandlung mit einer *Ibu 400*. Keine optimale Lösung für einen Suchtberater. Kurz darauf habe ich ein neues Problem, dieses Mal nicht mit der Bahn, sondern mit der Toilettenspülung. Die hat nämlich ohne Vorwarnung beschlossen, ab sofort die Toilettenschüssel ohne Ende zu reinigen. Dabei hat sie allerdings nicht mit meiner Fachkenntnis eines gelernten Heizungs- und Lüftungsbauers gerechnet. Ich drehe einfach die Wasserzufuhr ab und es herrscht wieder Stille im Badezimmer. Nika, die ich kurz darauf über diese Neuigkeit informiere, reagiert ebenfalls gechillt und bekundet, die Angelegenheit dem Hausmeister zu übergeben. Kurze Zeit später verabschiede ich mich herzlich von ihr. Ich rufe noch meine Frau an und gebe ihr einen ersten Zwischenbericht. Birgit wirkt entgegen meinen Vermutungen am Telefon entspannt und aufgeräumt. Ihre Stimmung hat sogar etwas Beruhigendes. Nach einer erfrischenden Dusche verlasse ich die Wohnung, um nach einem guten Frühstück Ausschau zu halten. In einer nahe gelegenen Bäckerei *Brot & Zeit* esse ich in aller Ruhe ein belegtes Brötchen und trinke dazu eine große Tasse Kaffee in einer behaglichen Atmosphäre. An einem Tisch unterhalten sich drei ältere Damen, denen ein Hörgerät sicherlich eine große Hilfe wäre, in einer Lautstärke, die jedem Gast ihr Gespräch in allen Einzelheiten zu Ohren kommen lässt. Meinen Wunsch, an diesem Ort ein Selfie von mir zu machen, unterdrücke ich ebenso wie den Gedanken, eine sympathisch wirkende Dame am Nebentisch zu bitten, mich zu fotografieren. Irgendwie ist mir das peinlich, ohne dass ich dafür stichhaltige Gründe anführen könnte. Schließlich gebe ich mir einen Ruck, spreche sie an und äußere mein Begehr. Siehe da! Die Frau willigt lächelnd ein und schießt zwei Fotos von mir und es entsteht ein netter Dialog zwischen uns. Als ich ihr erzähle, dass ich aus dem Saarland komme, entwickelt sich unsere Unterhaltung weiter. Sie habe eine Schwester, die zusammen mit ihrem Mann in Saarbrücken lebe. Dieser arbeite als Redakteur bei einem Radiosender. Wir tauschen unsere Adressen aus. Ich mache noch ein Foto von ihr und erzähle ihr beiläufig über mein Vorhaben, ein Buch über den Olavsweg zu schreiben. Daraufhin bittet sie mich um meine Koordinaten. Ich freue mich über ihr Interesse und beschließe, ab sofort, wann immer mir danach ist, gezielt Begegnungen mit Menschen zu suchen. Nach dem Abschied von der überaus sympathischen Dame kaufe ich mir Zutaten für mein Abendessen auf der Fähre. Wieder zurück in Nikas Wohnung, packe ich meinen Rucksack. Ein mir noch ungewohntes Prozedere. Nachdem ich mein Zimmer aufgeräumt habe, mache ich mich gegen 11:30 Uhr zu Fuß in Richtung Terminal der Fähre *Colorline* auf. Unterwegs zögere ich mehrmals, Passanten nach dem Weg zu fragen. Schließlich wage ich es doch, einen vor einem Bistro sitzenden jungen Mann anzusprechen und erhalte prompt die Antwort, dass ich gerade die falsche Straße genommen habe. Er und eine südländisch ausschauende Servicekraft reagieren sehr freundlich und hilfsbereit und wünschen mir einen guten Tag. Erfreut über dieses Ergebnis stelle ich mir zugleich die Frage, aus welchem Grund ich es mir nicht erlaubt habe, diese Leute um Hilfe zu fragen. Bin ich zu stolz dazu? Schäme ich mich davor, etwas nicht zu wissen? Habe ich Angst, belächelt zu werden oder was sonst? Darüber hinaus frage ich mich, woher ich dieses Verhalten habe, bzw. von wem ich dies übernommen habe und welchem hintergründigen Zweck es wohl dienen mag? Meine erste Vermutung lässt mich an mein Elternhaus denken. Weitere Überlegungen stelle ich jetzt nicht an. Durch das positive Echo auf meine Frage jedoch ermutigt, wende ich mich im Verlaufe des Weges an insgesamt fünf Personen und erfahre jeweils wohltuende und spontane Hilfsbereitschaft. Insofern konstatiere ich, dass mein bisheriges Verhalten wohl ziemlich kontraproduktiv gewesen war und ich anscheinend in meinem Hirnstübchen irgendwelche Science-Fiction-Szenarios entwickelt und gepflegt habe.

Die letzten Meter bis zum Terminal komme ich ordentlich ins Schwitzen, wobei die Sonne das Ihrige dazutut. Das Einchecken am Automaten funktioniert entgegen meinen Vorannahmen ebenfalls sehr einfach, nur finde ich im Ausgabefach keine Boarding-Karte vor. Sofort werde ich unruhig und wiederholte den Vorgang. Ergebnis in Schriftform auf dem Display: »Sie haben bereits eine Boarding-Karte.« Nur: Wo ist das Teilchen? Ich will bereits zum Service-Center laufen, schaue etwas hilflos erneut in Richtung Automat und sehe zu meiner großen Erleichterung links unten auf dem Boden meine Fahrkarte liegen. Sie ist wohl mit *Schmackes* ausgeworfen worden. Sofort mache ich mich auf und reihe mich ans Ende einer langen Passagierschlange ein. Dort warte ich geduldig auf das Boarding. Die anwesenden Passagiere jenseits der 60 bis in die achtziger Jahre sind eindeutig in der Überzahl. »Willkommen im Club«, denke ich mit Selbstironie. Ticket und Personalausweis werden von einer sympathischen Dame der Crew flugs gecheckt. Einige Meter weiter stellt sich mir plötzlich ein Uniformierter in den Weg und fordert mich höflich aber bestimmt auf, meinen Rucksack und die Tasche mit Esswaren durchleuchten zu lassen. Sein Kollege hat kurz darauf einige Schwierigkeiten, meinen prall gefüllten Rucksack in den Kontrolltunnel zu schieben. Ergebnis: ohne Befund. Wieso hat er ausgerechnet mich herausgewinkt, frage ich mich. Sehe ich etwa aus wie ein Terrorist oder eine zwielichtige Gestalt? Ich schnappe Gesprächsfetzen zweier vor mir stehender Männer auf, die sich über die Gefahr einer Kofferbombe an Bord unterhalten. *Molto irritato!* Weiter vor mir regen sich zwei Damen, etwa *70-plus*, lautstark und hingebungsvoll über einige Reisenden auf, die sich seitwärts kommend in die Menschenkarawane vordrängen. Mich juckt dies alles nicht und ich genehmige mir für den kleinen Hunger eine Banane. Beim Entsorgen der Schale öffnet mir ein älterer Herr unaufgefordert den Abfallkorb. Ich danke ihm freudig, überrascht angesichts solch eines zuvorkommenden Services. Über die Gangway im Schiff angelangt will ich möglichst bald in meine Kabine gelangen. Zwei Crew-Mitarbeiterinnen scheinen darauf vorbereitet und lotsen mich ausgesprochen höflich dorthin. So kann ich mein kleines, aber feines Reich bald in Beschlag nehmen. Ich checke mein Zimmer. Alles ist funktional auf kleinstem Raum eingerichtet, picobello sauber und atmosphärisch ansprechend. Für die nächsten 18 Stunden auf See ist dies also nun mein Domizil. Ich wechsele meine Kleider, mache mich frisch und gehe im Schiff auf Entdeckungsreise. Auf der zwölften Etage, die ich ganz *pilgrimlike* über die Treppe erklimme, finde ich das Schiffsdeck. Bei strahlendem Sonnenschein empfängt mich eine kühle Brise. Etliche Passagiere haben wohl die gleiche Idee wie ich. Sie sichern sich einen Stuhl, besetzen die Logenplätze der Reling und promenieren entweder Bier oder sonstiges trinkend umher oder machen ihre ersten Fotos. Dies tue ich dann auch, zumal uns etliche imposant dahergleitende Segelschiffe, wohl überwiegend Teilnehmer der *Kieler Woche*, auf dem ruhigen Wasser gleitend entgegenkommen. Später wieder in meiner Kabine, esse ich noch eine Kleinigkeit. Nicht lange, da übermannt mich plötzlich eine große Müdigkeit und geleitet mich in einen tiefen eineinhalbstündigen Schlaf. Dumpfe und laute Musikgeräusche wecken meine Aufmerksamkeit. Als ich nach meinem Nickerchen aus meinem Fenster schaue, das einen Blick auf die *Amüsiermeile* freigibt, sehe ich viele Passagiere, die entweder in den zahlreichen Geschäften shoppen oder in einem der Restaurants essen. Ein Zwei-Mann-Orchester unterhält die illustre Gesellschaft. Nicht unbedingt das Highlight für mich. Die musikalischen Profis spielen jedoch gottlob immer nur einen Song mit einer anschließenden längeren Pause. Das zwischendurch von einem *Marktschreier* offerierte kostenlose Angebot der Reederei für einen abendlichen Tanzkurs beschließe ich letztlich doch nicht anzunehmen. Ein *Cha-Cha-Cha* in Bergschuhen dürfte wohl keine Augenweide sein, eher eine Lachnummer. Am Abend schaue ich wieder etwas TV (wo bleibt mein Vorsatz?). Ein prüfender Blick in den Spiegel vor dem Zubettgehen offenbart mir in aller Deutlichkeit, dass mein Körper mittlerweile *65-plus* ist und einen zunehmenden Faltenwurf zeigt. Leichte Wehmut kommt in mir auf, glücklicherweise jedoch nur kurz. Der Gedankenfilm »... früher war auch ich mal schöner ...« läuft hier auf dem Kahn täglich wohl auch vor anderen Kabinenspiegeln. Damit steige ich aus meinem lamentierenden Gedankenkorsett aus und überlasse mich meinen Träumen. Zuvor creme ich mir, sozusagen als Präventivmaßnahme für den langen Weg, meine Füße mit Hirschtalg ein. Von den leicht schaukelnden Bewegungen des Schiffes werde ich erneut in den Schlaf begleitet. Später ordne ich meine Unterlagen für die erste Zeit in Oslo und stöbere in norwegischen Werbeheften rum. Ohne mein Zutun schaltet sich plötzlich der Fernseher an. Ich habe wohl die Fernbedienung, die hinter den Broschüren liegt, versehentlich aktiviert. So werde ich zum ersten Mal rückfällig und schaue mir norwegische Sender an. Beim Zappen durch die Programme finde ich auch deutsche Sender und schaue die *Rosenheim-Cops* sowie die *Tagesschau.* Anscheinend ist mir die Stille in meiner Kabine doch zu viel. Doch ich beruhige mich, dass mein Vorsatz einer medialen Abstinenz erst ab Oslo gültig sei. Fazit: Selbstbetrug ist einfach und funktioniert beeindruckend schnell.

Es ist 21:30 Uhr. Nach dem Abendbrot mache ich mich ausgehfertig und gehe wieder an Deck. Dort halten sich nur noch wenige Leute, alle warm gekleidet, auf. Ich bin froh, meine Fleece-Jacke angezogen zu haben. Während meines Rundgangs fotografiere ich das Schiff und die langsam untergehende Sonne am Horizont. Zurück in meiner Kabine lade ich Handy und Fotoapparat auf, schreibe diese Zeilen und erhalte währenddessen eine Mail der Reederei betreffend erhöhter Kosten einer Telefonnutzung von Bord aus. Bei diesen Preisen schalte ich das Gerät sofort auf offline. Meinen Gemütszustand kann ich mit »100 Prozent relaxed« bezeichnen. So kann es weitergehen. Meine Brille reinige ich von den salzigen Ablagerungen der Seeluft. Beim Haare kämmen merke ich einen *Taft-Effekt,* der anscheinend der salzigen Seeluft geschuldet ist.

## *Mittwoch, 21. Juni 2017*

Nach einem erholsamen Schlaf wache ich bereits um 5:25 Uhr auf. Meine ersten Gedanken gelten der Tagesaktion: Handy und Fotoapparat laden, Weg zu meinem Domizil in Oslo checken, Rucksack packen, Speiseplan überlegen, Dokumentation schreiben, waschen etc. Zuvor mache ich mich aufs Deck auf, um weitere interessante Fotos zu machen. Dabei kommt mir die Idee, mein teures Frühstück auf dem Schiff zu nutzen, um noch einige leckere Sachen *illegalerweise* mit auf den Weg zu nehmen. Dazu stecke ich mir zwei Plastiktüten in die Tasche meiner Fleece-Jacke. Das Frühstück an Bord ist ebenso reichhaltig wie teuer, aber sehr lecker. Ich lange ordentlich zu und nehme mir überwiegend Fisch. Dazu drei Tassen Kaffee und ein Glas Orangensaft. Apropos *Breakfest-to-go*: Hier hat das *Colorline*-Management bereits am Check-In des Frühstücksraumes den bemerkenswerten Hinweis angebracht, dass Lunchpakete, Getränke etc. für den weiteren Tag kostenpflichtig seien. Ungeachtet dessen gelingt es mir als *Old Viking*, eine 12-g-Tube Kaviar und vier Schokokekse zu erbeuten und unerkannt von Deck zu schmuggeln. Angesichts meiner soeben erfolgten Selbstanzeige muss ich in Betracht ziehen, später von der Reederei möglicherweise strafrechtlich belangt zu werden. Ich plädiere dann auf Mundraub. Am Nebentisch bemerke ich *alte Seehasen* oder waren es doch *Seebären*, die auf hohem Niveau über das Ambiente des Schiffes, das Frühstück und sonstige Unzulänglichkeiten meckern. »... in *XY* haben wir ein viel reichhaltigeres Frühstück gehabt, da wusste man gar nicht, was man nehmen sollte ...«, so ein anspruchsvoller Oldie zu seinen Tischgenossen. Prompt legen seine Tischnachbarn mit eigenen kritischen Kommentaren nach. Vermutlich essen die Herrschaften zuhause beim Frühstück preisgünstiges *Aldi*-Brot und selbst gemachte Erdbeerkonfitüre mit koffeinfreiem Kaffee – der Herzenssache wegen. Ein körperwürziger Geruch reißt mich aus meinen Beobachtungen. Nach sekundenlanger Analyse identifiziere ich mich selbst als *Duftspender*. Peinlich. Mein Hemd von gestern müffelt etwas – was soll's! Auf dem Olavsweg werde ich sicherlich noch eine merklich strengere Duftnote entwickeln. Um 10:00 Uhr wird die Fähre den Osloer Hafen erreicht haben. »Ein wenig schade ist das schon, so eine schöne und zweckmäßige Kabine verlassen zu müssen«, räsoniere ich während der letzten Minuten meines Aufenthaltes an Bord. Welchen Hüttenzauber werde ich in den nächsten sechs Wochen wohl genießen oder ertragen müssen? Kurz vor 10:00 Uhr verlasse ich meine Kabine und reihe mich im Hauptschiff in die Schlange der Reisenden ein. Trotz einer vorherigen Sicherheitsansage über den Lautsprecher interessiert sich eine nicht gerade sehr motiviert anmutende junge Dame am Checkpoint nicht für meinen Personalausweis, sondern zieht meine Boarding-Karte wortlos durch den Laser und gibt sie mir wieder zurück. Während ich mich als Glied eines menschlichen Python langsam in Richtung Ausgang schlängele, dreht sich eine vor mir stehende Dame um, sieht mich an, lacht und sagt: »Sie haben wir doch schon gestern beim Check-In gesehen!« Sie eröffnet mir, zusammen mit ihrer Tochter gerademal für vier Stunden nach Oslo zu fahren, dort sich die Stadt anzuschauen, um mit der nächsten Fähre wieder zurückzufahren. Es entspinnt sich zwischen uns eine angenehme kurzweilige Unterhaltung. Mutter und Tochter fragen mich »Wohin ich denn mit diesem großen Rucksack gehen wolle?« Daraufhin erzähle ich den beiden einige Details über meine Motivation, mein Ziel und weitere persönliche Aspekte meiner Pilgerreise. Wegen meines geplanten Buches fragen sie mich nach meinem Namen und notierten sich ihn. Sie erlauben mir, einige Fotos von ihnen zu machen. Mit den besten Wünschen gehen wir auseinander. Wieder so ein kleines Begegnungs-Highlight. Auf norwegischem Boden angekommen, lege ich meinen Rucksack auf einer Bank ab und beginne den Zettel mit der Wegeskizze zu meinem ersten Gastgeber in Norwegen auszugraben. Eine alte Dame, deren rechter Fuß eine weiße Binde bedeckt, setzt sich neben mich und fragt mich auf Englisch, ob sie sich zu mir setzen könne. Ihr Mann, den ich später noch kennenlerne, hat sich soeben auf den Weg zurück zum Schiff gemacht, da er im Safe seinen Autoschlüssel vergessen hat. So kommen wir in ein nettes Gespräch. »Meine Tochter wohnt in Boston; mit dem Fuß bin ich umgeknickt …«, und viele andere persönliche Details mehr. Erleichtert stelle ich fest, dass mein Englisch sogar eine längere Konversation zulässt. Die Dame zeigt mir den Weg ins Zentrum. In diesem Moment kommt ihr Mann erleichtert zurück. Er hatte seinen Autoschlüssel wieder. Wir tauschen noch einige Freundlichkeiten aus. Später stelle ich etwas bedrückt fest, die beiden Herrschaften nicht fotografiert zu haben. Daran will ich bei künftigen Begegnungen rechtzeitig denken.

## Olav unter den Füßen – Drücken auf dem Rücken

Nun beginnt mein Pilgerweg. Zunächst überquere ich eine Fußgängerbrücke und sehe bald ein Hinweisschild *Sentrum*. Die Strecke dorthin ist hervorragend ausgezeichnet, jedoch spüre ich bald den harten Asphalt in meinen Beckenknochen. Trotz vorherigem Training macht mir das Gewicht meines Rucksacks heftig zu schaffen. Zugleich nimmt mir die strahlende Sonne meine ersten Energiekörner. Tapfer folge ich dem Streckenverlauf immer am Ufer des *Oslo-Fjordes* entlang bis hin zur neuen Oper, einem ungewöhnlichen, futuristisch anmutenden Bauwerk, das von weitem wie ein riesiger, weißer, geometrisch geformter Steinbrocken wirkt. Auf meinem Weg dorthin beobachte ich die Gegend, Leute und Situationen sehr genau, und mache fleißig Fotos. Mir fällt die Vorliebe vieler Norweger auf, rote Fußgängerampeln zu ignorieren, sehr souverän und flott mit dem Rad zu fahren, manchmal auch auf dem Fußgängerstreifen. Die Fußgänger stehen ihnen in Sachen kreative Verkehrsregel-Auslegung in keiner Weise nach.

An der neuen Oper angelangt, komme ich nicht umhin, dieses Bauwerk ausführlich zu erkunden. Das in Weiß strahlende Gebäude hat begehbare Dachflächen, die eine ungewöhnliche Geometrie aufweisen und geradezu zum *Bergwandern* einladen. Hiervon mache ich, wie viele andere Touristen auch, ausführlich Gebrauch und schieße etliche Fotos. Im Inneren des Hauses fällt mir die außergewöhnlich gewagte, aber sehr ansprechende Architektur ins Auge. Selbst die Toiletten wirken wie Kunstwerke. Gerne hätte ich mich im Pavillon noch bei einem Getränk ausgeruht, jedoch habe ich noch kein Geld umgetauscht. Also mache ich mich auf den letzten Kilometer hin zu meiner Unterkunft. Die Straße finde ich sehr schnell. Allerdings entdecke ich keinerlei Hinweise auf eine Haustür, respektive Klingelschilder. In den folgenden Minuten muss ich wohl ein etwas hilfloses Verhalten an den Tag gelegt haben. Jedenfalls spricht mich kurz darauf eine junge, orientalisch anmutende, jedoch europäisch gekleidete Frau an. »Kann ich Ihnen helfen?«, fragt sie auf Englisch. Überrascht schildere ich ihr mein Anliegen und sofort macht sie sich mit mir auf die Suche nach dem Eingang. Etwas später kommt ihr Partner, ein Amerikaner, hinzu und hilft dabei mit. Ich bin über die spontane Unterstützung der beiden sehr gerührt und beeindruckt. Meinen Vermieter erreiche ich telefonisch nur über den Anrufbeantworter. Kurz darauf mailt er mir, eine Assistentin von ihm komme vor die Tür, um mich zu empfangen. Einige Minuten später erscheint tatsächlich eine junge Asiatin und spricht mich an. Ich bedanke mich noch mit überschwänglicher Freude bei meinen Helfern und gehe mit der Dame ins Haus. Sie erklärt mir mit schwer verständlichem asiatisch getönten Englisch das technische Prozedere und verschwindet dann wieder. Die Wohnung ist sehr geräumig. Küche, Bad Aufenthaltsraum und noch zwei weitere Zimmer sind durchaus ansehnlich und funktional. Meine Schuhe habe ich am Eingang ausgezogen. Das Zimmer ist ganz in Weiß gehalten, vom Design her aber gelungen gestaltet. In der gesamten Wohnung ist kein Mensch zu sehen. Da ich großen Durst habe, trinke ich in der

Küche fast einen Liter kaltes *Kranenwasser*, so der norwegische Ausdruck für das wohlschmeckende kühle Nass. Angesichts der frappierenden Ähnlichkeit dieses Wortes mit meinem Heimatdialekt geht einem Saarländer schlichtweg das Herz auf. Wir trinken nämlich auch gerne *Kranewasser*; in unserer Beliebtheitsskala direkt hinter Bier und Kaffee.

Müde von dem über zweistündigen Marsch, lege ich mich eine Stunde aufs Ohr, wasche später mein schweißgebadetes Hemd von Hand im Bad und gehe ohne Rucksack – welch eine Wonne – ins Zentrum der Stadt, um Geld zu wechseln. Auf dem Weg dorthin habe ich eine Bank gefunden, aber die Dame an der Rezeption verneint die Möglichkeit eines Geldwechsels und kann mir zudem keine konkrete Auskunft über mögliche Alternativen geben – »komisch, wo sie doch aus der Branche ist«, überlege ich. Auf dem Weg Richtung Hauptbahnhof sehe ich zu meiner großen Freude meine beiden Helfer von vorhin an einem Tisch im Außenbereich eines Restaurants sitzen. Sie lachen mich an und wir kommen sofort in ein angeregtes Gespräch. Sie stellt sich als eine Armenierin vor. Ihr Partner, Richard, ein Amerikaner, bekundet, hier einen Kurzurlaub zu verbringen und heute wieder in die USA reisen zu müssen. Er gibt mir seine Visitenkarte und wir verabschieden uns mit einer herzlichen Umarmung.

Selbstverständlich mache ich jetzt ein Foto von den beiden. Ich bin richtig glücklich über diese Begegnung und werde ihm dieses Foto schicken. Später, als ich meine Tageseindrücke niederschreibe, kommt mir die Idee, eine Englisch-Version meines Buches von ihm in den USA vertreiben zu lassen. »Das sind doch Hirngespinste oder Größenwahn«, hörte ich daraufhin eine innere Stimme in mir sprechen.

»Man darf doch auch noch Träume haben«, entgegnet eine andere Stimme energisch. Bei genauerem Überlegen fällt mir auf, dass mir solche limitierenden inneren Dialoge aus meinem bisherigen Leben durchaus bekannt vorkommen. Zumeist, wenn mein nach wie vor kreativer Teil spontane Ideen zum Ausdruck bringt, bremse ich diesen mit entsprechenden Kommentaren aus, wie zum Beispiel in dieser Situation. Die Herkunft dieses mir ansonsten unbewussten Verhaltensmusters kann ich heute recht schnell in meinem familiären Umfeld verorten. Sowohl seitens meiner Eltern als auch Tanten wurden mir bereits als kleiner Junge Bescheidenheit und Zurückhaltung als Tugenden anerzogen. Meine von mir sehr geschätzte Tante Helga kommt mir mit ihrer Bemerkung »Meinst du, du bist was Besseres, nur weil du studiert hast?«, in Erinnerung. Sinngemäß lautet die versteckte, an mich gerichtete Botschaft: »Schuster, bleib bei deinen Leisten!« Entsprechend habe ich wohl Botschaften wie diese verinnerlicht und quasi automatisch wie auch unbewusst in vielen Lebenssituationen in entsprechendes Verhalten umgesetzt. Erstes Fazit dieser Erkenntnis:

*Wanderbare Oper in Oslo*

»Nutze die Zeit auf dem Olavsweg, dir solche automatischen Verhaltensmuster bewusst zu machen, sie zu hinterfragen und durch neues Tun zu modifizieren.« Leichten Schrittes, meine deutlich zu langen Hosenbeine habe ich zuvor kreativ mit einem grauen Isolierband »gekürzt«, laufe ich Richtung Innenstadt. Meine Idee erweist sich als sehr zweckmäßig, da ich für den Stadtbummel meine absatzlosen Barfußschuhe *Leguanos* gewählt habe und dadurch die Hosenbeine wohl bald Schaden genommen hätten. Etwa eine gute Stunde promeniere ich durch das Osloer Zentrum, fotografiere, was mich interessiert und tausche auf dem Rückzug in einer Wechselstube *Euros* in norwegische *Kronen (NOK)*. Der Dialog mit einer Bankangestellten gestaltet sich dieses Mal schwierig. Nach etwa zehn Minuten habe ich dann doch 4000 Kronen in Händen. Auf dem Rückweg zu meinem Domizil traue ich meinen Augen nicht. Richard, der Amerikaner, und seine Partnerin kommen mir mit ihren Koffern entgegen. Ein lockeres Handshake von Richard und sein »Farewell« gehen mir bei dem wenige Sekunden dauernden Kontakt regelrecht unter die Haut. Müde aber glücklich sitze ich bis 20:30 Uhr auf meiner hochmodernen Terrasse und schreibe meinen Tagesreport. In Gedanken kommt mir ein Telefonat vom heutigen Morgen mit Birgit in Erinnerung. Ich bin froh, als Neuling in der Fremde ihre mir wohlvertraute Stimme gehört zu haben.

Fazit des heutigen Tages: Solche berührenden Begegnungen tragen viel Glückspotenzial in sich. Mir kommt eine erste Idee für meinen Buchtitel: »Auf dem Olavsweg – laufend beglückende Begegnungen.« Jetzt, um 20:48 Uhr – ich habe zuvor meine Beute, vier Kekse vom Frühstücksbuffet auf der Fähre, mit Genuss verspeist – lege ich mich schlafen. Zu meinem jungen Vermieter habe ich noch keinen Kontakt gefunden. Schade, jedoch kein Drama.

## Donnerstag, 22. Juni 2017

Habe gut geschlafen, nur gegen 3:00 Uhr kurz wach geworden. Um 6:00 Uhr klingelt der Wecker. Ich dusche sofort, da noch andere Gäste anwesend sind, ein Paar, das gestern Abend noch fast bis Mitternacht in der Küche gewerkelt hat. Die Wohnung ist sehr hellhörig. Beim morgendlichen Packen stelle ich fest, dass mein Rucksack eine Art *Loch Ness* darstellt. Dinge, die ich suche, finde ich nicht sofort. Mich durchzuckt jedes Mal ein Gefühl wie ein kurzer Schlag in die Magengegend, verbunden mit dem Gedanken: »Verdammt noch mal, wo ist das Stück?« Und dann große Erleichterung, wenn ich das verloren geglaubte Teil gefunden habe. Draußen auf der Terrasse teste ich die Temperatur. Sie ist angenehm. Der Himmel ist bewölkt. Vor dem Hause in unmittelbarer Nähe befindet sich ein *KIWI-Laden*. Der Discounter hat von 7:00 bis 23:00 Uhr geöffnet. Kaum auf der Straße, spricht mich ein Bettler an. Ich reagiere mit »I can't understand …« Er insistiert jedoch weiter. Ich lasse ihn mit einem etwas unguten Gefühl einfach stehen und betrete das fast menschenleere Geschäft. Eine dunkelhäutige Frau reinigt mit einer laut dröhnenden Maschine den Boden. Ich kaufe einen halben Liter Milch, vier Bananen, Wurst und zwei Brötchen. Eine nette junge Kassiererin fragt mich, ob ich einen Beleg brauche. Ich checke dies zuerst nicht, lächle dann verlegen und erzähle ihr was von »It's my first day in Norway and I'm a Pilgrim on the Olavsweien …« Lächelnd gibt sie mir gute Wünsche mit und ich ihr 60 Kronen. Zurück im Zimmer frühstücke ich zunächst mal. In der Küche, ich fülle mir eben noch Wasser in meine Flasche, treffe ich meinen Vermieter doch noch. Ein junger, freundlich lächelnder anscheinend geschäftiger und etwas übergewichtiger Businessmann. Er scheint in Eile zu sein. Ich dagegen nicht. Daher gestaltet sich der folgende Smalltalk kurz und unergiebig. Etwas später begegnet mir am Herd eine etwa 60-jährige Dame. Sie sei aus London und wolle heute noch nach

Stockholm fliegen, um anschließend mit dem Schiff über Helsinki nach St. Petersburg zu fahren, erzählt sie mir lächend. Wieder in meinem Zimmer, packe ich meine Sachen, werfe einen prüfenden Blick auf meine geplante Tagesroute und los geht es zum sogenannten *643-km-til-Nidaros-Stein*, der im nahe gelegenen *Middelalder*-Park stehen soll. Von wegen: »Los geht's!« Ich treffe im Wohnzimmer eine 30-jährige Österreicherin namens Tina. Eine auf den ersten Blick mir sehr sympathische junge Frau. Wir kommen sofort in ein lockeres Gespräch, das sich über fast zwei Stunden hinzieht. Ich erfahre von ihr unter anderem, dass sie eine

*Mein Start-Stein*

hochspezialisierte Mechanikerin sei. Tina berichtet eindrucksvoll über ihre beruflichen Aufgaben und ihre Lebensziele. Dabei kommt sie total unkompliziert und sympathisch bei mir rüber.

## Auf der Suche nach dem verlorenen »Start-Stein«

Nach einem herzlichen Abschied mache ich mich gegen 11:45 Uhr endgültig zu dem bedeutungsvollen ersten Stein auf. Ein jeder Pilgeraspirant kennt besagtes Objekt als *den* prominenten *Start-Stein* für die lange Wegstrecke. Etwas intellektfrei laufe ich automatisch zunächst wieder in Richtung Stadtmitte. Gottlob nur einige Hundert Meter. Dann bemerke ich meinen Irrtum und mache kehrt. Der besagte Park liegt 600 Meter entfernt in der entgegengesetzten Richtung. Hoffentlich ein einmaliges Malheur? Unterwegs fallen mir mehrere Obdachlose, meist orientalischen Aussehens ins Auge. Ein Einheimischer, den ich sicherheitshalber nach dem Weg frage, will mich in eine völlig andere Richtung schicken. Ich entscheide mich trotzdem für meinen Weg, von dem ich annehme, er ist der richtige und stoße tatsächlich nach kurzer Zeit auf die in meinem *Guide* beschriebenen Kirchenruinen. In der Nähe wird wie wild gebaut, so dass dieser beschauliche Ort alles andere als beruhigend auf mich wirkt. Trotz intensiven Suchens finde ich zu meiner Enttäuschung keinen Stein an dem Ort, wo er laut Auskunft des Guides hätte stehen sollen. Aus dem ernüchternden Gefühl raus kommt mir die Idee, mir einfach einen anderen Stein als *Start-Stein* zu suchen. Bald lege ich meinen Rucksack auf einem riesigen Steinbrocken an der Ruine ab und schieße ein Foto davon. Für mich wenigstens ein kleiner Trost, zumindest eine symbolische Markierung gefunden zu haben. So getröstet, schlage ich den Weg durch die Innenstadt in Richtung *Gamle Aker kirke* ein. Die Route scheint mir etwas kürzer als die im Guide angegebene zu sein, was ich angesichts meines 18-Kilo-Rucksacks durchaus als gewichtigen Vorteil ansehe.

## Abgestempelt – von Beginn an

An der Domkirche, die ich bereits gestern entdeckt habe, halte ich an, gehe hinein und werde sofort von einer netten älteren Dame begrüßt. Diese drückt den ersten Stempel in meinen Pilgerpass, verbunden mit einer Wegbeschreibung und den besten Wünschen für meine Pilgerreise. In gehobener Stimmung folge ich ihren Beschreibungen und gelange an mein Ziel mit nur einer Nachfrage, die mir eine junge Dame geduldig beantwortet. So stehe ich vor einer schönen alten Kirche, die umgeben ist von einem repräsentativen alten Baumbestand und einem sich um die Kirche herum erstreckenden altehrwürdigen Friedhof. Ich stelle meinen Rucksack stolz vor den nächsten Weg-Stein. Die darin gemeißelte Botschaft: »639 km til Nidaros« lässt mein Herz weniger vor Freude hüpfen als nach weiter unten fallen. Nach einem kleinen Imbiss auf einer Bank will ich, erlebnishungrig wie ich bin, die Kirche besichtigen. Sie ist jedoch zu meinem Bedauern geschlossen. »Kein Wunder, dass die Kirchen in der heutigen Zeit immer leerer werden«, sage ich mir angesichts dieser enttäuschenden Erfahrung. Um 16:00 Uhr sollte die Kirche geöffnet werden. Bis dahin will ich jedoch nicht warten und gehe in das in der Nähe liegende *Pilegrim-Center*. Es zeigt sich mir ein alter, eher unspektakulärer Bau. Im Eingangsraum sitzt ein junger, von etlichen Kalorien umgebener junger Mann und führt mit einer Frau ein Gespräch auf Englisch. Ich sehe, dass die offensichtliche Pilgerin einen mir bekannten Guide in Händen hält und spreche sie auf Deutsch an. Lavinia, so stellt sie sich mir vor, erzählt mir, nach über einem Jahr Weltreise (Kuba, Neuseeland etc.) jetzt noch Norwegen, speziell den östlichen Olavsweg machen zu wollen. Sie sei ohne Vorbereitung hier und beanspruche für sich auch keinen religiösen Hintergrund für die Tour. Auch dieses Gespräch erstreckt sich über fast eine Stunde. Eine Tasse Kaffee, die ich bezahlen will, spendiert mir der junge Servicemann mit dem netten Kommentar: »Für Pilger kostenlos.« So komme ich heute doch noch zu meiner Koffeindosis.

*Der Pilgerpass zum Olavsweg*

Kurz darauf betritt eine hoch aufgeschossene Frau den Raum. Sie stellt sich als Ulrike aus Bremen vor. Es entspannt sich sehr bald ein weiterer angeregter Dialog. Ulrikes Ziel ist ebenfalls der Olavsweg. Morgen oder am kommenden Montag wolle sie losgehen. Gemeinsam verlassen wir das Pilgerzentrum. Wir gehen noch eine kurze Weile zusammen, bevor sich die beiden Frauen von mir in Richtung City verabschieden. Nun bin ich zumindest für heute auf mich alleine gestellt. Ein leicht mulmiges Gefühl aus Richtung Magengegend kommt in mir auf. Ich setze mich damit nicht weiter auseinander, sondern orientiere mich nach dem Stadtplan und der Routenempfehlung in meinem Guide.

Mehrfach frage ich Passanten und erhalte stets eine präzise Auskunft. Mein Rucksack drückt immer stärker auf meine Schultermuskeln. Wegen eines Events im *Frogner-Park* muss ich einige längere Absperrungen umlaufen. Danach entschließe ich mich zu einer kurzen Rast (eine Banane und mehrere Schluck Wasser). Die zahlreichen Olavswegzeichen, ab sofort *OWZ* genannt, sind am Wegesrand zumeist auf Laternenpfosten oder Ähnliches geklebt und erscheinen mir zunächst sehr fremd. Mein nächstes Quartier liegt zudem nicht genau auf dem Pilgerweg. Ab dieser Stelle nutze ich auf meinem Smartphone *Google Maps*. Jeder noch so kurze Stopp ist für mich wie ein Kurzurlaub, dank der Befreiung meines geplagten Rückens von der schweren Last. Wie es mir wohl übermorgen bei der gut 30 Kilometer langen Etappe von der Herberge *Sæteren Gård* bis nach *Sundvollen* physisch und mental gehen wird, will ich in diesem Moment gar nicht so sehr an mich heranlassen. Zweifel und etwas Angst kommen in mir auf, zerstreuen sich jedoch, sobald ich wieder weiterlaufe. Ich denke wieder an die Bemerkung des beleibten Servicemannes im Pilgerzentrum Oslo: »Mit einem 18-Kilo-Rucksack ist diese Strecke nicht zu schaffen.« »Na, das wollen wir doch mal sehen«, so meine trotzige innere Reaktion.

Als ich nach einigen Kilometern erneut vor einem *OWZ* anhalte, frage ich eine junge, orientalisch aussehende Frau nach dem Weg. Hilfsbereit googelt sie sofort auf ihrem Smartphone und bietet mir spontan an, mich zu begleiten, da ihr Weg zur Bahn sie in die gleiche Richtung führe. Unser Gespräch dorthin ist locker, lustig und sehr respektvoll. An der Bahnhaltestelle angelangt, zeigt sie mir den weiteren, von ihr als richtig erachteten Weg. Vertrauensvoll schlage ich die entsprechende Richtung ein und danke ihr zum Abschied für ihre freundliche Hilfe. Nach etwa gut einem Kilometer überkommen mich leichte Zweifel. Erneut frage ich einen Passanten. Der verweist mich wieder zurück. Seine

Auskunft erweist sich ebenfalls als falsch, wie ich beim Googeln an einem Straßenkreisel herausfinde. Jetzt lasse ich mich von dem System führen und erreiche mit kühler technischer Unterstützung mein nächstes Nachtquartier. Ich finde zwar die richtige Straße, jedoch habe ich mit den Hausnummern meine Schwierigkeiten. Kurz entschlossen frage ich einen Mann, der mir sofort die richtige Richtung weist. So entdecke ich das Siedlungshaus, das im Grünen liegt. Der Hinweis des Wohnungseigentümers in seiner Mail, der Schlüssel liege in der Garage, erweist sich als zutreffend. An der Haustür finde ich jedoch keinerlei Namen. Ich klingele auf Verdacht im oberen Geschoss an einer Türe und erfahre, dass mein Vermieter im Erdgeschoss wohne. Die Wohnung ist modern eingerichtet aber unaufgeräumt. Zerwühltes Bett, leere Weinflaschen und Gläser auf dem Wohnzimmertisch und ungespültes Geschirr in der Küche lassen mich etwas nachdenklich werden. Ein Klingeln unterbricht mich. Ein junger Norweger stellt sich mir vor, erklärt mir kurz das Notwendige und weist mir dann ein kleines Zimmer zu. Ich bin über Empfang und Ambiente deutlich ernüchtert. Durstig fülle ich als Erstes meine Wasserflaschen auf und trinke über einen halben Liter in einem Zug. Total verschwitzt entledige ich mich meines T-Shirts. Die anschließende horizontale Lage auf dem Bett war eine Wohltat sondergleichen. Kurz darauf rufe ich meine Frau an. Wir telefonieren etwa 35 Minuten. Birgit informiert mich über ihren Alltag zu Hause und stellt mir viele Fragen nach meinen Erlebnissen. Ich bin erleichtert, wie gelassen sie reagiert, hatte sie es doch die Zeit zuvor an Einwänden gegenüber meinem Vorhaben nicht fehlen lassen. Weiter so. Es ist jetzt 20:45 Uhr. Ich bin froh, mich überwunden zu haben, doch noch mein Tagebuch zu schreiben. Vor dem Zubettgehen disziplinierre ich mich noch zu einigen gymnastischen Lockerungsübungen. Der heutige Tag ist ebenfalls wieder voller inspirierender Begegnungen gewesen.

## Freitag, 23. Juni 2017

Ich habe gut geschlafen und dusche mich gegen 6:00 Uhr. Apropos Duschen bei meinem Gastgeber: In sein Minibad hat er eine technologische Komplettlösung eingebaut. Ich stelle mich in eine mit Kunststoff ausgekleidete Kabine, drehe einen Regelknopf nach dem andern auf und erhalte plötzlich und völlig unerwartet eine kalte Dusche von oben. Eine Schockerfahrung der Art: »Du musst jetzt tapfer wie ein Wikinger duschen.« Gegen Ende dieser erfrischenden Wäscherei kommt schließlich doch noch warmes Wasser. Fazit: »Ein ausgesprochen aufregendes Erlebnis.« Nachdem ich mich angezogen habe, kommt der Hausherr doch noch. Ich bedanke mich bei ihm und wir verabschieden uns. Er muss zur Arbeit. Auch der zweite Kontakt zu einem jungen Norweger war so freundlich wie kurz und unverbindlich. Aus seiner Sicht vielleicht auch verständlich, denn sein Gast hätte gut und gerne sein Opa sein können. Andererseits habe ich im Moment keine Lust, den Entertainer für ihn zu spielen. Opa ist ja auch eine Abkürzung für: »Ohne pädagogischen Auftrag.«

Ich mache gründlich meine heutigen Planungen: »Wegstrecke checken, Einkauf für zwei Tage, 2,5 l Wasser auffüllen, Rucksack packen und dann geht's gegen 8:00 Uhr bei Sonnenschein im Wechsel mit Bewölkung los. Ich bin gespannt, wie lange ich zum nächsten Stopp in der großen Herberge *Sæteren Gård* benötigen werde. Auf dem Weg finde ich sehr bald die ersten *OWZ* und bin dank deren Hinweise sehr erleichtert. Unterwegs laufe ich manchmal aus Unachtsamkeit einige Meter in die falsche Richtung, nehme dies allerdings nicht sonderlich tragisch. Das Wetter wechselt bis zur Mittagszeit zwischen sonnig und bewölkt. Mit einem freundlichen Herrn wechsle ich unterwegs einige Worte. Er wünschte mir viel Erfolg für meine Reise. In der Nähe des Ortes Haslum laufe ich aus mir nicht bekannten Gründen einen ca. zwei Kilometer langen Umweg. Als ich dies bemerke, orientiere ich mich über *Google Maps* und komme zu meiner Freude wieder auf den richtigen Weg zurück. Die Wegstrecke besteht zu meinem Leidwesen vorrangig aus Asphaltboden. Das Wandern geht mir dadurch richtig in die Knochen und mein Rucksack drückt ungnädig auf meine Schultern. »Schaffe ich dann überhaupt morgen die 30 Kilometer nach *Sundvollen*?«, frage ich mich zwischenzeitlich und beginne erstmalig, an meinem Vorhaben zu zweifeln. Schmerzbedingt mache ich öfter kurze Pausen mit gymnastischen Übungen. Gegen Mittag erreiche ich die *Haslum*-Kirche. Sie ist ebenfalls geschlossen. Da ich für morgen Proviant benötige, entschließe ich mich, ca. zwei km in die entgegengesetzte Richtung nach *Bekkestua* in ein Einkaufcenter zu laufen. Kurz vor dem Ortseingang werde ich von zwei Frauen mittleren Alters höflich angesprochen. Sie sind, wie ich bald feststelle, von den *Zeugen Jehovas*. Die eine will mir eine englische Ausgabe des *Wachturm* schenken, was ich, eingedenk des Gewichtes des Turmes aber auch aus sonstigen Gründen dankbar ablehne. Am Ortseingang befindet sich zu meiner Freude ein *Coop-Laden*. Ich kaufe mir dort einen halben Liter Milch, zwei Bananen, einen Früchtequark, vier Brötchen und 250 g Wurst. Auf einer nahe gelegenen Bank stelle ich meinen Rucksack ab und fülle aus einer großen Colaflasche Wasser in eine kleinere Flasche, die ich immer am Beckengurt trage. So wird der Rucksack leichter, auch wenn ich jetzt das Gewicht des Wassers am Bauch trage. Der Rückweg zum Olavsweg gestaltet sich wegen des zusätzlichen Gepäcks echt heftig. Das Gelände wird immer hügeliger. Die Last meines Rucksacks macht mir mehr und mehr zu schaffen. Innerlich sage ich mir: »Schlappmachen gilt nicht!« Leicht gesagt, trotzdem wiegt das Teil seinen Teil. Seit 13:30 Uhr hat es leicht zu regnen begonnen. Ungefähr 900 m vor der ersten Hütte schlüpfe ich in meinen roten Poncho. Dieser schützt mich zwar vor dem Regen, entfaltet jedoch in seinem Inneren schnell eine heftige Raumtemperatur. Gottlob bin ich bald an meinem Ziel angekommen. *Sæteren Gård* ist eine große Freizeitanlage mit mehreren großen Häusern, die in einem optisch ansprechenden

Verbundsystem gegliedert sind. Der Ort ist jedoch menschenleer. Gemäß den Informationen vom norwegischen Wanderverein *DNT* finde ich in einem Schlüsselkasten recht bald den Hüttenschlüssel. Weniger bald finde ich meine kleine rote Hütte, die sich versteckt ca. 200 m vom Haupthaus im Wald befindet. Während meiner Suche im Regen entdecke ich zunächst zwei gelb gestrichene Hütten, treffe jedoch keine Menschenseele an. Als ich endlich die rote Blockhütte gefunden habe, öffne ich das einfache Zahlenschloss und stehe in einem kleinen Wohnzimmer. Das rustikale Ambiente erinnert mich an eine Art Trapperstube aus Westernfilmen, komplett aus Holz und sehr heimelig. Weniger heimelig ist die Tatsache, dass es in der Hütte weder Strom noch Wasser gibt. Der Schlafraum, Kopfhöhe 85 cm, ideal, um sich den Schädel zu zerbeulen, befindet sich im Dachgeschoss, zu

*Meine allererste Bleibe*

dem eine Holzleiter führt. Vier nebeneinanderliegende Matratzen mit deutlichen Gebrauchsspuren lachen mir entgegen.« Dies wird heute Nacht nicht gerade ein kuscheliger Schlaf«, denke ich mir, und breite meinen Schlafsack aus. Wie erahnt, macht mein Kopf eine erste schmerzliche Erfahrung mit dem massiven Dachbalken. Wieder unten in der Wohnstube, packe ich meinen Rucksack aus, wechsle mein tropfnasses T-Shirt und gehe wieder nach draußen zum Haupthaus, um Wasser zu fassen. Hier treffe ich, er kommt gerade aus einem Toilettenhäuschen, einen Indonesier, der mich anlächelt. Nach einer kurzen Begrüßung eröffnet er mir in holprigem Englisch, dass er hier putze. Ich frage, wo es Wasser gebe und ob die Toiletten geöffnet seien. Zuvor stand ich nämlich vor einer verschlossenen Toilettentür. Als ich ihm im weiteren Verlauf unserer Unterredung auf seine neugierigen Fragen mein Vorhaben schildere, scheint er sichtlich vom Glauben abzufallen. Sein Gesichtsausdruck wirkt sehr verwundert. Ich entnehme daraus, dass seine Gedankengänge sich in etwa in die Richtung bewegen: »Dass so ein verrückter Deutscher sich so etwas antun kann?« Ungeachtet dessen werde ich von ihm mit den besten Wünschen verabschiedet. Auf meinem Rückweg zum Haupthaus klingele ich noch an einem Wohnhaus, in dem nach Angaben des Indonesiers eine Familie, vermutlich die des Hausmeisters, wohnt. Dort meldet sich jedoch niemand. Wieder in meiner Hütte wird es langsam dunkel, so dass ich eine Kerze anzünde. Für alle Fälle habe ich eine Stirnlampe dabei, falls die Kerzen knapp werden sollten. Aus dem kleinen Hüttenfenster blickend, entdecke ich einen Läufer, der scheinbar unbeeindruckt durch den Regen joggt. Bislang habe ich bereits viele Norweger radeln oder joggen sehen. Offensichtlich treffe ich hier auf eine sehr sportliche Nation.

Angesichts meiner geplanten morgigen Route, die mit gut 30 Kilometern etwa dem 2,5-fachen der heutigen Strecke entspricht, will ich mit möglichst geringem Gepäckgewicht laufen. Etwas wehmütig entsorge ich daher meine Badehose, eine Rolle Klopapier, ein Päckchen Milchpulver, vier Päckchen Haselnüsse und

Cranberries. Letztere hatte ich in bereits Deutschland gekauft, um möglichst billige Nahrungsmittel für den Weg zu haben. Jetzt lege ich sie als unbekannte Spende in den Gruppenraum des Haupthauses. Meine Gedanken an diesem Abend beschäftigen sich hauptsächlich mit der morgigen Route. Sollte ich die Strecke am nächsten Tag bis zum *Sundvolden*-Hotel nicht schaffen, versuche ich irgendwo bei irgendjemand zu übernachten. Ich rufe dann eben bei einem Hotel an oder der nächsten Herberge. Aber: »Ich will es schaffen!«, höre ich eine trotzig entschlossene Stimme in meinem Inneren. So beschließe ich, morgen bereits um 6:00 Uhr in der Früh aufzubrechen. Mir wird jetzt kühl. Ein Kaminfeuer anzuzünden ist mir zu fremd und auch zu aufwendig. Jetzt noch was essen und dann ab in den Schlafsack. Dieser Tag hat es wirklich in sich. Ich bin in der norwegischen Wildnis angekommen. Zumindest für einen Tag. Merkwürdigerweise verspüre ich keinen rechten Hunger. Mein letzter Wunsch an diesem Abend ist: »Für morgen hätte ich gerne wieder schönes Wetter.« Ob der heftig auf das Hüttendach prasselnde Regen das auch so sieht? Mal sehen.

## Samstag, 24. Juni 2017

Nach leichtem Schlaf stehe ich bereits um 4:30 Uhr auf und habe überraschenderweise mehr als acht Stunden, und das noch gut, in meiner Dachkoje geschlafen. Draußen ist es bereits taghell. Fast die ganze Nacht über hat es sehr stark geregnet. Umso erfreuter registriere ich beim Aufwachen strahlenden Sonnenschein. Nach Frühstück ist mir um diese Zeit nicht zumute. Da ich meinen Rucksack bereits gestern Abend gepackt habe, schaffe ich es, schon um 6:25 Uhr aufzubrechen. Auf der zunächst gut ausgebauten Wegstrecke dürften sich Fuchs und Hase wohl nicht gute Nacht sagen, jedoch scheinen sich Meister Reinecke und Eichhörnchen hier guten Morgen zu sagen. Beide Tierchen kreuzen kurz nacheinander unmittelbar vor mir den Waldweg. Gute Laune kommt bei mir auf – ob bei dem Fuchs oder dem Eichhörnchen ebenfalls, kann ich nicht ermitteln. Erfreulicherweise finde ich zudem das erste *OWZ* bereits nach etwa 900 m. Erleichterung macht sich breit. Sehr bald jedoch werde ich im Wald mit einer heftigen Steigung konfrontiert. Meiner Vermutung nach handelt es sich um einen ausgetrockneten Bach. Ansonsten kann ich mir die zahlreichen Felsbrocken, Steine und Wurzeln, allesamt sehr glitschig, nicht erklären. Ich gerate schnell ins Schwitzen und habe schon wieder sekundenweise den Wunsch, die ganze Schinderei aufzugeben. Mein Rucksack will ohnehin konsequent in die andere Richtung, so stark drückt und zieht er nach hinten. Ich erlebe mich auf dem schmalen Pfad derart körperlich gefordert, dass ich der insgesamt malerischen und ruhigen Waldpassage inklusive dem weichen mit Tannennadeln gepolsterten Boden *Marke Fusswohl* nichts Positives abgewinnen kann. Gott sei Dank hat dieser Anstieg auch einmal ein Ende und schon kurz darauf werde ich mit einem malerischen und vor allen Dingen eben verlaufenden breiten Weg belohnt. Ich überquere einen kleinen Bach, halte inne und lausche aufmerksam dem Murmeln des sich über die rund geschliffenen Steine schlängelnden Wassers. Doch sehr bald wird mein *»Verweile doch, du bist so schön«-Moment* von einer dezent energischen inneren Stimme unterbrochen, die mir sagt: »He, du kannst nicht an jeder dir lieblich erscheinenden Stelle Pause machen! Denk daran, du hast noch fast 30 km vor dir!« Auf diese Weise wieder in der Realität angekommen, mache ich mich wieder auf die Hufe. Nach einer Weile treffe ich mitten im Wald auf ein typisches norwegisches Holzhaus. Die Fassade ist in einem warmen rotbraunen Farbton gehalten, der mir später immer wieder auch an anderen Häusern auffällt. Besonders gefällt mir der Holzzaun, der aus 45° schrägen nebeneinander genagelten Latten besteht. »Schief ist in diesem Falle schön«, denke ich. Neben dem

Haus lese ich auf einem Schild »Änglagård 3 km«. Auch wenn ich im Moment mit dem Örtchen nichts anfangen kann, denke ich mir: »Wenn du dort bist, hast du weitere drei Kilometer geschafft.« Derart mental gestärkt gerät Pilger Gregorius wieder in Bewegung, um dann nach einer kurzen Strecke auf einem brei-

*Ohne Rast durch Morast*

ten Schotterweg auf einen schmalen Waldweg abzubiegen. Der schwarze Untergrund erweist sich als sehr morastig, so dass ich mein ohnehin moderates Wandertempo deutlich bremsen muss, um nicht im Schlamm zu versinken oder gar auszurutschen. Nasses Schuhwerk kann ich im Moment überhaupt nicht gebrauchen. Mir ist aus Schilderungen vieler Wanderer bekannt, dass man an feuchten Füßen sehr bald fette Blasen haben kann. Und davor habe ich markantes Muffensausen. Nach etwa einer Viertelstunde unterirdischen Schritttempos erreiche ich eine Lichtung und sehe einige schöne Häuser, die in einem großen Abstand voneinander stehend mit einer Straße verbunden sind. Eine Joggerin in den Vierzigern, sie möge mir verzeihen, wenn sie jünger ist, kommt mir entgegen. Sie grüßt mich lächelnd, hält an und fragt mich sofort, wohin ich denn gehe. »Nach Trondheim«, sage ich mit innerlich stolz geschwellter Brust. Sofort erhalte ich ein überraschtes und anerkennendes Echo. Unaufgefordert macht sie kehrt und begleitet mich einige Minuten für einen Smalltalk. Auf diese Weise bietet sich mir die Gelegenheit, in prägnantem Stammel-Englisch mein Vorhaben, meine Motivation und natürlich auch meine Herkunft einer überaus freundlichen und interessierten Eingeborenen nahezubringen. Sie vermittelt mir durch ihre aufmerksame Art zudem den Eindruck, als habe sie meinen Wortsalat auch verstanden. Sie verabschiedet sich mit einem strahlenden Lächeln, »Have a good trip!«, macht kehrt und widmet sich wieder ihrem Sport. Freude hoch drei empfinde ich dabei. Ich ertappe mich dabei, dieses Land und seine Leute, hier die attraktive sympathische Norwegerin in einer euphorischen Art zu interpretieren und genieße dieses Gefühl für kurze Zeit. Denn das Motto dieses Moments »Euphorie, verlass mich nie!«, wird jäh unterbrochen, als die Brandmelder meiner Füße beginnendes Ungemach signalisieren. Zu meiner großen Erleichterung sehe ich an der nächsten Straßengabelung eine Ruhebank und steuere gezielt dorthin.

Kurz davor treffe ich auf eine weitere sportliche Einheimische, die ihre Hunde im Joggingtempo ausführt und verplaudere ebenfalls etwas Zeit mit ihr. Sie eröffnet mir dabei, der Weg nach *Sundvollen* sei lang und verlaufe fast ständig bergauf. Also mache ich vorbeugend auf der hölzernen Rentnercouch am Ende des Ortes *Øvre Johnsrud* ein kräftigendes Päuschen. »Ein Viertel des Tagespensums ist ja bereits geschafft«, spreche ich mir Mut zu. Das Wetter ist im Moment zudem sehr schön. Nach 20 Minuten Relaxen nehme ich entschlossen die erste Steigung des Weges in Angriff. Der Olavsweg führt auf einer gut ausgebauten Schotterstraße in langen Kurven stetig bergauf. Anfangs bin ich noch guter Dinge. Regelmäßig entdecke ich die *OWZ*. Nach einer halben Stunde, die Sonne verwöhnt ungefragt Kopf und Rücken, beginnt mich mein Rucksack wieder arg zu drücken. Irgendwann, so kreisen meine Gedanken, muss doch dieser Bergweg mal aufhören. Um ca. 11:00 Uhr mache ich an einer weiteren Weggabelung im Schatten eines ausladenden Baumes erneut Rast. Den Rucksack absetzen bedeutet für mich an diesem Tag eine wahre Wonne, ja Befreiung von einem Joch. Ich komme mir wie ein Sklave, den man von den Ketten genommen hat, vor. Die Fleece-Jacke, die ich wegen des kühlen Windes angezogen habe, ziehe ich ebenso wie mein Hemd aus und lege sie wie alle schweißnassen Utensilien in die Sonne zum Trocknen. Ich gönne mir etwas von meinem Wasservorrat und mache am Wegrand Lockerungsübungen. All dies hilft etwas gegen die Schmerzen und wird daher künftig ein fester Programmpunkt während der Pausen für mich sein.

## Erst *Hilfe-*, später *Mäh-Rufe*

Ich will eben meine gymnastischen Verrenkungen beenden, als ein etwa gleichaltriger braun gebrannter Herr in typischem Radfahrer-Outfit auf einem Mountainbike neben mir anhält. Schnell entwickelt sich ein kurzes, freundliches und informatives Gespräch. Er sagt, dass er jetzt noch ca. 19 km zu fahren habe. »Respekt«, denke ich mir, »bei diesen Steigungen.« Nächste Woche, so der Mann weiter, reise er nach Deutschland zum Angeln, dann nach Luzern und später weiter nach Italien. Recht hat er, der alte Knabe. Ein kurzer Abschied mit gegenseitigen guten Wünschen und einige Sekunden später ist der rüstige Norweger hinter der nächsten Kurve verschwunden. Von Zeit zu Zeit brausen immer mal wieder junge *Pedaleure* mit überaus profimäßigem Habitus an mir vorbei. Im Vergleich mit diesen Kraftpaketen komme ich mir fast wie behindert vor, respektive werden mir die körperlichen Grenzen, die mir mein Alter setzt, in solchen Momenten sehr bewusst. Ich ertappe mich bei sekundenlangem inneren Klagen und Wehmutsseufzern. In solch mentalem Modus raffe ich mich auf, schultere meine sieben Sachen und ziehe weiter meines Weges nach oben. Nach etwa einer guten Stunde halte ich völlig ausgepumpt an und lege mich direkt neben dem Weg ins Gras. Plötzlich schreckt mich das typische Geräusch einer Fahrrad-Vollbremsung auf. Vor mir steht ein besorgt dreinblickender junger Radler und fragt mich: »Are you okay, can I help you?« Völlig verdattert verneine ich. Ein nettes Gespräch schließt sich an. Er hat wohl gedacht, ich sei verunglückt oder habe einen Schwächeanfall und wollte mir helfen. Seine spontane Hilfsgeste rührt mich sehr. Informiert über mein immer noch weit entferntes Ziel, reagiert er sehr beeindruckt.

»Ich fahre gerne und regelmäßig diese Strecke«, sagt er beim Abschied und wünscht mir »Bye bye – and a good journey«. Kurz darauf bin ich wieder alleine mit dem gebrechlichen alten Gregorius und bewege mich im gleichförmigen, langsamen Schritt bergauf.

Kurz vor dem Hof *Langebru*, ich habe mich wieder mal eine lange Steigung hochgequält, höre ich *Mäh-Rufe*, keine *Schmäh-Rufe*, denn sie kommen von zwei jungen Schafen, die miteinander wohl ein Wettrennen machen. Beide laufen direkt auf mich zu. Kurz bevor sie mich erreicht haben, wenden sie abrupt und setzen ihr Spiel in die andere Richtung fort. Ich beobachte das Treiben amüsiert. Einige Meter weiter entdecke ich im Hof *Langebru* die in einem Wanderführer hervorgehobene Warntafel »Warnung vor Elchen«. Sie soll dem neugierigen Wanderer wohl eher andeuten »Lasst uns in Ruhe!« Auf den folgenden Metern höre und sehe ich in der Nähe jedenfalls kein einziges dieser *brandgefährlichen* Tiere. Weiter geht's. Trotz der Mühe, die mir die Wegstrecke abverlangt, erlebe ich immer wieder Glücksmomente. Vogelzwitschern, das leise Rauschen der Bäume, beruhigendes Bachgeplätscher lassen mich die Schönheit der norwegischen Natur ausgiebig genießen. Bei derart kontemplativen Momenten vergesse ich selbst meine Rückenschmerzen. Nachdem wieder einen Anstieg gemeistert ist, treffe ich ein älteres Ehepaar. Eine erneute liebenswerte und lebendige Begegnung von kurzer Dauer folgt. Offenes Interesse, Austausch gemeinsamer Urlaubserlebnisse, Fragen nach dem Woher und Wohin und zum Abschluss ein aufmunterndes »Have a nice journey in Trondheim«. So einfach geht in Situationen wie dieser die Völkerverständigung.

Seit vorgestern verbinde ich bei jedem neu entdeckten *OWZ* meine Freunde und Erleichterung über die Gewissheit, auf dem richtigen Weg zu sein, mit dem Ausspruch »Danke, Olav!« Automatisch stellt sich bei mir Freude und Dankbarkeit ein, erkennbar an meinem *10-vor-2-Gesicht*. Manchmal kann ich den Ausruf vor lauter Anstrengung nur hinauskeuchen.

Der *Bergenske Kongeveg*, der mit dem Olavsweg in dieser Region zusammen verläuft, ist ab und zu mit anschaulichen Infotafeln bestückt, auf denen historische Bilder mit norwegischen Erklärungstexten den aktuellen Standort und die Restkilometer bis *Sundvollen* erläutern. Nach Stunden endlosen Bergaufgehens und zahlreichen Kurven, die mich an die Bergetappen der *Tour de France* erinnern, entdecke ich zu meiner grenzenlosen Erleichterung den Hinweis: »4,5 km bis Kleivstua«. Dort gibt es ein Hotel gleichen Namens, bei dem ich am Vormittag wegen einer Übernachtung vergeblich angerufen habe. »Total booked«, so die in freundlich bedauerndem Ton gehaltene Absage der Dame an der Rezeption. »Total frustrated« ist meine Befindlichkeit in diesem Moment, weiß ich doch, dass die nächste Haltestelle, ein Hotel in *Sundvollen*, mindestens weitere zwei Kilometer entfernt liegt. Zwei Kilometer, für Normalsterbliche eine kurze Strecke, umso mehr, wenn man sich eine gut ausgebaute sowie eben verlaufende Route vorstellt. Wenn man aber, so wie ich, bei Kilometer 28 von einem hilfsbereiten und freundlichen Radler eine genaue, detaillierte Wegbeschreibung erhält, kann einem durchaus schon die Kinnlade runterfallen. Der gute Mann unterbricht wie selbstverständlich seine Radtour und begleitet mich bis an ein schmiedeeisernes Tor, das den Eingang in die Zielgerade symbolisiert. Dort finde ich mit Erschrecken einen überaus steilen, holprigen und steinigen Pfad vor, der sich durch eine Waldlichtung ins Tal

*The long and winding road*

windet. Diese halsbrecherische Herausforderung soll also früher der sogenannte *Kongsleden* gewesen sein. Ich bin mir sicher, der damalige König hätte bei dieser Aussicht an meiner Stelle einen Tobsuchtsanfall bekommen. Sicherlich muss der Weg zur damaligen Zeit wohl etwas komfortabler gewesen sein. Gefährlich war er auf jeden Fall.

An dieser Stelle muss ich den geneigten Lesern noch nachtragen, wie ich auf den letzten fünf Kilometern meine schweren Wanderschuhe erstmals gegen Barfußlaufschuhe getauscht habe, die ich mir gekauft habe. Eine sehr geschäftstüchtige Dame in einem speziellen Laden für Barfußtreter hat mir gerade diese Teile als ideales Wanderwerkzeug angepriesen und meine hochgradigen Bedenken bezüglich deren Tauglichkeit überzeugend zu zerstreuen vermocht. Sie ermunterte mich, mit den besonders leichten Gehwerkzeugen auf einem im Geschäft ausgelegten Parcours über unterschiedlich spitze, große und kleine Steine sowie sogar über Glasscherben zu laufen. Da meine Mutprobe ohne schmerzhafte Folgen für mich und den Schuh geendet hatte, war meine Kaufentscheidung klar. »Die nehme ich«, sagte ich mit fester Stimme und totaler Überzeugung. Nach nunmehr kilometerlangem Testlauf auf dem anspruchsvollen norwegischen Terrain bin ich von meinen leichten *Leguanos* mehr als angetan. Sie haben sich nämlich auch bei anderen unterschiedlichen Bodenbeschaffenheiten gut bewährt. Ende der Werbebotschaft.

## Kontaktmeile nach Sundvollen

Zurück zum *Kongsleden.* Ich bin eben dabei, hinter dem Eingangstor sitzend, schnaufend meine Bergschuhe wieder anzuziehen, als ich über mir eine temperamentvolle Frauenstimme vernehme: »Hey!« Ich sehe eine, ich lege mich hier mal fest, attraktive Brasilianerin, etwa Mitte 30. Nein, alleine war sie nicht. Eng umschlungen von einem tätowierten, hoch aufgeschossenen Nachfahren der Wikinger steht sie vor mir und lächelt mich an. Jegliches Balzverhalten meinerseits wäre jetzt zwecklos gewesen. Sie fängt sofort mit mir auf Norwegisch zu sprechen an. Überrascht und etwas verlegen bemerke ich: »I'm from Germany«, worauf sie »You speak English?« fragt und ich ihr sage: »Just a little bit«. Der nachfolgende Talk mit der kaffeebraunen Schönheit wäre ein grammatikalischer Hochgenuss für jeden Weltbürger mit soliden Englischkenntnissen gewesen. Leider fehlt davon die Tonspur. Billy, so ihr Name, plaudert wie ein Wasserfall. Sie zeigt reges Interesse an meinen Barfußschuhen und sagt: »Ich finde deine Schuhe toll und werde mir auch welche kaufen. Zu Hause habe ich welche mit Fingerlingen für die Zehen.« Ich nenne ihr die Marke und beantworte auch ihre Fragen nach meinem *Wohin, Warum etc.* Sie wirkt beeindruckt und fragt weiter nach. In meinem mentalen Übersetzungszentrum herrscht Chaos. Dabei ist Englisch doch eine so leichte und einfache Sprache. Ungeachtet dessen hat das Design unserer Konversation den Charakter der vor mir liegenden Holperstrecke. »Where do you stay?«, will sie wissen und als ich kurz und knapp »Hotel Sundvolden« antworte, löse ich bei ihr helle Begeisterung aus. Sie und ihr bislang konsequent wortkarger Partner haben dort ebenfalls Quartier bezogen. Zugleich beginnt sie, mir im Detail die Vorzüge des Hotels zu veranschaulichen. Dabei schildert sie mir insbesondere einen Stuhl, der sich im Gymnastikraum des besagten Hotels befinden soll und in dem man »very good relaxing« könne. Sie entlässt mich mit ihrem Schlusssatz: »See you later«, aus der zunehmend einseitigen Konversation. Havar, der schweigsame Nordmann an ihrer Seite, grinst ein wenig und hebt seine Hand lässig zum Abschied. Ich schmunzele gut gelaunt und gleichzeitig etwas irritiert über die internationale Begegnung in mich hinein und binde sorgfältig meine ledernen Wanderstiefel. Auf den letzten Kilometern will ich jedes Risiko vermeiden. Mein Blick ist konzentriert auf den felsigen und schwierig zu laufenden Boden gerichtet, als ich vor mir ein Keuchen vernehme. »Ein Tier?«, schießt es mir in Millisekunden durch den Kopf und gleichzeitig Adrenalin in die Glieder. Erschrocken blicke ich auf und sehe einen Jogger, der sich in einem imposanten Tempo dem Eisentor nähert. Ich schätze ihn auf etwa 40 Jahre und reagiere spontan mit einem: »Respekt!« Das veranlasst ihn, zu halten. Es folgt das mir mittlerweile schon bekannte Gesprächsmuster. In einem flüssigen Englisch erzählt er mir, seine Frau sei noch etwas weiter unten auf dem Weg. Er deutet mir an, zusammen mit mir ihr entgegen zu gehen. Dabei erfahre ich von ihm, dass dieser Pfad vor über 100 Jahren die Hauptstraße nach Bergen gewesen sei. Wir kommen an mehreren Infotafeln, die am Wegesrand stehen, vorbei. Er übersetzt mir jeweils den norwegischen Text. An einer Tafel erfahre ich, dass dort vor über 100 Jahren ein Arzt mit seinem Pferdefuhrwerk auf dem abschüssigen Weg an einem Felsen zu Tode gekommen sei. Gott sei Dank habe ich weder Pferd noch Fuhrwerk, sondern nur meinen talwärts drängenden Rucksack an Bord, so dass mir ein solches Missgeschick bei meiner Gangart wohl nicht beschieden sein wird. Einige Hundert Meter weiter unten treffen wir seine Frau. Es folgt eine freundliche Begrüßung, ein paar Worte und ein Foto, das ich von den beiden mache. Dann das obligatorische »bye bye«. Heute habe ich anscheinend beglückende Begegnungen am laufenden Meter. Was will ich mehr? Jetzt will ich wild entschlossen und bester Laune den extremen Abstieg mit so wenig wie möglich Risiko und Schmerzen bewältigen. Auf den nächsten Metern stellt sich dies jedoch als Trugschluss dar. Bei jedem Schritt schmerzen meine Gelenke, Oberschenkel und Rückenmuskulatur. Ich beiße die Zähne zusammen. Endlich im Tal an der Hauptstraße angekommen, sind es nur noch 350 Meter bis zum Hotel. Meine letzten Körnchen muss ich dafür aus mir herausholen. Endlich geschafft. Ich stehe schnaufend und völlig platt in der Rezeption eines respektablen Hotels mit einem ausgesprochen schönen Eingangsambiente. Vor mir checkt ein extrem übergewichtiges Paar ein. Die Minuten des Wartens unter *Drucksack-Einfluss* kommen mir wie eine Unendlichkeit vor. Jede Sekunde, die der Check-In der beiden andauert, bedeuten für mich Höllenqualen. Schlussendlich bin ich dann, nach einer gefühlten Viertelstunde an der Reihe. Erstaunlicherweise wird mein Patchwork-Englisch mit integrierten Schnaufgeräuschen von dem jungen Mann an der Rezeption verstanden. Er fragt mich unter anderem nach meinem Pilgerausweis. Diesen habe ich sinnigerweise in den Tiefen meines Rucksacks verstaut. Mein erschöpftes »later« hat er anscheinend im doppelten Wortsinn verstanden und gibt mir meine Zimmerkarte und noch ein paar Infos über Essenszeiten etc. In der schnellsten mir noch möglichen Gangart, schleiche ich mich 50 Meter in das separat liegende Gästehaus. Im Fahrstuhl erkenne ich in einem großen Spiegel den völlig ausgepowerten verschwitzten Totalschaden namens Gregorius. Er hat's geschafft und sieht entsprechend aus, so meine Impression beim Anblick meines bedauernswerten Aggregatzustandes. Zweiter Stock, die Tür öffnet, ein langer Flur. Meine letzten Schritte, hoffentlich kommt bald die Zimmernummer 34. Nach knapp 20 Schritten entdecke ich die Zahl meiner Begierde. Ich bin da, trete ein und fühle mich von einem ausgesprochen schönen Doppelzimmer-Ambiente umschmeichelt. Einfühlsamen Schutzengeln gleich lösen meine Hände die Rucksackschlaufen. Wie orgiastisch kann der Moment einer solch plötzlichen Schwerelosigkeit ohne Backpack sein. Meine Schmerzen spüre ich in diesem Moment nicht mehr real. Das Zimmer erscheint mir wie das wahrhaftige Paradies: bequemes Doppelbett, großzügiges Bad und köstlich kühles Bier in der Minibar. Ich gieße mir innerhalb von maximal zehn Minuten einen halben Liter Pils, Marke *Hansen*, in den Pansen. Ein wahrhaft göttlicher Genuss. Und so etwas getraut sich schamlos und bar jeglichen Standesethos' ein altgedienter Suchtberater dem geneigten Leser zu offerieren. Auch wenn nach Veröffentlichung dieses Buches ein *Shitstorm* über mich hereinbrechen sollte, so ist es wirklich! Hoffentlich überlesen meine früheren Klienten diese Passage. Die fallen sonst vom Glauben an die Abstinenz ab. Mir ist es jetzt basisegal. Eine solch herbe Kühle durch die Kehle ist für mich, das non plus sonst was. Für die nächste wonnigliche Situation sorge ich sofort. Behende entledige ich mich meiner Klamotten und dann ab ins Bad. Zuvor erfordern norwegische Lichtschalter mein technisches Verständnis. Leider bin ich diesbezüglich hochspezialisierter Amateur. Insofern erfolgt mein Aha-Erlebnis erst etwa drei Minuten später, als ich die erleuchtende Entdeckung mache, mit meiner Zimmerkarte die Elektrifizierung des gesamten Apartments in die Wege leiten zu können: *Einfach Karte in Box – und Spot on!* So weit zum Thema Sozialpädagoge und Technik. Die Dusche, sehr komfortabel, ist sowohl mit einem herkömmlichen Brauseschlauch als auch mit einer sanften Regendusche von oben ausgestattet. Ich bin entzückt, als alles Gute, in diesem Fall ein erfrischendes Nass, tatsächlich von oben kommt. Ein derartiges Labsal lasse ich zu einem locker zehnminütigen Dauerbrausen ausarten. Wonnemoment Nummer drei ist dann das bequeme Doppelbett. Der Liegekomfort ist ein Erlebnis besonderer Art. Alle meine Körperzellen jubilieren wie die Fischerchöre. Idealer Anlass, danach Birgit, meine geliebte *Wunschkreuzung*, anzurufen. In dem über 30-minütigen Gespräch sprudeln meine Erlebnisse nur so aus mir heraus. Wir sind froh, einander zu hören. Am Ende sage ich ihr künftig tägliche Wasserstandsmeldungen zu. Jetzt will ich nur noch schlafen. Zuvor erfordert mein riesengroßer Durst noch ein weiteres *Hansen*. Mehr gibt das herkömmliche norwegische Minibar-Kühlfach allerdings nicht her. Insofern ist für heute Abend ein alkoholischer Kontrollverlust mit Sicherheit ausgeschlossen. Als Betthupferl genehmige ich mir noch eine kleine Cola. Mein Schlaf ist öfter unterbrochen durch die Gedanken an den vergangenen Tag und die Planungen für den morgigen. Was für ein Tag! Danke, Olav! Schlaf gut!

## Sonntag, 25. Juni 2017

Die Uhr zeigt 8:30 an, als ich mich auf den Weg zum Frühstücksraum mache. Zuvor habe ich mich entschieden, mir in dem tollen Hotel einen ersten *Zero-Day* zu genehmigen. Die 30 Kilometer des letzten Tages haben nämlich deutliche Spuren an meiner Kondition hinterlassen. Gleichwohl bin ich stolz, eine solch anspruchsvolle Strecke mit rund 18 Kilo Gepäck geschafft zu haben. »Selbstlob stimmt«, sagt mir meine innere Stimme voller Anerkennung. Da ich die nächste Herberge, *Bjørke Gård*, bereits für den Abend gebucht habe, rufe ich dort an, um einen Schlafplatz für den nächsten Tag zu erhalten. Ich erreiche jedoch niemanden. Anrufbeantworter Fehlanzeige. An der Rezeption hilft mir Ane (kein Schreibfehler, auf ihrem Namensschild steht wirklich Ane und nicht Anne) sofort mit einem charmanten Lächeln weiter und bucht telefonisch mit der Herberge meinen Termin um. Solch ein Service erlebe ich in diesem Moment als Erleichterung pur. Anes außergewöhnlich himmelblaue Augen fesseln zudem meine Aufmerksamkeit. »Sind die echt, oder trägt sie farbige Kontaktlinsen?« Sie einfach zu fragen, getraue ich mich nicht. Wäre ja schon etwas frivol, denke ich mir und mache mich auf in Richtung Fahrstuhl. Ja, wen treffe ich da? Billy und Havar natürlich. Beide in bester Laune. Billy hat ihre Fingerschuhe an, fragt mich sofort nach der Marke meiner Barfußschuhe und notiert diesen in ihrem Smartphone. Minuten später treffe ich beide erneut in einem der Frühstücksräume. Billy, das anscheinend stets gut gelaunte Temperamentsbündel, gibt mir einige Tipps für Sightseeing und Relaxen. Dabei legt sie mir wieder den Entspannungsstuhl im Fitnessraum mit der Überzeugung eines Vertriebsprofis ans Herz. »It's a phantastic chair.« Ab diesem Zeitpunkt steht der »phantastic chair« als *Priorität A* auf meinem Tagesplan. Doch zuvor werde ich aber den Tagesordnungspunkt *Breakfast* sorgfältig abarbeiten. Mein Magen hat mir nämlich in grimmiger Form eindeutige Befehle dazu gegeben. Im Hotel gibt es vier unterschiedlich gestaltete Frühstücksräume Ich nehme in einem in typisch norwegischen Style gehaltenen kleineren Raum an einem rustikalen Holztisch Platz. So ziemlich alles ist in Holz gehalten – Boden, Wände und Decken. Gedämpftes Licht und sanfte Musik im Hintergrund sorgen für eine typisch norwegische Hüttenatmosphäre. Bereits um diese Zeit brennt im Kamin ein knisterndes Feuer und sorgt bei mir für totales Wohlfühlaroma. Mit einer Dame, die die Feuerstelle ebenfalls bestaunt, komme ich in ein kurzes Gespräch. Dass diese später für ein paar Tage meine Wegbegleiterin wird, kann ich jetzt noch nicht ahnen. Ihre sympathische offene Art hinterlässt bei mir einen positiven Eindruck. Mein grenzenloser Appetit treibt mich jetzt zu den zahlreichen kulinarischen Angeboten, die höchst dekorativ meinen Sinnen schmeicheln und zum Zugreifen animieren. Nach einer guten halben Stunde meldet mir mein Magen: »voll getankt«. Derart gesättigt und hochzufrieden über das kulinarische Erlebnis mache ich einen ersten Rundgang durch die Hotelanlage. Im Kellerbereich finde ich eine ausgesprochen anspruchsvolle Kunstausstellung, die das Hotel anscheinend immer wieder mit neuen Künstlern und deren Werken aktualisiert. In den zahlreichen Gängen und Räumen verirre ich mich manchmal. Dieses Haus hat eindeutigen Wohlfühlcharakter, so mein erstes Fazit. Kurz vor 11:00 Uhr beschließe ich, ein zweites Mal zu frühstücken. »Alter Gierschlund«, sage ich mit einem wohlwollenden Augenzwinkern zu mir. »Dann ist das eben mein Mittagessen«, ergänze ich meine Selbstbesänftigungsstrategie. Außerdem war dies meiner Erinnerung nach das erste Mal in meinem Leben, dass ich innerhalb von zwei Stunden zweimal gefrühstückt habe. Insofern schaffe ich es locker, das Mittagessen ausfallen zu lassen. Nach einem kleinen Nickerchen in meinem Zimmer mache ich gegen 16:00 Uhr einen Ausflug in die nahe Umgebung. Erfreut und erleichtert entdecke ich wieder die *OWZ*, die mir den morgigen Weg nach *Bjørke Gård* weisen. Der sehr stark befahrene Damm, der den Zusammenfluss von *Ty-*

*rifjorden* und *Steinsfjorden* überquert, bietet mir eine fantastische Aussicht auf mehrere kleine Inseln sowie die Hauptinsel *Storoja*. Als am Himmel dunkle Wolken aufziehen, mache ich mich auf den Rückweg ins Hotel. Im Bad wasche ich meine gebrauchten Klamotten. Anschließend suche ich den mehrfach von Billy hoch gepriesenen Massagesessel im Fitnesscenter. Neben einer großen Anzahl moderner Trainingsgeräte sehe ich schließlich das imposante Objekt. Ich setze mich in einen massiven, in schwarzem Kunstleder gehaltenen Massagesessel. Auf einem großen Display, das mit dem Sessel verbunden ist, wähle ich aus den verschiedenen Programmen eine Shiatsu-Massage. 20 Minuten werde ich von der Maschine so differenziert und intensiv durchgeknetet, wie ich es mir nie habe vorstellen können. Natürlich macht das Lust auf mehr. Also, her mit dem nächsten Programm »neck and shoulders«. Ebenfalls genial entspannend. Nach 20 weiteren Minuten ist mir klar, warum Billy mir nicht zu viel versprochen hatte. Niemand außer mir ist im Raum, so dass ich mich auf eine hochmoderne Waage wage. Sie zeigt inklusive T-Shirt, Hose und Unterhose 94,1 Kilo brutto an. Das macht nackt ungefähr 93,5 Kilo. Stumme Freude bei dem nach wie vor übergewichtigen Gregorius. Die Plackerei der letzten Tage hat mir also mindestens 1,5 Kilo Erleichterung gebracht. So was spornt einen an. Aus einem Spender genehmige ich mir ein klares Eiswasser und hole mir noch einen Apfel und eine Birne aus dem bereitstehenden Korb. Für dieses Hotel kann man guten Gewissens *Boarding-Empfehlungen* aussprechen. 610 *NOK* (norwegische Kronen) als Sonderpreis für Pilger inklusive Frühstück und die zahlreichen Zusatzangebote sind nicht zu viel und in diesem Lande wohl nicht die Regel. Ich bin sehr zufrieden, hier meinen ersten *Zero-Day* genommen zu haben. Den restlichen Nachmittag verbringe ich in meinem Zimmer mit Relaxen, Tagebuch schreiben und Vorbereitungen für die morgige Route. Micha ruft mich an und informiert mich, dass die bisherigen Fotos und Videos, die ich mit meinem Smartphone gemacht hatte, auf seinem Rechner angekommen seien. Na, dann ist doch »Alles in Buddha«, stelle ich zufrieden fest. So lässt sich's trefflich pilgern, lautet mein Fazit des heutigen Tages. Bereits 35 Seiten sind in meinem Tagebuch gefüllt. Ich fotografiere meine Notizen ab und speichere sie auf einer SD-Karte, sollte ich das Buch während meiner Wanderung verlieren. Selbstlob folgt, weil eine gute Idee. Jeden Tag etwa fünf Seiten – daraus kann ein Buch werden. Entgegen meinem Vorsatz, jeglichen Medienkonsum zu meiden, zappe ich mich *aus rein wissenschaftlichen Gründen* durch das norwegische TV-Programm. Die norwegische Sprache klingt irgendwie lustig. Sie kommt mir vor wie ein Singsang aus hohen und niedrigen Tönen, unterbrochen durch plötzliche Stopps in den Sätzen. Auch erinnert sie mich an die Geografie der Gegend, die aus mehr oder weniger anstrengenden Auf und Ab besteht. Insofern bin ich in Gedanken wieder bei dem, was mir für die nächsten Wochen noch alles bevorsteht. In meinem Reiseführer sind nämlich insgesamt 20 500 Höhenmeter (auf und ab) aufgeführt. Nur nicht daran denken, sondern sofort einen guten Schlaf anstreben. Gute Nacht.

## Montag, 26. Juni 2017

Kurz vor 6:00 Uhr reißt mich der Signalton meines Smartphones aus dem Schlaf. Erfreut sehe ich zwei Nachrichten meiner Tochter Steffi und meiner Frau. In der Einsamkeit Norwegens empfinde ich gerade solche Kontaktaufnahmen als angenehm. Ich dusche mich, schreibe meinen Lieben jeweils eine Nachricht, creme meine Wanderstiefel ein und mache mich frohen Mutes zum Frühstück auf. Zunächst habe ich die Überlegung, das Servicepersonal zu fragen, ob ich mir eine kleine Stärkung für die Wanderung mitnehmen kann. Das Frühstück ist mal wieder exzellent. Beim Kaffeeautomaten begrüßt mich eine junge Servicekraft mit »Guten Morgen!« Ich reagiere sehr überrascht. Woher weiß die hübsche junge Frau, dass ich Deutscher bin? Sieht man so etwas etwa? Meine Neugierde ist ein erneuter Anlass für ein Gespräch. Maris, eine junge Estin, erzählt, in der Schule Deutsch gelernt zu haben. Sie wirkt erfrischend normal und erlaubt mir am Ende unseres Smalltalks, von ihr ein Foto zu machen und in meinem Buch veröffentlichen zu können. Ich bedanke mich bei ihr und setze mich wieder an meinen Stammplatz zum Frühstück. Im Raum lodern in der Feuerstelle wieder die Flammen. Ebenso höre ich angenehme Musik im Hintergrund. Heute bin ich der erste Genießer. Aus meiner Sicht aus doppeltem Anlass: einerseits will ich zeitig aufbrechen, spätestens um 9:00 Uhr. Zudem will ich noch einen gut geplanten Mundraub durchführen und mich für den Tag mit *Köttbullars* versorgen. Für diesen Coup habe ich mir zwei Plastikbecher mitgenommen, die ich auf der *Colorline*-Fähre ebenfalls stibitzt habe. Mein gut eingefädelter Coup funktioniert fehlerfrei. Anschließend zahle ich an der Rezeption bei der bezaubernden Ane meine Übernachtung und die Getränke. Für drei Bier und eine Cola lege ich stolze 270 *NOK* hin. Selbst Ane bemerkt, dass dies teuer sei. Auf meinen Wunsch hin zeigt sie mir noch den Wetterbericht für diese Woche im Raum *Lillehammer*. Sonne, Wolken und angenehme Temperaturen sind angesagt. Wieder in mein Zimmer angekommen lege ich, vielleicht aus einem schlechten Gewissen heraus, aber nicht nur deshalb, für das Zimmermädchen mein gesamtes Hartgeld (27 *NOK*) sowie eine 1-Euro-Münze mit einem kurzen Dankschreiben auf den Tisch und ziehe zudem noch den Bettbezug ab. Beim Verlassen meines Zimmers treffe ich die Frau und weise sie auf das Trinkgeld hin. Zunächst winkt sie dankend ab, willigt dann jedoch ein. Insgeheim habe ich den Eindruck, als freue sie sich über meine Geste. Mit gepacktem Rucksack gehe ich an die Rezeption und bitte Ane noch um ein Foto, für das sie sich, etwas verlegen lächelnd, zusammen mit ihrer Kollegin zur Verfügung stellt. Anschließend verlasse ich mit meiner unentdeckten kulinarischen Beute das Hotel. Vielleicht liest man in einem Jahr nach Veröffentlichung meines Buches in einer norwegischen Regionalzeitung von dem immer noch nicht geschnappten, nunmehr reuigen *Köttbullar-Räuber in Sundvollen.* Wieder draußen auf dem Weg, bin ich ziemlich aufgeregt. Was wird der heutige Tag mir wohl wieder bringen?

Zunächst laufe ich auf hartem Asphalt durch den Ort und muss viele Steigungen passieren. Dabei treffe ich immer wieder Einheimische wie zwei junge Dachdecker bei ihrer Arbeit und einen alten Mann mit Hund, mit denen ich jeweils ein paar Worte wechsle. Die Gegend hier ist landwirtschaftlich geprägt und voller reizender Ausblicke. Ich fotografiere an diesem Vormittag sehr viel. Wolken und Sonnenschein wechseln sich ab. Kurzzeitige Regentropfen erlebe ich als Labsal. Um 11:13 Uhr, genau vor einer Woche bin ich auf die Minute genau mit der Bahn von St. Ingbert abgereist. Eingedenk dessen schicke ich Birgit eine *WhatsApp.* Kurz darauf erhalte ich von meinem früheren Geschäftspartner, Anders, einem gebürtigen Norweger, ebenfalls eine Nachricht. Um 13:20 Uhr komme ich an der *Bonsnes-Kirche* an. Sichtbar enttäuscht bin ich, auch dieses Haus geschlossen und zudem von einem Baugerüst umgeben vorzufinden. Ich mache eine kurze Essenpause. Als ich meinen Rucksack wieder geschultert habe und nach den nächsten *OWZ* Ausschau halte, scheint selbiges wie vom Erdboden verschluckt. Etwas irritiert spreche ich eine nette alte Dame an, die mir den Weg ausführlich erklärt. Dabei erfahre ich, dass ich mit dem Besuch der Kirche einen über einen Kilometer langen Abstecher genommen habe. Demzufolge liegt vor mir wieder der 1,5 km ziemlich steile Rückweg. Diesen habe ich vor etwa einer Stunde in der Berg-ab-Version ebenso wenig prickelnd empfunden. Naja, sage ich mir, es ist jedenfalls gut für deine Kondition. Zudem habe ich heute viel Zeit und deutlich weniger Kilometer zu laufen als gestern. Um 14:00 Uhr breche ich auf. »Ein Mann – ein Fjord!« Der steile Rückweg fordert mich, aber ich bin mental gut drauf. Oben angelangt, finde ich den offiziellen Weg ohne Probleme und treffe kurz darauf einen älteren Herrn, der zwei hölzerne Olavsweg-Schilder in Händen hält. Er kommt sofort auf mich zu und spricht mich an: »Pilgern sie auch nach Trondheim?« Als ich überrascht bejahe, erzählt er mir einige Details aus der Historie des Weges. So sei es zum Beispiel nicht offiziell belegt, dass König Olav die *Bonsnes-Kirche* aus Dank für seine Rettung während einer stürmischen Überfahrt im *Tyrefjord* hat bauen lassen. Ähnliche Begebenheiten habe es immer wieder gegeben. Deren Wahrheitsgehalt sei jedoch fraglich. Ich bin sehr beeindruckt von seiner hervorragenden Sachkenntnis. Mit einem *Handshake* und seinem Hinweis, dass vor ca. 15 Minuten eine junge Pilgerin ihn angesprochen habe, verabschiedet er sich. Ist das die Frau, mit der ich kurz im Frühstücksraum gesprochen habe und ob ich sie wohl noch heute erreiche? Meine Aufmerksamkeit teilt sich nunmehr in zwei Richtungen: den Weg und die junge Pilgerin. Ich gehe durch einen wunderschönen Mischwald. Es duftet nach würzigem Holz, Vögel zwitschern um die Wette und die Sonne lugt immer mal wieder durch die Baumkronen hindurch. So erreiche ich eine kleine Siedlung von ungefähr fünf Häusern. Ein Mann in den Fünfzigern spricht mich an, fragt mich, woher ich komme und wohin ich gehe. Er lädt mich ein, mit ihm auf sein ansprechend angelegtes und sehr gepflegtes Gartengrundstück zu gehen. Dabei spricht er abwechselnd Deutsch und Englisch. Präzise beschreibt er mir den Weg zur *Hole-Kirche* bis hin zum Hof *Bjørke Gård*. Ein freundlicher Abschied und ich ziehe weiter – immer den *OWZ* nach.

## Von jetzt auf gleich: nicht mehr allein

Einige Minuten später mache ich eine überraschende Entdeckung. Rechts des Weges sitzt auf einer Bank die Frau, die ich heute Morgen im Hotel in *Sundvollen* im Frühstücksraum getroffen hatte. Zu diesem Zeitpunkt waren wir beide sehr erfreut über das Kaminfeuer, das bereits um 7:00 Uhr in der Früh loderte und eine heimelige Atmosphäre verbreitete. Jetzt stehen wir uns erkennend gegenüber und lachen uns an. Die Chemie zwischen uns beiden stimmt vom ersten Augenblick an. Nach einer Viertelstunde Smalltalk machen wir uns zu unserem gemeinsamen Domizil, *Bjørke Gård* auf. Lene, eine 48-jährige Norwegerin, beeindruckt mich sofort durch ihre natürliche und offene Art sowie ihre gute Laune. Problematisch für mich ist nur die Tatsache, dass wir unsere angeregten Dialoge auf Englisch führen müssen. Das Gespräch fordert mich geistig so sehr, dass ich in der folgenden Zeit die *OWZ* komplett vernachlässige. Lene achtet jedoch gut darauf und hat einen Zettel mit der Wegbeschreibung zu unserer nächsten Übernachtung dabei. Die Situation, von jetzt auf gleich nicht mehr alleine zu wandern, ist für mich sowohl erfreulich als auch etwas befremdlich. Ich bin nicht mehr, wie in den letzten drei Tagen, ständig mit mir alleine, sondern suche und erhalte ein Echo. Lene ist gottlob keine Klatschtante, sondern vermag auch zu schweigen. Wir erreichen am frühen Abend den Hof. Er ist sehr groß und besteht aus mehreren Funktionsgebäuden, einem großen *Gäste-Stabbur*, Lenes heutiges Domizil, und zwei weiteren kleinen Unterkünften. Die Besitzerin, eine kleine schlanke Dame in den Sechzigern, begrüßt uns offen und freundlich und erklärt uns alles Nötige für unseren Aufenthalt. Meine Frage bezüglich eines Abendessens verneint sie, bringt mir jedoch kurz danach einen leckeren Brunch (Brot, Butter, Wurst, Mayonnaise-Salat und ein Glas Orangensaft). Lene, die trotz Hunger nicht nach Verpflegung gefragt hat, sehe ich vor einer Tür mit einer selbst gekochten Suppe sitzen. Ich spreche sie auf ihr gequältes Gesicht an. Sie sagt: »Mein Rücken schmerzt und ich kann im Moment nicht gerade gehen.« Mein spontanes Angebot einer Rückenmassage nimmt sie sofort an. Als erfahrener *Rückenmassierer* spüre ich sofort ihre deutlich verspannte Muskulatur. Lene scheint meine kurze Behandlung sichtlich zu genießen. Danach erklärt mir sie, wann wir

*Komfortwohnung »Stabbur« und Sozialwohnung »Baubude«*

am nächsten Tag frühstücken und bestellt telefonisch zwei Schlafplätze für unser nächstes Etappenziel. Ich denke an die Toilette und die Dusche. Beide befinden sich etwa 50 Meter entfernt in einem großen Gebäude. Alles einfach, schlicht und zweckmäßig. Meinen Füßen gönne ich einen erquickenden Barfuß-Parcours auf dem feuchten Grasteppich vor meiner *Baubude.* Ja genau: Die Hofbesitzer haben einen ehemaligen Bauwagen zu einem 2-Betten-Apartment inklusive Kochgelegenheit und Kühlschrank umfunktioniert. Bei der ersten Inaugenscheinnahme etwas gewöhnungsbedürftig, aber besser als keine Unterkunft. Für mich hat mein Mini-Hotel mitten auf einer großen Wiese auch etwas Kultiges. Ich mache es mir nach dem Essen auf einer Bank vor meiner Bude gemütlich und entdecke kurz darauf auf einer abgetrennten Weide zwei Pferde. Selbige entdecken auch mich und traben neugierig auf mich zu. Mein Entschluss, sie zu streicheln, vermag ich nicht so recht in die Tat umsetzen. Ursächlich hierfür ist meine seit der Kindheit anhaltende Scheu vor Pferden. Im Alter von etwa zehn Jahren wagte ich auf einem Kirmesplatz einen Ritt auf einem kleinen Pony. Obwohl das Tierchen mit seinen Leidensgenossen im Schneckentempo im Kreis herumtrabte, gelang mir das Kunststück, aus dem Sattel zu fallen. Unverletzt aber voller Scham habe ich daraus wohl eine veritable Pferdeneurose entwickelt. Immerhin schaffe ich es, den beiden Huftieren selbstgezupftes Gras anzubieten. Nach diesem Intermezzo fülle ich im Gästebad meine beiden Wasserflaschen, wünsche Lene noch eine gute Nacht in ihrer Komfortwohnung, lüfte meine Baubude ordentlich durch und lege mich aufs Ohr.

Fazit des heutigen Tages: *Schöner Wohnen auf Norwegisch* ist manchmal ausgesprochen gegensätzlich. Lene sieht dies auch so.

## *Dienstag, 27. Juni 2017*

Werde erstmalig nachts um 3:40 Uhr wach. Draußen ist es bereits ziemlich hell. Um 4:00 Uhr fordert mich meine volle Blase zum 50-Meter-Toilettenlauf. Keine *Wünsch-Dir-was-Veranstaltung,* sondern reine *Muss-Sache.* Trotz dieser Unterbrechung schlafe ich schnell wieder ein. Um 6:15 Uhr fühle ich mich ausgeruht und massiere meine Füße mit Hirschbalsam ein. Draußen blöken die Schafe. Zeit, einige Fotos vom Hof und der Umgebung am frühen Morgen zu schießen. Dabei spüre ich eine wohltuende innere Ruhe, die harmonisch mit der äußeren Stille der atemberaubenden norwegischen Landschaft korrespondiert. Der anschließenden täglichen, aber immer noch ungewohnten Pflichtübung namens *Rucksack packen,* stelle ich mich ohne Murren. Mein Rucksack rebelliert auch nicht. Beim Verlassen meiner Schlafstätte empfängt mich draußen strahlender Sonnenschein. Lene, bei der ich anschließend rein schaue, schläft noch. Mein Gedanke: »Ist sie etwas verpeilt in Sachen Zeitmanagement?« Sie wollte doch duschen und um 8:00 Uhr mit mir frühstücken. Ich werde mich nicht an ihren Rhythmus anpassen, denke ich und sehe auf einer Bank im Freien das bereits angerichtete Frühstück. Kurz darauf kommt Lene gut gelaunt mit einem strahlenden Lächeln und setzt sich an den gut gedeckten Tisch. Unsere Herbergseltern leisten uns etwas später Gesellschaft. Ausführlich erzählt uns der Landwirt nach dem Frühstück bei einem Hofrundgang viele Details über das Anwesen, die Arbeit dort und des Wetter. Dabei wechselt er immer häufiger vom Englisch ins Norwegische. Meinem Anschein nach scheint Lene ihm sehr gewogen zu sein, so dass ich mich schmunzelnd zurückziehe. Gegen 9:00 Uhr entschließt er sich doch noch, seine geplante Fahrt nach Oslo anzutreten. Lene organisiert für mich später noch einen Platz in einer 20 Kilometer entfernten Herberge. Sie wolle noch bis *Gjøvik* weitergehen, da sie dort am Wochenende Bekannte treffen wolle.

Um 9:50 Uhr setzen Lene und ich unsere Wanderung fort. Ich vermute sehr bald, dass sie schon öfter ähnliche Touren gelaufen ist, denn sie legt zunächst ein ordentliches Marschtempo an den Tag. Unsere Konversation unterwegs ist, bedingt durch mein *Trümmer-Englisch*, nicht sehr ausführlich. Unausgesprochen verbindet uns allerdings eine Sympathie füreinander. Wir kommen anfangs zügig voran. Kurz nach der Durchquerung eines schönen Waldstücks, müssen wir zunächst auf einer belebten asphaltierten Durchgangsstraße weiterwandern. An einer größeren Baustelle verlieren wir die uns bekannten *OWZ* aus den Augen. Zwei Arbeiter, die ich nach dem Weg frage, bedauern, uns keine Auskunft geben zu können. »Wir sind auch nicht von hier«, so ihre Antwort. Wir entscheiden uns, auf gut Glück weiterzugehen und haben kurze Zeit später selbiges wieder. Wir sind beide sehr erleichtert, als wir das kleine uns mittlerweile sehr vertraute *OWZ* wiedersehen. Im Verlauf der weiteren Strecke ergänzen wir uns sehr gut beim *Fährten suchen*. Wir lassen den Hof *Bradalen* links liegen und steuern ein Einkaufszentrum nahe der *Haug-Kirche* an. Welch eine Wohltat, aus der Hitze des Weges in ein klimatisiertes Geschäft zu kommen. Lene tätigt zunächst ihrer Einkäufe, während ich unsere Rucksäcke bewache. Letzteres ist, rückblickend gesehen, eigentlich überflüssig gewesen. Lene hat ihre Verpflegung eingekauft. Hungrig und durstig kaufe ich Brot, Wurst, einen halben Liter Milch und 500g leckeren *Jordbeer*-Joghurt. Die gut gekühlte Milch und den Joghurt, beides eine Wohltat für meine Geschmacksnerven, verzehre ich in kurzer Zeit. Lene telefoniert zwischenzeitlich mit zwei Unterkünften, aber die eine ist geschlossen und bei der anderen ist ständig das Telefon besetzt. Allmählich dämmert mir, dass ich wohl mit Lene bis zu deren geplanten, deutlich mehr als neun Kilometer entfernten Domizil pilgern muss, um ein Dach über dem Kopf zu haben. Vor dem Einkaufszentrum drückt uns, während wir essen, ein etwas schräger, hagerer Bursche ein Gespräch auf. Er ist mir vorher bereits im Geschäft durch sein merkwürdiges Verhalten aufgefallen. Viermal geht er rein und raus und hat dabei nur einmal eine Kleinigkeit gekauft. Lene und ich sind uns sicher, hier einen psychisch auffälligen, wenn nicht gar kranken Mann kennengelernt zu haben. Wir schultern unsere Rucksäcke und weiter geht es bei prallem Sonnenschein mit zahlreichen steilen Anstiegen und folgerichtig ebenso vielen Abstiegen. Umso angenehmer ist es dann, als wir in einem Waldgebiet auf einem schmalen Pfad mit sumpfigen kurzen Abschnitten marschieren können. An einer Weggabelung vermissen wir erneut ein *OWZ*. Wir entscheiden uns, dass jeder etwa 200 Meter in die entgegengesetzte Richtung geht und dort nach Hinweisen sucht. Ergebnis: negativ. Ich laufe auf meiner Route durch den Wald bis zu einem Feldrand. Dort sehe ich in der Ferne ein Haus. Als Lene und ich uns wieder treffen, entscheiden wir uns, dorthin zu gehen und uns nach dem richtigen Weg zu erkundigen. Etwa 300 Meter stapfen wir durch kniehohes Gras. Was Lene noch kurz zuvor im Spaß als Möglichkeit spontan angedeutet hatte, erweist sich als geradezu hellseherisch zutreffend. Hinter dem Haus sonnt sich im Garten eine junge, gut aussehende, braun gebrannte Frau im knappen gelben Bikini. In Lenes vorher geäußerter Fantasie war sie allerdings nackt. Wir halten in respektvoller Entfernung an. Lene erkundigt sich bei ihr auf Norwegisch nach dem Weg, währenddessen mir nichts anderes übrig bleibt, als mich an einem schönen Frauenkörper optisch zu erfreuen. Der Hinweis der Bikini-Schönheit erweist sich als zutreffend. Wir sind kurze Zeit später wieder »on the Track«, wie Lene in solchen Situationen zu sagen pflegt.

Kurz vor 14:00 Uhr erreichen wir zu meiner riesengroßen Erleichterung und zur Freude meiner brennenden Füße die Herberge *Almstua* in *Almegrenda*. Die letzten Kilometer müssen wir auf sonnengeheiztem Asphalt laufen. Erfreulicherweise treffen wir Frau Maurer, die Besitzerin der Pilgerunterkunft, vor ihrem Haus an. Lene nimmt sofort das Gespräch mit ihr auf und fragt nach einer Übernachtungsmöglichkeit. Daraufhin antwortet Frau Maurer auf Schwyzerdütsch. Mir war schon vorher klar, dass es sich bei ihr nicht um einen norwegischen Namen handeln kann. Sie habe seit kurzem eine kleine Hütte im Garten als Unterkunft für Pilger hergerichtet. Man dürfe keinen Komfort erwarten, könne jedoch für 100 *NOK* ohne, und 150 *NOK* mit Bettwäsche übernachten. Ich entscheide mich sofort, hier eine Nacht zu bleiben, auch wenn es mir schwer fällt, mich dann von Lene zu verabschieden zu müssen. Sie ist mir während der letzten Tage eine liebenswerte und zuverlässige Wegbegleiterin gewesen. »Vielleicht sehen wir uns wieder?«, so Lene während unserer herzlichen Umarmung. »Du kannst gerne bei mir übernachten, wenn du wieder in Oslo bist«, bietet sie mir an und gibt mir ihre Telefonnummer. »Das mache ich auf jeden Fall«, antworte ich ihr erfreut und dankbar. Ich blicke Lene noch eine Weile etwas wehmütig nach, bis sie nur noch als kleiner Punkt auf der langen Straße erkennbar ist.

Frau Maurer, eine gebürtige Schweizerin, erzählt mir später, dass sie seit 18 Jahren in Norwegen lebe. Zusammen mit ihren beiden Töchtern Linn Mirjam und Sunniva habe sie sich intensiv mit der Pilgerphilosophie des Olavsweges befasst und sich erst vor kurzem entschlossen, eine kleine Herberge zu eröffnen. Ich bin völlig sprachlos, als sie mich zum Mittagessen einlädt. Mit so einem großzügigen Angebot habe ich nicht gerechnet, mein hungriger Magen auch nicht. »Wir haben gerade gegessen und noch viel übrig«, ermutigt sie mich, ordentlich zuzugreifen. Angesichts der leckeren Frikadellen in Tomatensauce mit Reis lasse ich mir diese Gelegenheit nicht entgehen und lange richtig zu. Ihre beiden Töchter, Linn und Sunniva leisten mir Gesellschaft. Sie bezaubern mich mit ihrer offenen und herzlichen Art. Dementsprechend verfliegt die Zeit unmerklich im Verlaufe zahlreicher Gesprächsthemen. Ihr Deutsch mit markanten Schweizer Einschlag klingt wie Musik in meinen Ohren. Außerdem ist es für mich ungeheuer erleichternd, nicht ständig und angestrengt nach englischen Vokabeln und Grammatik in meinem Hirn rumkramen zu müssen. Kurz nach 18:00 Uhr verabschieden sich die beiden Mädchen. Erst jetzt beziehe ich meine kleine Holzhütte. Links, direkt am

Eingang entdecke ich ein Waschbecken. In diesem Bereich hat Familie Maurer auch ihre Waschküche. Auf der rechten Seite betrete ich durch eine Tür mein kleines Reich, ein Raum von etwa zwölf Quadratmetern. Links und rechts eine Campingliege. Davor ein kleiner Tisch mit einer Vase und einem frischen Blumenstrauß. Fünf Schoko-Bonbons lachen mich verführerisch an. Ich denke mir: »Nimm zwei!« und genieße die Süße. In einer Ecke steht ein uralter kleiner Ofen, auf dem ein Wasserkocher dem modernen Pilger das aufwendige Feuermachen erspart. Auch an Tassen, Teller, Besteck etc. hat Familie Maurer gedacht. »Das alles für 100 *NOK*«, denke ich mir und vergleiche diesen Betrag mit den ansonsten deutlich höheren Übernachtungs- und Lebenshaltungskosten in Norwegen. »Morgen werde ich wieder alleine pilgern«, bilanziere ich den heutigen Tag. Mein Dank gilt Frau Maurer und ihren beiden Töchtern, die mich in einer ebenso selbstverständlichen wie herzlichen Art aufgenommen und bewirtet haben. Sie werden in meinen Erinnerungen einen besonderen Platz erhalten. Ebenso wie meine überaus sympathische Pilgerkollegin Lene. Vor dem Zubettgehen habe ich allerdings noch ein Erlebnis der dritten Art. Die Toilette, die sich in einem separaten großen uralten Holzhaus befindet, ist ein ebenso altes Plumpsklo. Wie das ganze Gebäude, ist alles aus Holz gebaut, so auch der *Donnerbalken.* Vor, während und nach meinem Geschäft fühle ich mich in meine Kindheit zurückkatapultiert. Bereits in den späten fünfziger Jahren waren solche sogenannte »Stille Örtchen« meiner Erinnerung nach nur noch vereinzelt in Betrieb. Ich komme nicht umhin, diese markante Stätte zu fotografieren. Um 22:00 Uhr ruhe ich auf meiner Campingliege. Eine gute Stunde lang höre ich draußen einen fleißigen Menschen mit einer grauenhaft laut quietschenden Maschine arbeiten. Hier lässt mich so ein unangenehmes Geräusch mental ziemlich kalt und es ist mir auch egal, wer oder was diesen Lärm erzeugt. Zuhause hätte mich eine solche Ruhestörung viel eher aufgeregt. Am nächsten Morgen erfahre ich von Frau Maurer, als sie mir etwas Milch für meinen Morgenkaffee

*Stille Örtchen*

bringt, der gestrige Krach stamme von einer landwirtschaftlichen Maschine. »Bis zu Ihrer nächsten Unterkunft in *Granavollen* sind es noch etwa 20 Kilometer und das Wetter ist heute gut. Erst am Freitag soll es wieder regnen«, informiert sie mich noch zum Abschied. Ich bedanke mich sichtlich gerührt bei ihr.

## Mittwoch, 28. Juni 2017

Bei gutem Wetter laufe ich jetzt wieder alleine. Zu meinem Leidwesen besteht der Weg größtenteils aus Asphalt. Oft laufe ich heute auf Feldwegen oder durch Dörfer, die man sich anders vorstellen muss als in Deutschland. Hier sind die einzelnen Häuser weitläufig verteilt und liegen meist 100 und mehr Meter auseinander. Dazwischen verläuft meine Wanderroute sinuskurvengleich. An einer Steigung treffe ich an einem neuen Haus eine nette jüngere Dame. Wir kommen über den Zaun in ein Gespräch. Sie erzählt mir lächelnd, sie habe seit kurzem eine Pilgerherberge eröffnet und noch Übernachtungsplätze frei. So gerne ich ihre Offerte angenommen hätte, entgegne ich ihr freundlich, dass ich heute noch bis *Granavollen* laufen will. Bisher sei mir ihre Herberge auch nicht bekannt gewesen. Ein freundlicher Abschied und weiter geht es. Rechts des Weges erkenne ich ein brandneues *OWZ* mit einem Hinweis »Graves …«. Etwas irritiert schlage ich den Weg dorthin ein und klettere über eine ebenso neue Zauntreppe. Vor mir sehe ich eine mit vereinzelten jungen Birken bewachsene Wiese. Ein malerisches Panorama wie im Kinderbuch. Doch einen eindeutigen Weg oder Pfad vermag ich nicht zu erkennen. Nach einer kleinen Steigung entdecke ich das Gräberfeld. Mehrere Erdhügel, die von Findlingen begrenzt sind, könnten meines Erachtens aus der Wikingerzeit oder auch früher stammen. Hinweiszeichen auf den Pilgerweg finde ich jedoch keine. Da ich noch gut in der Zeit bin, mache ich es mir im weichen Gras gemütlich und gönne mir eine Pause. Ich schaue mich um und denke mir, dass dieser Fleck ein idealer Platz für eine tolle große Party ist. Zu weiteren Tagträumereien und einem ungestörten Relaxen komme ich jedoch nicht. Bereits nach einer Minute höre ich ein verdächtiges Summen. Die Stechmücken hier sind sehr zutraulich. Erstmalig muss ich gegen die kleinen Plagegeister mein Mückenspray Marke *Antibrumm* einsetzen. Könnten die fliegenden Blutsauger lesen, würde der gefährlich klingende Markenname ihnen das pure Entsetzen auf die Netzhaut spiegeln. Leider schwirren die Tierchen nach wie vor vertrauensvoll und kontaktbedürftig um mich rum, so dass die Pause recht kurz wird. Als ich etwa 100 Meter weitergelaufen bin, fällt mir eine Schotterstraße jedoch ohne jegliche *OWZ* auf. Kurz darauf stoppe ich einen jungen, braun gebrannten Jogger mit Kopfhörern auf den Lauschern und frage ihn nach dem Weg. Er rät mir, zur Zauntreppe zurück und dann rechts weiter den Berg hochzugehen. Ca. zehn bis zwölf Kilometer sollen es seines Wissens noch bis *Granavollen* sein. Der kleine Umweg kostet mich etwa 30 Minuten, die jedoch gut investiert sind. Von daher nicht weiter dramatisch. Bald kann ich die alte Kirche in *Jevnaker* erkennen. Wie die anderen Gotteshäuser besticht sie in ihrer klaren und schlichten Optik. Beim Versuch, ihr Innenleben zu erkunden, finde ich zu meinem Leidwesen auch hier verschlossene Türen vor. Ich mache erneut eine kleine Rast und versende zwei *WhatsApp*-Nachrichten. Unter dem Schatten eines mächtigen Baumes finde ich Schutz vor der Sonne und genieße den leichten Wind, der meinen nass geschwitzten Rücken angenehm kühlt. Nachdem ich wieder meinen Rucksack geschultert habe, quält mich die Mittagshitze bei meinem Bemühen, in unbestritten traumhafter Landschaft einen ebenso unbestritten sich höher und höher windenden Asphaltweg zu bewältigen. Jedes *OWZ* gibt mir wieder neuen Mut. Ich begegne zwei jungen Frauen mit einem Hund. Sie gehen locker und unbeschwert bergab. »Oh, wie ich sie beneide – leichtes Schuhwerk, glücklicher Rücken und vermutlich wesentlich weniger als 500 Kilometer vor der Brust.« Ich ertappe mich bei einem minutenlangen inneren Dialog, in dem ich in wechselnden Sequenzen einmal als »armes Opfer« und dann wiederum als »alter Bekloppter«, der sich so was antut, auftrete. Wird denn diese Distanz immer größer mit zunehmender Laufzeit? Meine limitierenden Selbstgespräche erfahren eine Unterbrechung, als eine sportlich gekleidete Dame in den Fünfzigern mich während des Überholens freundlich anspricht und mich zunächst auf Norwegisch, dann auf Englisch fragt: »Wollen Sie auch nach Granavollen?« Ich habe sie überhaupt nicht bemerkt und erschrecke zunächst, bin aber sofort von ihrem natürlichen Wesen angetan. Schnell stelle ich fest, dass die Frau eine außerordentlich gut ausgeprägte Fähigkeit zu lockerer Konversation besitzt. Sie sei Lehrerin für Theater und Tanz gewesen und fröne nun ihrer Leidenschaft, dem Wandern. Heute werde sie noch ihre Tochter in *Granavollen* treffen. Die Chemie zwischen uns beiden stimmt vom ersten Augenblick an. Ich erlebe sie als eine lustige, einfühlsame und ebenso offene wie kommunikative Frau. Die Zeit bis zu unserem gemeinsamen Ziel vergeht wie im Fluge. Meine von Selbstmitleid geschwängerten Gedanken sind ebenso verflogen wie die Rückenschmerzen. Man fühlt anscheinend jeweils das, was man denkt. Als wir es uns auf einer Bank vor den beiden Schwesterkirchen im Ort gemütlich machen, habe ich die mir sattsam bekannte Erleuchtung, dass andere Gedanken und sympathische Leute einem den Alltag bereichern können. Wo liegt denn dann der Nutzen des Selbstmitleids bei selbst gewähltem Leid? Mein Ego verweigert mir jegliche Antwort. Wir unterhalten uns noch eine Weile im Schatten mächtiger Bäume, tauschen unsere Mail-Adressen aus und verabschieden uns mit einer liebevollen Umarmung. So kommt der alte Gregorius zu kostenloser *Happyness*. Nun bin ich wieder alleine, aber nicht lange.

## Steigende Preise mit Dauer der Reise

Vor dem Pilgerzentrum *Granavollen* vernehme ich deutschsprachige Stimmen. Es sind vier Biker aus Schleswig-Holstein, genauer gesagt Nord-Schleswig-Holstein. Es folgt ein kurzer lockerer Talk, den ich beende, da ich ja noch eine Unterkunft finden muss. Der Übernachtungspreis im Pilgercenter erscheint mir zunächst zu hoch. Ich mache mich daher zum *Scanner-Hotel* auf. Was ich nach ca. 450 Metern entdecke, ist eine Herberge der Marke *Pomp und Pös.* »Hier kostet die Übernachtung bestimmt 1 000 *NOK* oder mehr«, sage ich zu mir und mache auf dem Absatz kehrt in Richtung *Hotel Hadeland.* Meine Hoffnung nach knapp 1 000 Metern Laufweg atomisiert sich. Der Laden ist geschlossen und ich verstehe kein Wort von alledem, was mir die Anrufbeantworter-Stimme bei meinem Rückruf auf Norwegisch mitteilt. Mir bleibt die Einsicht, hiermit alle Möglichkeiten vor Ort ausgeschöpft zu haben. »Dann wird halt im Pilgercenter gebucht, denn mein Körper vermeldet nachhaltig das Bedürfnis nach Dusche, Essen und Bett«, grummele ich vor mich hin. Dafür investiere ich stolze 800 *NOK* und 95 *NOK* für ein Bier à 0,5 Liter. Tags zuvor habe ich in *Bjørke Gård* 300 *NOK* und 56 *NOK* fürs Essen und davor in *Almegrenda* lediglich 150 *NOK* investiert. »Steigende Preise mit Dauer der Reise, dann übernachtete ich im Gras, ob mit oder ohne Spaß«, rutscht mir bei der ökonomischen Bilanz meiner Übernachtungssituation ein Reim aus dem Hirn.

Die Dame an der Rezeption des Pilgerzentrums ist ausgesprochen freundlich und spricht sogar ein wenig Deutsch. Sie erklärt mir das Prozedere im Haus. Ich bin nur halb bei der Sache, da meine Sehnerven mit dem Halluzinieren einer erfrischenden und vor allen Dingen desinfizierenden Dusche beschäftigt sind. Im Moment bereitet mir mein strammer Körpergeruch selbst einige nasale Probleme. Mit dem Zimmerschlüssel in der Hand laufe ich über den Hof in ein anderes Gebäude. Ein erster Blick in mein heutiges Zuhause macht mich zufrieden und leichter. Das Zimmer ist geschmackvoll eingerichtet. Ich stelle meinen Rucksack ab, entkleide mich und ab unter die Dusche. Gott sei Dank kommt schnell warmes Wasser und ich genieße mit einem tiefen Seufzer den Schauer von oben »einfach göttlich« – und das Tolle ist, man wird so schnell sauber und wohlriechend. Wieder in frischen Klamotten, höre ich meinen Magen grollen. Zeit für ein Dinner. Kaum habe ich den Speisesaal erreicht und mich nach Essbarem umgeschaut, entdecke ich zu meiner großen Freude Lene, meine norwegische Wegbegleiterin von den Vortagen. Wir strahlen uns an wie Honigkuchenpferde und umarmen uns auf das Herzlichste. Bevor wir in einen Austausch über unsere jeweilige Tour kommen, überfalle ich gierig das Buffet und lade mir einen ordentlichen Teller voll. Tagsüber habe ich außer einer Banane, einem Eiweißriegel sowie Cranberries nichts gegessen, jedoch mehr als drei Liter Wasser getrunken. Mein *Overeater-Verhalten* habe ich natürlich auch von zuhause mitgebracht. Dementsprechend ist der Teller zügig leer und ich genehmige mir noch eine zweite Portion sowie danach noch einen umfänglichen Nachtisch. In bester Stimmung versuche ich, Lene meine Erlebnisse so gut wie möglich zu *verenglischen*. Deren Schilderungen vermag mein limitierter Übersetzungscomputer nur mit großen Interpretationen zu meistern. Es reicht jedoch für eine angemessene Verständigung. Morgen wollen wir wieder zusammen gehen und verabreden uns zum Frühstück. Zurück in meinem kleinen Reich, wasche ich meine Fleece-Jacke und gehe zu Bett. Trotz leichter Gliederschmerzen schlafe ich schnell ein.

## *Donnerstag, 29. Juni 2017*

Gegen 6:20 Uhr habe ich mich wieder zu den Wachen gesellt, erledige die üblichen Routinen und spaziere in freudiger Erwartung in den Frühstücksraum. Lene ist noch nicht da, so dass ich ausgiebig bei leiser Jazzmusik mein Energie-Center fülle. Das Frühstück ist gut, jedoch nicht mit dem im *Hotel Sundvolden* vergleichbar. Das Service-Personal wirkt hier etwas ernst und distanziert, was mich jedoch nicht juckt. Um mich herum höre ich fast ausschließlich deutsche Dialoge, vornehmlich in schwäbischem Akzent. Das scheinen wohl die zahlreichen Biker zu sein, deren Motorräder den Innenhof des Hotels besiedeln. Eine überaus gutproportionierte Frau spricht mich am Buffet an und fragt mich nach meinem Reiseziel. Sie wirkt sehr beeindruckt, als ich ihr Trondheim als Endstation benenne. Ich nutze den Austausch, mein Buchprojekt marketingmäßig anzupreisen. Sie wirkt sehr interessiert, merkt sich meinen Buchtitel »Danke, Olav!« und wünscht mir viel Glück. »Leider fahren wir heute mit dem Bike nach Hause, zunächst nach Oslo und dann mit der Fähre nach Kiel«, so die Dame zu ihrem Reiseplan. Kurz darauf kommt Lene an den Tisch. »Ich habe die nächste Unterkunft telefonisch gemanagt«, verkündet sie stolz. »Bis Hogkorsplassen sind es ungefähr 18 – 20 Kilometer«, informiert sie mich und gönnt sich dann ihr Frühstück. Da Lene noch etwas zu tun hat, mache ich mich schon mal langsamen Schrittes auf den Weg. »Lene wird mich sicherlich schnell einholen«, denke ich. Das Wetter ist erneut wieder *à la bonne heure*. Sonnenschein und vereinzelte Wolken begrüßen mich vor dem Pilgercenter. Eine Gruppe deutscher Biker donnert mit ihren Riesenmaschinen winkend an mir vorbei. »Mit denen möchte ich nicht tauschen«, stelle ich fest. Nun, jedem dass Seine. Kaum habe ich die ersten Meter hinter mich gebracht, spricht mich ein älterer Mann an, der wohl mit seinem Hund einen Spaziergang macht. So unterbreche ich mal wieder meine Tour und es entwickelt sich ein hoch interessanter 20-minütiger Austausch mit dem Norweger. Zu meiner Erleichterung spricht er ein sehr gutes Deutsch, so dass mir die Englisch-Konversation erspart bleibt. Er erklärt mir fachkundig einige historische Fakten über die zwei unmittelbar nebeneinander stehenden Kirchen in *Granavollen* sowie die soziale und politische Entwicklung in dieser Region. Ich bin sehr beeindruckt und höre ihm gerne zu. Zwischenzeitlich kommt Lene des Weges. Mit einer Art Hochstimmung im Bauch über diese ausgesprochen angenehme und informative Begegnung strahle ich Lene an und mache mich mit ihr zusammen auf den Weg. Der Norweger wünscht uns ganz selbstverständlich eine gute Pilgerreise. Der Weg zu unserer ersten Zwischenstation, der *Tinglestad-Kirche*, ist sehr gut ausgezeichnet. Insofern kann ich mich oft vor den aufgestellten oder aufgehängten *OWZ* auf das Herzlichste bedanken. Diese Tatsache und Lenes erfrischend unkomplizierte Art fördern bei mir an diesem Tag erneut eine Stimmungshausse. Die bezaubernd schöne Landschaft trägt ein Übriges dazu bei. Nach knapp zwei Stunden erreichen wir die *Tinglestad-Kirche*. Dieses über 1000 Jahre alte Gotteshaus liegt wie ein Solitär auf einem kleinen grasbewachsenen Hügel. In ihrer äußeren Schlichtheit strahlt sie geradezu etwas Magisches aus. Während ich auf das Bauwerk zumarschiere, haften meine Blicke an den massiven, roh behauenen Steinen des Kirchenschiffs. Lene ist ebenfalls von dem Anblick begeistert. Als wir die Kirche erreicht haben, treffen wir eine ältere Dame an, die das Gras an den Kirchenmauern schneidet. Sofort nimmt Lene Kontakt zu ihr auf und schafft es in kürzester Zeit, dass Marit, so heißt sie, uns den Innenraum der Kirche zeigen will. Sofort macht sie sich auf, um in einem etwa 100 Meter entfernt gelegenen Haus den Kirchenschlüssel zu holen. Wir sind beeindruckt von ihrer körperlichen Fitness. Gemessenen Schrittes geht sie scheinbar mühelos den Hügel hoch und zeigt uns einen alten großen Schlüssel. Wir sind sehr angetan in unserer kurzen Rolle als *Schlüsselgewaltige* und fotografieren uns gegenseitig. Der Kirchenraum beeindruckt mich

sehr in seiner schlichten Ursprünglichkeit. Marit erzählt uns sehr ausführlich von der Geschichte dieses Gotteshauses, den sozialen und politischen Entwicklungen im Laufe der tausendjährigen Geschichte sowie ihrem persönlichen Engagement zum Erhalt und Renovierung der sakralen Schätze. Im Laufe ihrer Geschichte ist die Kirche von jeglicher Zerstörung verschont geblieben. Geradezu ehrfürchtig gehe ich über die uralten Holzbohlen, mit denen der Innenraum ausgelegt ist. Der Altar ist ein wahres, von alten Meistern geschaffenes Schmuckstück. Zum Abschied geben wir Marit eine Spende zur weiteren Renovierung der Kirche und umarmen uns innig zum Abschied. Derart spirituell aufgeladen pilgern wir weiter nach Brandbu, wo wir uns in einem *KIWI-Markt* mit Essen für zwei Tage versorgen müssen. Mein Rucksack wird dadurch noch schwerer. Gottlob erleichtert uns das den ganzen Tag über bewölkte Wetter das fortwährende Bergauf-Bergab. So laufen wir den *Kongsleden* (Königsweg), bis wir zwei unbewirtschaftete Hütten erreichen. Sie stehen alleine in einer malerischen Wildnis mit beeindruckenden Aussichten. Dort machen wir erst mal eine kleine Pause. Nach kurzer Diskussion entscheiden wir uns, die 15 Kilometer bis zur nächsten, von Lene kurzfristig gebuchten Herberge zu laufen. Ich stimme Lene zu, die gesteht: »Hier ist es mir zu einsam und etwas unheimlich.« Also machen wir uns auf und sind uns dabei im Klaren, noch bis ca. 21:00 Uhr oder länger laufen zu müssen. Als wir gerade das Areal verlassen wollen, treffen wir auf zwei junge Norweger. Lene übersetzt mir, die beiden gingen täglich eine Strecke von mehr als 40 Kilometer. »Wir wollen heute hier übernachten«, teilt uns der fittere der beiden mit. Sein Kumpel wirkt auf mich arg mitgenommen und hat einen jammernden Unterton in seiner Stimme. Wir verabschieden uns und marschieren weiter Richtung *Mjøsa-See*. In der Nähe des Ufers machen wir eine Verschnaufpause. Nicht lange, und wir hören hinter uns Schritte. Die beiden Norweger haben sich eben-

◀ *Tinglestad Kirke – alt und ehrwürdig*

falls entschieden, doch nicht in der Hütte zu übernachten. Kurz darauf laufen wir am Ufer des Sees entlang. Ich bin schon voller Vorfreude auf die weitere Strecke bis nach *Gjøvik*. Laut meinem Reiseführer erwarten mich beeindruckende Ausblicke auf diesen über 120 km langen Binnensee in Mittelnorwegen. Zunächst mühen wir uns durch einen schmalen, schwer zu laufenden Pfad in Richtung Ufer. Zu unserer Enttäuschung ist die weitere Strecke nicht eindeutig markiert. Lenes Idee, durch ein morastiges Waldstück direkt an den See zu kommen, bezahle ich mit nassen Füßen. Frustriert treten wir wieder den Rückweg an und laufen etwa 1,5 Kilometer an einer stark befahrenen Straße entlang. Ich bin angenehm überrascht, wie rücksichtsvoll und mit verlangsamter Geschwindigkeit die Autofahrer an uns vorbeifahren. Keiner hupt oder motzt, wie ich es aus deutschen Landen eher gewohnt bin. Endlich sehen wir wieder ein krachneues Hinweisschild an einem Holzpfahl. Erleichtert beginnen wir mit dem Aufstieg. »Die haben die Strecke hier neu ausgeschildert«, rufe ich Lene erfreut zu. Wenige Meter weiter entdecken wir den nächsten Pfahl mit dem Hinweisschild. »What means the special color on the top of the …?«, frage ich Lene. Das englische Wort für Pfahl will mir partout nicht einfallen. Lene schnallt jedoch meine Frage und entgegnet: »I don't know.« So lassen wir uns von besagten neuen Pfählen mit den türkisfarben gestrichenen Spitzen auf unserem weiteren Weg bergauf nicht irritieren.

## Das »Hänsel und Gretel-Erlebnis«

Nach knapp drei Kilometern harten Schotterweges auf einer Höhe angelangt, entdecken wir zwei Häuser. Da es bereits 20:00 Uhr ist und wir noch eine Weile zu wandern haben, entscheiden wir uns, dort um Wasser zu bitten. Wir klingeln mehrfach. Leider ist niemand zuhause. An der Außenwand des großen Hauses entdecken wir einen gelben Wasserschlauch. Nicht ganz legal drehe ich mit leichtem Herzklopfen den Hahn auf. Sofort sprudelt kaltes Wasser und wir füllen unsere Flaschen auf. Übermütig wässere ich noch den Rasen und ein Blumenbeet vor der Veranda. Lene fotografiert mich dabei. Etwa zehn Minuten ruhen wir uns noch aus und gehen wieder in Richtung Forst. Schon bald entdecken wir den nächsten Pfahl.

Der Hinweis führt uns in einen dichten Wald. Kurz darauf erblicken wir unter einigen Fichten einen großen Findling, auf dem eine Metallplatte mit einer Inschrift befestigt ist. Lene übersetzt mir den Text. Er ist norwegischen Widerstandskämpfern gewidmet, die sich hier vor den deutschen Besatzungstruppen im Zweiten Weltkrieg versteckt hatten. Neben dem Findling steht ein ebenfalls neuwertiger Pfosten mit dem uns mittlerweile vertrauten Hinweis. Wir halten einige Minuten schweigend inne und suchen anschließend nach dem nächsten Pfosten – dieses Mal jedoch vergeblich. Etwas irritiert suchen wir im Umkreis von etwa 200 Metern die Gegend ab. Wir finden nicht annähernd etwas, das wie ein Weg oder Ähnliches aussehen könnte. Lene zeigt plötzlich auf den Boden und deutet an, dass dies wohl der Pfad sein müsse. Mit viel Fantasie könnte das wohl ein Mini-Waldweg sein, denke ich mir, folge Lene brav in dieser Richtung. »Sie ist ja eine Einheimische und hat auch bereits mehrere Touren dieser Art gemacht«, lautet mein Argument, ihr zu folgen. Nach etwa 300 Metern kehren wir, ohne eine Wegmarkierung gefunden zu haben, wieder zu dem Findling zurück. »Datt givt et doch nitt! Doo muss doch irgendwo e Hinweiszeichen sinn«, entfährt es mir auf Saarländisch. »Can you see anything else?«, frage ich irritiert meine norwegische Begleitung. Sie versteht zwar etwas Deutsch, aber nicht das filigrane, englischaffine Saarländisch. Lene schüttelt etwas verunsichert den Kopf. Wir beschließen, die Gegend um das Mahnmal noch einmal sorgfältig abzusuchen. Trotz intensiven Bemühens finden wir weder einen Weg noch ein *OWZ*. Lene, zu dieser Zeit noch mit mehr Optimismus als ich ausgestattet, überredet mich, noch einmal den Pfad zu gehen. »Ich bin sicher, in der Nähe befindet sich ein Bauernhof«, erklärt sie mir auf Englisch und lächelt dabei entwaffnend, aber wenig entspannt. Obwohl mein Bauchgefühl mir in diesem Moment etwas anderes sagt, willige ich ein. Wir laufen durch hohes morastiges Gras. Lene interpretiert verschiedene Vertiefungen als Spuren von Kühen oder Wagenrädern. Ich entgegne ihr, dass, wenn dies überhaupt der Fall sein sollte, diese Fährten mindestens 30 Jahre alt seien. Wir durchqueren mühevoll ein sumpfiges Gelände. Plötzlich hören wir ein Glockenläuten und sehen kurz darauf fünf Schafe aus dem Dickicht rennen. »Dann muss in der Nähe bestimmt auch der Bauernhof sein«, frohlockt Lene erleichtert und stapft weiter durch die sattfeuchte Flora. Jetzt hören wir die Glöckchen aus einer anderen Richtung läuten. »Ist der Bauernhof jetzt etwa in eine andere Richtung gegangen?«, denke ich mir mit zunehmendem Bauchgrimmen. Es ist mittlerweile 22:00 Uhr. Nach wie vor sind die Sichtverhältnisse noch ausreichend. Meine Kondition neigt sich jedoch in Richtung *empty*. Meine Nerven auch. Schließlich bleibt auch Lene mit ratlosem Gesicht stehen. Unsere augenblickliche Situation erinnert mich verdammt an *Hänsel und Gretel* in Grimms Märchen, die sich bekanntermaßen ebenfalls im Wald verirrt haben mit derben Konsequenzen. Meine Begeisterung, hier in offenem Gelände zu übernachten, ist gleich null. Daher stelle ich Lene jetzt die Gretchenfrage: »Willst du weitergehen? Ich gehe jedenfalls dann alleine wieder zu dem Haus zurück. Ich bin sicher, du wirst dich total verirren und schlussendlich in deiner Not den bekannten Ruf *112* absenden müssen.« Auch Lene scheint jetzt zu realisieren, dass wir uns auf dem Holzweg, in diesem Fall auf dem Sumpfweg befinden und willigt ein, mit mir zusammen den Rückweg anzutreten.

Mit viel Glück erreichen wir gegen zwei 22:30 Uhr das Haus, an dem wir eine Stunde zuvor noch in ausgelassener Stimmung unsere Wasservorräte aufgefüllt haben. Zu unserer grenzenlosen Freude steht mittlerweile auch ein Auto vor dem Anwesen. Kurz entschlossen klingelt Lene. Eine junge Frau öffnet und nach einem kurzen Gespräch unter Norwegerinnen stellt die Hausherrin uns doch tatsächlich eine komplette leerstehende Wohnung im Obergeschoss zur Verfügung. Wir können unser Glück kaum fassen. Eben noch mit einem Scheißgefühl und echter Angst in der Hose draußen in der Wildnis, jetzt in einer komfortablen Behausung und der Möglichkeit einer Intensivreinigung mit anschließender erholsamer Nachtruhe. »Hier hat Olav oder wer auch immer ganze Arbeit geleistet«, seufze ich und lasse mich erleichtert auf mein großes Bett fallen. Mit einem »XXL-Danke, Olav!«, entschwinde ich total erschöpft ins Reich der Träume.

Als wir beide am nächsten Morgen in der Küche uns mit *10-vor-2-Gesichtern* in die Arme fallen, steht auch schon die Dame des Hauses in der Tür und bringt uns Kaffee sowie eine Kleinigkeit zu essen. »Der Traum geht weiter«, denke ich. Kurz darauf erscheint ihr Mann Anders, ein typischer Nordmann, Anfang 30 und gut im Hemd stehend. Auf seinem Arm trägt er seine vierjährige Tochter Emilia. »Sie hat heute Geburtstag«, informiert er uns lächelnd. Anschließend erfährt Lene von ihm, dass wir gestern besonderen Hinweisschildern gefolgt sind. Diese gehören zwar auch zum Pilgerweg, weisen jedoch auf historische oder geografische Highlights hin. Neben dem türkisfarbenen Anstrich des Pfahlkopfes fehlt auch an dem darunter angebrachten Zeichen das typische Kreuz. So dämmert uns die Erkenntnis, dass wir nach gefühlten Hunderten von normalen *OWZ* diese kleine Besonderheit wohl übersehen haben, mit den oben genannten Folgen. So was nennt man wohl *Betriebsblindheit by the Olavsway*. Letztlich hat sich unsere Aufmerksamkeitspanne doch noch ins Gute gewendet. Anders, unser Gastgeber, ist außerordentlich sympathisch und hilfsbereit. Seine Frau sei Russin, erklärt er. »In meiner Freizeit jage ich Elche«, schildert Anders dann sein Hobby. »In der Gegend hier gibt es mittlerweile viele Wölfe. Während den vergangenen beiden Jahre haben die Raubtiere ca. 1 250 Schafe gerissen. Erst dann ist es uns gelungen, sie zu töten.« Anders' Schilderungen beeindrucken uns sehr. Meine Magengegend ist komplett anderer Ansicht. Ich bin froh, diese Information erst jetzt bekommen zu haben. Ansonsten hätte ich mich nicht so unbefangen auf eine solche Waldwanderung ins Ungewisse eingelassen. Auch Lene wirkt sehr nachdenklich in unserem anschließenden Gespräch. »Du bist ein sehr ruhiger und erfahrener Mann. Ich habe mich gestern wohl zu sehr von meinen Interpretationen leiten lassen. Jetzt vertraue ich auf deine Entscheidungen«, bekundet Lene mir gegenüber. Mit Tränen in den Augen erzählt sie mir, dass sie früher Entscheidungen stets alleine habe treffen müssen. Ich habe anderen nicht so leicht vertraut«, eröffnet sie mir. Ich bin von ihren Äußerungen sehr gerührt. In diesem Moment fällt mir die vorsichtige Art meiner Frau ein. Manchmal kann eine abwartend defensive Haltung schweren Schaden vermeiden und gar lebensrettend sein. Jedenfalls hat der kleine eiserne Schutzengel, den Birgit mir am Anfang meiner Reise geschenkt hat, bislang gute Arbeit geleistet.

## Freitag, 30. Juni 2017

Diese Nacht habe ich nicht gerade gut geschlafen, fühle mich jedoch ausgeruht. Rücken und Füße brauchen einige Minuten, bis sie auf Betriebstemperatur sind. Unser beider Laune ist heute wieder im Dur-Bereich. Wir frühstücken, packen unsere Rucksäcke, schauen in der Karte nach unserem Tagesziel und räumen die Wohnung auf. Kurz vor 8:00 Uhr erscheint Anders mit Emilia. Lene fragt ihn nach dem nächsten Einstieg in den Pilgerweg. Ihre Idee, Anders zu bitten, uns zu der Anschlussstelle zu fahren, erfüllt sich schneller als erwartet. Anders selbst bietet uns an, uns ins Tal zu besagter Stelle zu bringen. In bester Laune steigen wir einige Minuten später lachend auf die Ladefläche seines Pickups und genießen die herrlich frische Luft während der kurzen Fahrzeit. Zuvor haben wir seiner Tochter Emilia 400 *NOK* für ihren heutigen vierten Geburtstag geschenkt. Anders und seine Frau haben zuvor jegliche Bezahlung für die Übernachtung und das Frühstück abgelehnt. Wir machen noch einige Fotos und verabschieden uns sehr herzlich von den beiden. Jetzt geht es wieder weiter auf einem schmalen Pfad, der sich steil den Berg hinaufwindet. Ich bin überglücklich über jedes *OWZ* und spreche mein Mantra: »Danke, Olav!« Auf der Höhe müssen wir einige Zauntreppen überwinden. Danach vermissen wir erneut jegliche Orientierungshinweise. Dies kostet uns 20 Minuten und nötigt uns, mehrere 100 m steil abzusteigen. Mittlerweile sind wir auf solche Situationen besser eingestellt und lassen uns dadurch nicht frustrieren. Wieder auf dem Weg kommen wir gut voran und sind gegen Mittag auf dem höchsten Punkt unserer Tagesetappe angelangt. Die Sonne verwöhnt uns und ein beständiger kräftiger Wind bringt zugleich angenehme Kühlung. Allerdings habe ich bald das Gefühl, regelrecht ausgetrocknet zu sein und trinke oft aus meiner Wasserflasche. Gegen 15:00 Uhr rasten wir auf einem frisch gemähten Gelände eines Hausbesitzers. Als der ältere Mann auf uns aufmerksam wird, beäugt er uns lange und ausführlich, ohne Kontakt aufzunehmen. Nachdem wir mit dem Essen fertig sind, geht Lene zu ihm und bittet ihn um Wasser. Später sagt sie mir: »Ich glaube, der Mann war anfangs uns gegenüber etwas misstrauisch. Vielleicht hat er aber einfach auch nur einen schlechten Tag.« Wie auch immer, wir haben unseren Wasservorrat wieder aufgefüllt und laufen weiter auf einer Asphaltstraße. Die heutigen 20 Kilometer bis zur nächsten Herberge ziehen sich etwas und wir beginnen zu schwächeln. Ich deute es als eine Folge des gestrigen zwölf-Stunden-Marathons und die heutige starke Sonnenstrahlung. Wir laufen auf der Hauptstraße durch ein kleines Dorf. Die einzelnen Häuser liegen zumeist 100 Meter und weiter auseinander. »Auf mich macht dies überhaupt nicht den Eindruck eines Dorfes wie in meiner Heimat«, bekunde ich gegenüber Lene. »Bei uns ist diese Bebauungsform auf dem Land ganz normal«, entgegnet mir Lene. Über diese geografischen Besonderheiten entwickelt sich zwischen uns ein längeres Gespräch, das uns beide wieder durstig macht. Lene entdeckt etwa 200 Meter vor uns einen Friseurladen. »Ich gehe jetzt dorthin und erbitte mir eine kühle Dose Coca-Cola«, sagt sie lachend. Während ich noch in Gedanken mich mit meinen inneren Einwänden ob eines solchen direkten Vorgehens befasse, hat Lene bereits eine junge Frau, die gerade vom Salon in das Nebenhaus laufen will, mit ihrem Anliegen konfrontiert. Die Frau bremst ihre Schritte lächelnd ab, läuft zurück in den Friseursalon und kommt Sekunden später mit einer Dose Cola zurück. Mit einem kurzen Kommentar auf Norwegisch gibt sie Lene die Dose und eilt zurück in das Haus. Mir gelingt es nicht, das Geschehen so recht zu deuten. Lene, außer sich vor Freude über ihren Erfolg, öffnet die Dose und gönnt sich einen großen Schluck. »Die Friseurin hat noch ihre kleine Tochter auf dem Töpfchen sitzen und kommt gleich wieder zu uns«, erklärt sie mit einem prustenden Lachen. Tatsächlich kommt kurz darauf die junge Frau mit ihrer kleinen Tochter auf dem Arm aus dem Hause auf uns zu. Wir eröffnen ein nahezu halbstündiges Gespräch über 1 000 Themen. Die Friseurin ist offenkundig froh über etwas Abwechslung, denn sie plaudert ohne Unterlass teils in Norwegisch, teils auf Englisch. Wir erzählen ihr über unseren gestrigen Irrweg durch den Wald und das Thema Wölfe. Dabei erfahren wir auch von ihr, dass die Population der Tiere in den letzten Jahren zugenommen hat. Damit einhergehend seien von den Wölfen im letzten Jahr über 1000 Schafe gerissen worden. Für das Jahr 2018 habe daher die norwegische Regierung 25 Tiere zum Abschuss freigegeben. Nach einer guten halben Stunde verabschieden wir uns herzlich von unserer hilfsbereiten Cola-Spenderin und gehen mit zügigem Schritt in Richtung Herberge. Gegen 18:30 Uhr, kurz vor dem Ziel, verlieren wir erneut den Weg. Ich plädiere für einen Stopp bei einem *KIWI-Laden*, um dort nach dem genauen Weg zu fragen. Dort angekommen, versorgen wir uns auch mit Proviant. Ich kaufe mir selbstverständlich meinen heiß geliebten Tine-Joghurt und trinke ihn noch an Ort und Stelle. Lene hat die bestechende Idee, im Laden irgendeinen Kunden dazu zu bewegen, uns die letzten zwei Kilometer zum *Hoff Gjestgiveri* zu fahren. Ehe ich mich versehe, spricht sie einen jungen Mann in einem Mickymaus-T-Shirt an, der soeben den Markt mit einer großen Packung Bier unter dem Arm verlassen will. Eine Minute genügt, und Lene ist am Ziel. Der Mann bittet uns in seinen Wagen, einen älteren *7er BMW*. Auf dem Beifahrersitz sitzt eine junge Frau, anscheinend seine Freundin. Er fährt uns, die Arme cool und lässig über das Lenkrad legend, bis zum Ziel. Für mich überraschend, umarmt er uns zum Abschied und wünscht uns alles Gute. Wir sind total erleichtert und lachen über diesen gelungenen »Taxi-Tag«. Das Gästehaus, wo wir eine Übernachtung gebucht haben, wirkt beim Betreten wie aus der Zeit gefallen. Die Räumlichkeiten sind gespickt mit vielen alten Ölbildern und Gegenständen, die kitschig, aber irgendwie doch nett anzuschauen sind. Das gesamte Haus scheint reichlich in die Jahre gekommen zu sein. Mein Zimmer riecht etwas muffig. Nirgendwo an den Wänden entdecke ich einen Haken zum Aufhängen der Kleider. Die Toilette und das Bad befinden sich im Flur. »600 *NOK* inklusive Frühstück Self-Service«, klärt uns die Wirtin in netter, aber distanzierter Form auf. Für den Abend bestellen wir uns für 340 *NOK* ein Dinner für zwei Personen. Mittlerweile hat Lenes sympathisch forsche Art auch auf mich abgefärbt, denn ich teile der Hausherrin mit einem *unwiderstehlichen* Lächeln mit: »Today I'm very hungry« und zeige auf meinen Bauch. Wir setzen uns später draußen im Hof in eine Art Pavillon. Lene spendiert mir ein Bier. Nach 20 Minuten bringt uns die Wirtin tatsächlich zwei Riesenteller mit Fleisch, Gemüse und Kartoffeln. Da Lene nicht alles schafft, biete ich ihr meine Hilfe an und verputze die Reste. Zum Nachtisch erhalten wir Erdbeeren mit Sahne. Lene spendiert mir ein zweites Bier. Unsere Laune kann nicht besser sein, obwohl dies unser letzter gemeinsamer Abend ist. Wir sitzen noch eine Weile bei schönem warmen Wetter zusammen und plaudern.

## Samstag, 1. Juli 2017

Diese Nacht schlafe ich besser und werde erst um 7:50 Uhr wach. Wir holen uns leckere belegte Brote aus dem Kühlschrank und frühstücken draußen vor dem Hause in der Morgensonne. Lene recherchiert im Internet und sagt: »Du kannst morgen den *Skibladner* auch von *Kapp*, unserem nächsten Ziel, nach *Hamar* nehmen. Er fährt am Sonntag um 10:20 Uhr dorthin.« Nach kurzem Überlegen entschließe ich mich, diese Option zu ziehen. Ich erspare mir dadurch etwa 23 Kilometer nach *Gjøvik*. Bis Kapp sind es lediglich etwa zehn Kilometer. Dort will ich mir eine Herberge, möglichst im dortigen Pilgercenter, suchen. Weiter plane ich, mir noch einen *Zero-Day* in *Hamar* zu genehmigen. Nachdem ich diese Entscheidung getroffen habe, bin ich sehr erleichtert. Bei strahlendem Sonnenschein machen wir uns gut gestärkt auf den Weg nach Kapp. Ich fühle mich gut und kräftig bei dem Gedanken an den anstehenden *Spazierweg*. Drei Kilometer später halten wir an der *Hoff-Kirche* an. Lene erzählt mir von einem alten Pilgerritual, nach dem die Gläubigen dreimal um das Gotteshaus gehen und dabei in Gebeten oder Gedanken versunken sind. Ich umrunde mit Lene traditionsgemäß die Kirche dreimal. Irgendwie wollen sich bei mir jedoch nicht entsprechende Gedanken oder Empfindungen einstellen. Ich belasse es beim intensiven Betrachten der altehrwürdigen Mauern. Das Ritual hat zweifellos etwas Besinnliches. Der um die Kirche herum angelegte Friedhof erinnert mich an die Begrenztheit allen Lebens. Ich erzähle Lene, dass nach meinem Tode ein Grabstein in Form eines sinkenden Wikingerschiffs auf meiner Ruhestätte stehen soll. »Das passt zu dir«, erwidert mir Lene lächelnd. Anschließend betreten wir den Innenraum. Wir zünden jeweils Kerzen an. Für mich hat dieses Ritual gleich mehrfache Bedeutung. Zum einen symbolisieren sie ein »Danke« an meine verstorbenen Eltern, dann an meine bislang verstorbenen nächsten Angehörigen sowie meinen Schwiegervater, der vor sechs Monaten verstorben ist. Beim Hinausgehen bemerke ich bei Lene Tränen in ihren Augen. Als ich sie daraufhin anspreche, erzählt sie mir, wie schwer sie der Verlust ihres Vaters getroffen habe. Nach seinem Tode habe sie bedingt durch das Erledigen vieler Trauerformalitäten ihre eigene Trauer überhaupt nicht spüren können. Erst jetzt dränge diese Emotion in ihr Bewusstsein und sie spüre im Moment intensiv den Schmerz des Verlustes. Schweigend nehme ich sie in den Arm. Egal wo auf der Welt, viele Menschen empfinden solche Verlusterlebnisse wohl ziemlich gleich.

Wir gehen weiter in Richtung *Mjøsa-See*. Rechts sehen wir ein wunderschönes altes Haus, das von einem riesigen Rasengrundstück umgeben ist. Das Anwesen ist umzäunt von einem Holzzaun. Ein Mann in den mittleren Jahren streicht diesen neu gesetzten Zaun mit weißer Farbe. Als wir ihn erreicht haben und ihn grüßen, kommt es fast logischerweise wieder zu einem Gespräch. Nachdem wir ihm unser Ziel erzählt haben, schildert er, im letzten Jahr mit seiner Frau in Deutschland gewesen zu sein. Er habe Mannheim, Bad Dürkheim und eine Weinstraße besucht.« Mir gefällt Deutschland besser als Norwegen«, erklärt er uns mit dem Brustton der Überzeugung. Später erzählt er ausführlich von seiner Reise nach Mexiko zum Machu Picchu. In der Region habe er erschütternde Armut und hungernde Menschen gesehen. Dies habe ihn sehr betroffen und nachdenklich gemacht. Zum Abschied erlaubt er mir, ein Foto von ihm zu machen. Wieder eine beeindruckende und schöne Begegnung. In meiner Erinnerung werde ich diesen Mann als den »freundlichen Zaunstreicher« kodieren. Solche Begegnungen betrachte ich immer wieder als kleine wertvolle Geschenke am Wegesrand auf meiner Tour.

## Harald meets Harald

Nach einer knappen Stunde erreichen wir den Ort Kapp. In einem *KIWI-Markt* kaufen wir neue Vorräte ein. Wie gehabt, genieße ich meine Lieblingsspeisen direkt vor Ort. Mein doppelter Vorteil: Ich entsorge bequem und korrekt meinen Abfall. Ich stille Hunger und Durst und brauche die Lebensmittel nicht auf meinem Rücken zu schleppen, sondern deponiere sie bequem *inside*. Drei Energieriegel und eine Packung Mini-Möhren sind dann als externe Last erträglich. So viel zu meinem Energie-Management. Nach dieser kurzen Rast wandern wir weiter bis zur Herberge *Stensveen*. Durch einen Vorgarten mit wild rankenden Pflanzen und Büschen gelangen wir zu dem Haus. Dort treffen wir Harald und seine Frau Marion an. Ich erlebe einen unkomplizierten und überaus freundlichen Empfang, der auch durch Lenes lockere Art mitgeprägt wird. Harald erzählt uns, dass er dieses Haus von seinem 1921 geborenen Vater übernommen und es zusammen mit seiner Frau umgebaut habe. »Wir sind beide Freelancer und arbeiten daher unregelmäßig«, erklärt er und ergänzt, dass er und seine Frau vor langer Zeit hier ein Zentrum für Transsexuelle gegründet haben. Ich zahle Harald 500 *NOK* für Übernachtung inklusive Frühstück. Danach zeigt mir Marion mein traumhaft schönes Zimmer in einem luxuriösen Holzhaus, das sich neben dem Haupthaus befindet. Dabei schildert sie Details über ihr soziales Engagement und erzählt mir von ihrem Buch, das sie über Transgender geschrieben hat. »Ich habe bislang noch niemand gefunden, der es ins Deutsche übersetzen könnte«, antwortet sie mir auf meine entsprechende Frage. Spontan fällt mir mein früherer Geschäftspartner, Anders, ein. Ihn werde ich fragen, wenn ich wieder zuhause bin. »Warum hast du dich für einen solch langen und beschwerlichen Weg wie den Olavsweg entschieden?«, will Marion wissen. »Erstens, weil ich damit einen neuen Lebensabschnitt beginnen werde. Zweitens, weil ich uneingeschränkt einmal Zeit für mich haben möchte. Drittens, weil ich mich selbst und mein Verhalten in neuen und ungewohnten Situationen besser kennenlernen will sowie viertens, weil meine Sehnsucht nach dem Norden und der Kultur der Wikinger mich ein Leben lang begleitet hat und ich diese genauer kennenlernen möchte«, entgegne ich ihr. Sie lächelt und an ihren Augen erkenne ich, dass sie mich versteht. »Wir sehen uns später«, sagt Marion und geht in ihre Wohnung. Ich verstaue meine Klamotten und will mich danach von Lene verabschieden. Wir gehen beide in Richtung Hafen. Dort wird Lene von ihren Verwandten um 15:00 Uhr abgeholt. Die Minuten bis zum Abschied empfinde ich als bedrückend und versuche, unser Gespräch mit irgendwelchen Themen locker zu gestalten. Es naht jedoch der Abschied. Wir umarmen uns innig und bekunden, in Zukunft miteinander in Verbindung bleiben zu wollen. »Wenn du auf dem Rückweg wieder in Oslo bist, kannst du gerne bei mir übernachten«, bietet mir Lene noch einmal an.« Klar, das mache ich ganz bestimmt«, antworte ich und schaue ihr nach, wie sie ins Auto steigt und wegfährt. Mit einem Gefühl von Traurigkeit und innerer Leere betrachte ich noch ein paar Minuten das geschäftige Treiben am kleinen Schiffsterminal. Zurück in meinem Zimmer bin ich gedanklich weiter bei Lene. Sie ist mir in den paar Tagen mit ihrer unkomplizierten, hilfsbereiten sowie respekt- und humorvollen Art regelrecht ans Herz gewachsen. Zudem hat sie mir durch ihre Telefonate mit den Herbergen auf dem Wanderweg sehr geholfen. Dies alles werde ich ab sofort in eigener Regie tun. Jetzt will ich meine Kleider in einem kleinen Waschbecken waschen. Zuvor habe ich Marions Angebot, meine Kleider in ihrer Waschmaschine zu reinigen, abgelehnt. Warum eigentlich? Will ich mir nicht helfen lassen? Ist mir so ein Angebot peinlich oder fühle ich mich zu einer Gegenleistung genötigt? Was auch immer, im Moment will ich mich damit nicht weiter beschäftigen. Noch keine Minute später erlebe ich die Auswirkungen meiner Haltung auf ebenso überraschende wie unangenehme Art und Weise. Ich finde keinen Stopfen, um den Abfluss des Waschbeckens abdichten zu können. Meinem kreativen Köpfchen sowie der guten Reiseplanung verdanke ich eine passgenaue Lösung. Aus einem breiten Klebeband, das ich vorsorgehalber mitgenommen habe, konstruiere ich einen Abflussstopfen. Zufriedenheit kommt auf und nach getaner Arbeit gönne ich mir eine halbe Stunde Ruhe und schlafe auch prompt ein. Der Hunger weckt mich und ich esse eine Banane und die kleinen Möhren. »Nachher vielleicht noch etwas Brot von gestern«, sage ich mir. Noch keine zwei Minuten haben die beiden Gregorianer in mir ihr Lieblingsthema *Essen* diskutiert, als es an der Tür klopft. Ich öffne. Marion steht vor mir und fragt mich lächelnd: »Harald, hast du Lust, heute Abend mit uns zusammen im Garten zu essen? Wir fahren gleich noch auf ein Konzert. Danach treffen wir uns im Gartenpavillon.« Völlig überrascht sage ich spontan zu. Marion macht sich mit ihren Lieben auf den Weg zu dem Event. Meine Freude kennt keine Grenzen. Es ist unglaublich, was mir hier alles passiert, höre ich mich sagen. Nachdem ich mich von meiner Überraschung erholt und diese Geste emotional genossen habe, gehe ich nach draußen und erfreue mich an dem schönen Abendsonnenpanorama am See. Ein milder Wind bläst in Richtung Ufer. Unten am Terminal vergnügen sich einige junge Norweger am und im Wasser. Andere kurven mit kleinen Motorbooten auf dem *Mjøsa-See* hin und her. Neugierig teste ich die Wassertemperatur und finde sie akzeptabel. Auch ich könnte jetzt ein kühles Bad nehmen, habe jedoch meine Badehose nach dem harten Wandertag nach *Sæteren Gård* dort in einer Mülltonne versenkt. So habe ich damals zwar etwas Gewicht, aber heute mir auch ein Bad erspart. Merke: alles, was man tut und lässt, hat Folgen.

Gegen 20:45 Uhr höre ich Geräusche im Garten. Beim Blick aus dem Fenster meines Zimmers entdecke ich ein geschäftiges Treiben im Pavillon. Die Stensveens bereiten dort das Abendessen zu. Wenig später begrüßen sie mich mit einem lauten Hallo. Nina berichtet mir in sehr gutem Deutsch über das gelungene Konzert. Harald filetiert auf dem Tisch gekonnt einen großen Lachs. »Vor kurzer Zeit ist der noch im Wasser rumgeschwommen«, erklärt er vergnügt und legt mir ein großes Stück auf meinen Teller. Dazu gibt es gebratene Kartoffeln und Gemüse sowie ein Glas Chablis. Herz, was willst du noch mehr, denke ich mir, und lange zu. Wir kommen in eine abwechslungsreiche und humorige Unterhaltung, die größtenteils von Ove geprägt wird. Auch er spricht etwas Deutsch und gibt mir einen amüsanten sowie äußerst kurzweiligen Sprachunterricht in Norwegisch. »Harald, weißt du, wie Schmetterling auf Norwegisch heißt?«, beginnt er seine Lektion. Natürlich habe ich keinerlei Ahnung. »Der heißt Summervügl.« Im weiteren Verlauf lerne ich noch zahlreiche Begriffe, von denen mir allerdings am Ende des Abends nur noch wenige präsent sind. So zum Beispiel *fra* = von, *til* = nach, *Öl et pölse* = Bier und Wurst. Nie vergessen werde ich jedoch die norwegische Bezeichnung für einen *USB-Stick*. Dort nennt man ihn *Minnepinne*. Oves ausge-

*Modern Vikings – Außenborder inklusive*

sprochen unterhaltsamer Sprachkurs wird mir nachhaltig in bester Erinnerung bleiben. Er ist, wie die anderen, ein überaus sympathischer Mensch und dazu noch ein exzellenter Entertainer. In einem Wechsel aus Englisch, Deutsch und Norwegisch plaudern wir über Themen wie die Sprachverwandtschaft der norwegischen und deutschen Sprache, die mir musikalisch anmutende norwegische Sprachmelodie, Haralds Militärzeit in Nord-Norwegen, Erfahrungen mit den Kindern und Enkelkindern und vieles andere mehr. Besonders interessiert zeige ich mich, als Ove mir auf seinem Smartphone zahlreiche Fotos und Videos von historischen Festen zeigt. Ich sehe meine Gesprächspartner in historischen Kostümen der Wikinger. »Wir sind regelmäßig bei solchen Treffen dabei«, schildert er mit großer Begeisterung von seinem Hobby. »Viele Kleider, Waffen und Gebrauchsgegenstände haben wir auch selbst hergestellt«, verkündet er stolz. Harald ergänzt: »Ich habe einen Nachbau eines Wikingerschiffes von einem Bekannten gekauft. Damit kreuzen wir bei Veranstaltungen oder an schönen Tagen auf dem See herum«, erklärt er mir in ausführlicher Form. Auf meine Bemerkung: »Hatten die Wikinger damals denn schon Außenbordmotoren an ihren Schiffen?«, brechen alle in lautes Lachen aus. Ich habe einige Stunden zuvor am Seeufer das besagte Boot bereits bewundert und ausführlich begutachtet. Dabei ist mir der Außenbordmotor an der linken Heckseite aufgefallen. »Ja, die modernen Wikinger gehen auch mit der Zeit«, so oder ähnlich interpretiere ich Oves kreative Erklärung. Die Zeit vergeht wie im Fluge. Erst kurz nach Mitternacht spüre ich, wie die Kälte langsam an meinen Beinen hochkriecht. Harald, der während des Abends auf eine angenehme Art eher zurückhaltend gewesen war, unterdrückt ein Gähnen. Wenig später gähnen wir allerdings gemeinsam im Chor. Ich definiere dies als ein Zeichen und verabschiede mich aus der Gesellschaft, ohne zu vergessen, mich ganz herzlich für die Einladung und den außergewöhnlich schönen Abend zu bedanken. Meine Gastgeber bleiben noch im Pavillon zurück. Vielleicht wollen sie noch etwas unter sich sein? An dieser Stelle wird mir deutlich, dass ich mögliche unausgesprochene Regeln der Norweger in solchen Situationen nicht ausreichend kenne. Sie werden jedoch wohl ähnlich wie die unsrigen sein. Ausführlich werde ich das nach meiner Heimkehr mit Anders besprechen.

## Sonntag, 2. Juli 2017

Ungeachtet der kurzen Nachtruhe wache ich gut ausgeschlafen auf. In aller Ruhe ziehe ich mein Morgenritual durch. Zu Hause bekäme ich am Radio halbstündlich mehr oder minder sinnvolle Nachrichten oder Musik auf die Ohren. Hier bei Marion und Harald herrscht dagegen eine himmlische Ruhe. Durch das offene Fenster höre ich den vielstimmigen Gesang der Vögel. »Es ist einfach ein Genuss«, höre ich mich innerlich sagen. »Was, in drei Teufels Namen, lässt viele Leute eine solche Stille nicht ertragen? Steht dies etwa dafür, dass sie etwas von sich selbst nicht ertragen oder akzeptieren können? Haben sie Angst vor dem Alleinsein, einem fehlenden Feedback? Ist es wie bei einem Baby oder Jungtier, dem seine Mutter fehlt und das dann schreit oder brüllt? Ich werde diesen Gedanken weiter verfolgen«, sage ich mir und gehe nach draußen. Die Sonne ist eben durch die Wolken geschlüpft und färbt den Himmel in weißgelblich orangener Farbe. Harald sitzt auf einer Verandastufe bei einer Tasse Kaffee. Ich geselle mich zu ihm und er erzählt mir ausführlich von den Wikingern, die hier in unmittelbarer Umgebung sich niedergelassen und in Gehöften lebten. »Die haben dort Landwirtschaft betrieben und auch vom Fischfang gelebt. Bereits vor ungefähr 8 000 Jahren haben hier in der Eisenzeit Menschen gelebt.« Ich höre ihm fasziniert zu, verstehe jedoch nicht alles. Kurz darauf decken wir gemeinsam im Garten den Frühstückstisch. Marion,

Nina und Ove kommen etwas später gut gelaunt aus dem Haus. In ausgesprochen lockerer Stimmung frühstücken wir zusammen und genießen die letzten Minuten bis zu meiner Abfahrt miteinander. Besonders gerührt bin ich sowohl von Haralds Angebot, einen Sinnspruch zur Erinnerung auf die Hauswand zu schreiben als auch von ihrer gemeinsamen Geste, mich auf jeden Fall noch bis zum Anleger zu begleiten.

## Lauter Bums auf hoher See

Auf einem großen hölzernen Steg haben sich bereits einige Fahrgäste versammelt. Von See her nähert sich mit stampfenden und zunehmend lauter werdenden Geräuschen der gute alte »weiße Schwan« namens *Skibladner*. 1856 erbaut, ist er heute der einzige noch in Betrieb befindliche Schaufelraddampfer der Welt. Insofern steht mir ein wohl außergewöhnliches Erlebnis bevor. Ich werde mit diesem Schiff rund eine Stunde über den herrlichen *Mjøsa-See* fahren dürfen. Meine Vorfreude ist riesengroß. Mein Abschiedsschmerz aber genauso. Während zwei Matrosen das Schiff am Kai festmachen, umarme ich innig meine liebenswerten Gastgeber. Anschließend löse ich eine Fahrkarte zum Pilger-Sonderpreis von 100 *NOK*. Minuten später legt der »weiße Schwan« mit lautem Stampfen ab. Ich bin erstaunt über die Geschwindigkeit, mit der sich das alte Schiff vom Ufer entfernt. Meine Gastgeber und ich winken uns so lange zu, bis wir uns selbst als Punkte nicht mehr sehen können. Ich entschließe mich, bei diesem schönen Wetter die etwa einstündige Fahrt bis Hamar auf dem Vorderdeck des Schiffes zu verbringen. Zunächst erhalte ich von einem Besatzungsmitglied einen Stempel in meinem Pilgerpass. Das Schiffspersonal ist sehr aufmerksam und serviceorientiert. Ich drehe mein Gesicht in den Wind und genieße die frische Luft, die meine Haut kühlt und meine Haare in eine Richtung frisiert. In Gedanken stelle ich mir die alten Wikinger vor, die auf ihren

Fahrten wohl ähnliche Wahrnehmungen gehabt haben dürften. Wie toll wäre es, sich zumindest für eine kurze Zeit 1000 Jahre zurückbeamen zu können und den Alltag dieser Menschen live mitzuerleben. Während ich mich in diesen Gedanken regelrecht bade, erreichen wir eine Zwischenstation. Ohne irgendwelchen Argwohn beobachtete ich ein Besatzungsmitglied, das sich vor mir am Oberdeck an einem Kabel zu schaffen macht. Ebenso wenig mache ich mir Gedanken, als der Mann sich einen Kopfhörer aufzieht. Unvermittelt macht es einen ungewöhnlich lauten Knall. Ich erschrecke mich fürchterlich und realisiere kurz darauf zwei kleine Messingkanonen. Besagter Matrose hat den Böller elektrisch gezündet, wohl aus einer Tradition heraus. Wie auch immer, dieses Ritual ging mir durch Mark und Bein. Ich bin gespannt, ob

*Mit dem Skibladner über den Mjøsa-See*

er bei der Ankunft in Hamar erneut eine Kanone zünden wird. Der *Skibladner* legt kurze Zeit später in dem kleinen Hafen an. Nur wenige Fahrgäste verlassen das Schiff. Ebenso wenige steigen zu. Der Zwischenstopp dauert lediglich zehn Minuten. Dann sticht der »weiße Schwan« wieder in See und unterquert eine schlanke hohe Stahlbrücke. Ich entdecke dort drei Personen, die uns zuwinken. Als das Schiff unter der Brücke durchfährt, werfen die Leute zwei Blumensträuße herab, die tatsächlich auch das Deck treffen. Sie rufen uns irgendetwas auf Norwegisch zu. Ich bin sehr gerührt von dieser netten Geste. Ein Mann des Bordpersonals hebt die Sträuße auf und schenkt sie einer Dame an Deck. Eine Stunde hat der *Skibladner* hinter sich, als er in den Hafen von Hamar einläuft. Am Terminal erkenne ich eine große Menschenmenge, die erwartungsvoll dem Ereignis entgegensehen. Nachdem ich von Bord gegangen bin, stelle ich meinen Rucksack ab und betrachte das lebhafte Schauspiel der Passagiere, die von oder an Bord gehen. Nachdem ich noch mehrere Aufnahmen von dem altehrwürdigen Dampfer gemacht habe, rufe ich im Pilgercenter an. Auf Englisch erhalte ich eine Mitteilung via Anrufbeantworter, man werde mich zurückrufen. Da ich nach 20 Minuten keine Nachricht erhalte, mache ich mich zu Fuß zur Pilgerherberge auf. Der Weg dorthin ist sehr gut ausgeschildert und führt am Ufer des Sees entlang. Viele Leute machen dort ein Picknick, sonnen sich oder drehen eine Runde im Wasser. In der Herberge angekommen empfängt mich Henrik, laut eigenen Angaben ein Student, und informiert mich sehr zuvorkommend auf Englisch. »Für zwei Übernachtungen (600 *NOK*) kannst du bleiben«, teilt er mir mit. Ich bin sehr erleichtert. Zudem erfahre ich, dass ich das 4-Bett-Zimmer bis jetzt für mich alleine habe. Die gesamte Herberge ist noch relativ neu und mit allem, was ein Pilger braucht, eingerichtet (*PC, WLAN,* Wanderkarten, gut ausgerüstete Küche, Waschmaschine etc.). Nachdem ich mich in meinem Zimmer eingerichtet habe, gehe ich in den Aufenthaltsraum. Dort komme ich mit zwei jungen Damen, Ariane und Bettina, beide aus

Deutschland, ins Gespräch. In unglaublich kurzer Zeit entsteht zwischen uns eine Vertrautheit und Offenheit, die mich sehr angenehm überrascht. So erfahre ich von Bettina, dass sie bereits den Jakobsweg in Spanien sowie andere Pilgerwege gelaufen ist. Während sie mir ihre Erfahrungen ausführlich und mit großer Begeisterung schildert, zeigt sie auf ihren lädierten Fuß. »Hast du für mich vielleicht eine Wundsalbe?«, fragt sie und lächelt mich hoffnungsvoll an. Ich bin froh, ihr mit *Bepanthen* (keine bezahlte Werbung) aushelfen zu können. Auch Ariane kann ich mit einer Tablette gegen ihre Schmerzen am Fußgelenk aushelfen. Kurz darauf überredet sie mich, mit ihr zusammen mit den herbergseigenen Fahrrädern in die Stadt zu fahren. »Ich will mir die Eisschnelllauf-Halle von den Olympischen Winterspielen 1994 auf jeden Fall ansehen. Außerdem können wir was Kleines essen und noch etwas einkaufen«, schlägt sie vor. Dazu lasse ich mich nicht lange bitten. Einige Minuten später sitzen wir auf unseren Drahteseln und radeln in Richtung Stadt. Hamar ist relativ unspektakulär, wirkt allerdings gemütlich und übersichtlich. Zunächst besuchen wir eine Bildergalerie und schauen uns die Exponate an. Anschließend finden wir einen kleinen Burger-Laden und gönnen uns einen gut belegten Hamburger mit einer Cola. So gestärkt fahren wir weiter zur Olympiahalle. Leider ist sie geschlossen. Meine Vermutung, vielleicht noch irgendjemand vom Personal vor Ort antreffen zu können, bestätigt sich bei unserem Rundgang um die Halle. Ich spreche einen hoch aufgeschossenen Mann an, der gerade mit einem Pick-up das Gelände verlassen will. In diesem Moment erinnere ich mich an Lenes Strategie der direkten, offenen Bitte und spreche ihn an: »Wir kommen aus Deutschland und würden so gerne einen kleinen Blick in diese schöne Halle werfen. Dort hat nämlich eine deutsche Eisschnellläuferin, Claudia Pechstein, bei den Olympischen Winterspielen 1994 die Goldmedaille gewonnen«, trage ich ihm mein Anliegen vor. Mit einem Lächeln deutet er uns, mit ihm zu kommen und schließt tatsächlich die Halle auf. »Just five minutes«, teilt er uns augenzwinkernd mit.

Wenige Augenblicke später erhalten wir einen Einblick in die imponierende Größe und die eigenwillige Konstruktion dieses Gebäudes. Es ist einem umgedrehten Wikingerschiff nachempfunden. Ich bin absolut begeistert und lasse mich in einer Eiskunstläuferpose, die eher einem sterbenden Schwan ähnelt, von Ariane fotografieren. In bester Laune bedanken wir uns bei dem serviceorientierten Mann, besteigen wieder unsere Drahtesel und radeln zurück zum Pilgercenter. Zwischendurch gönnen wir uns noch eine Pause vor den leider geschlossenen Türen einer schönen Kirche. Ich bin sehr überrascht und gerührt, als Ariane mir sehr persönliche Details aus ihrem Leben schildert. Einen solchen Vertrauensvorschuss weiß ich zu würdigen und höre ihr gerne zu. Als wir uns gegen 18:30 Uhr zur Herberge aufmachen, traue ich meinen Augen nicht. Ich sehe Lavinia, die ich zu Beginn meiner Pilgerreise in Oslo kennengelernt habe, die Anhöhe zum Pilgercenter heraufkommen. Wir begrüßen uns herzlich. Beim anschließenden gemeinsamen Abendessen plaudern wir zusammen mit Bettina und Ariane bis spät in den Abend hinein. Zwischendurch rufe ich meine Frau an. Meinem Freund Wolfgang hinterlasse ich ein Lebenszeichen auf seinem Anrufbeantworter. »Morgen früh werde ich mir zusammen mit einer anderen jungen Pilgerin in der Kathedrale den Olav-Segen abholen«, eröffne ich meinen neuen Bekannten noch kurz vor dem Schlafengehen. »Angeblich geht am Vormittag die Weyer-Gruppe, von uns so benannt nach ihrem Reiseführer, ebenfalls dorthin und frühstückt anschließend in der Pilgerherberge«, informiert mich Bettina. Diese Nachricht elektrisiert mich sofort, habe ich doch den Pilger-Guide von Helfried und Renate Weyer bereits intensiv studiert. Jetzt bietet sich mir die Chance, die beiden erfahrenen Reiseleiter persönlich kennenlernen zu dürfen. Wieder ein Tag voller schöner beeindruckender Erlebnisse. Gerührt verdrücke ich ein paar Tränen in meinem Bett und schlafe sofort ein.

## Montag, 3. Juli 2017

Ich habe ausgesprochen gut geschlafen und wache um 6:45 Uhr auf. Beim Blick aus dem Fenster sehe ich nur dunkle Wolken. Bettina sitzt bereits im Gemeinschaftsraum und informiert uns, es sei heute eine Regenwahrscheinlichkeit von 91 Prozent vorhergesagt. Daraufhin entschließe ich mich, den heutigen Tag auf jeden Fall hier zu verbringen und zu relaxen. Nass werden kann ich auf meinem weiteren Weg immer noch. Zu meinem Leidwesen wollen Bettina und Ariane bereits heute weiter nach Veldre wandern. Bettina verspricht mir, vor Ort für mich morgen ein Zimmer zu buchen. »Welch ein wohltuender Service!«, sage ich mit

*Die Kathedrale von Hamar*

einem Lachen. Einige Minuten später sehe ich die Weyer-Gruppe den Weg heraufkommen. Mir ist bekannt, dass diese um ca. 9:00 Uhr in der Kathedrale eine Andacht halten wollen. Das werde ich mir nicht entgehen lassen. Die Kathedrale von *Hamar*, eine von einer architektonisch imposanten Glaskonstruktion überdachte Kirchenruine, ist eine weit über die Grenzen der Region bekannte Sehenswürdigkeit. Insbesondere ihre außergewöhnliche Akustik wird allgemein gepriesen. Gemeinsam mit der Gruppe stehe ich nach kurzer Zeit im Innenraum dieses imposanten Monuments. Es ist eine eigentümlich erhabene Stimmung, die mich während des Zeremoniells regelrecht gefangen nimmt. Nicht minder beeindruckend ist kurze Zeit später die Stimme von Wanja, einer jungen Dame, die auch im Pilgerzentrum arbeitet. Ihre Lieder gehen mir im wahrsten Sinne des Wortes unter die Haut. Nach dem Ende der Veranstaltung lasse ich mir am Ausgang einen Stempel in meinen Pilgerpass geben. Auf dem Rückweg komme ich noch in einen angeregten Austausch mit einigen Gruppenteilnehmern. Einer von ihnen, aus dessen Schilderungen ich sehr schnell entnehmen kann, dass er ein sehr erfahrener Pilger zu sein scheint, gibt mir einen Buchtipp. »Pilgern im Frack« – dieses Buch wirst du mit großem Gewinn lesen«, bedeutet er mir mit eindringlicher Geste. Anschließend gibt er mir noch seine E-Mail-Adresse. »Falls du Fragen hast oder Hilfe brauchst, schreib mir einfach!« So, sein freundliches Angebot speichere ich dann mal ab.

Wieder zurück im Pilgercenter, frühstücke ich mit Bettina und Ariane. Als das Ehepaar Weyer schließlich mit ihrer Pilgergruppe den Raum betritt, nutze ich die Gunst der Stunde und lasse mir von beiden ein Autogramm in meinen Reiseführer schreiben. Von einem weiteren Gespräch nehme ich Abstand, da ich spüre, wie sehr sie mit der Organisation ihrer neuen Gruppe befasst sind. Sie wirken dabei konzentriert und professionell. »Logischerweise«, denke ich mir, »die müssen und haben ihrer Gruppe ja auch was zu bieten, und nicht uns drei Zaungästen.« Zu weiteren Überlegungen komme ich nicht, da Bettina und Ariane sich mit einer innigen Umarmung von mir verabschieden. Ich freue mich jetzt schon, sie wieder in Lillehammer treffen zu dürfen. Eine Weile schaue ich den beiden nach, wie sie eine regennasse Wiese durchqueren und kurz darauf hinter einer Wegebiegung verschwinden. Ich spüre ein leicht wehmütiges Gefühl des Verlassenwerdens in mir, befreie mich jedoch davon, indem ich mich zu den anderen Pilgern setze und noch einen Kaffee trinke. Danach ziehe ich mich auf mein Zimmer zurück und schreibe meine Tagebuchnotizen. Kurzzeitig spüre ich einen leichten Schmerz in der Brustgegend. Kommt der vom Kaffee oder was will er mir zum Ausdruck bringen? »Organisch bin ich doch okay, mein Arzt hat mich entsprechend durchgecheckt«, beginne ich einen inneren Dialog. »Vielleicht geht mir der Abschied doch zu Herzen«, gestehe ich mir schlussendlich ein. Weitere Interpretationen über meinen aktuellen Gemütszustand fallen mir im Augenblick nicht ein, da Henrik mir mit einem strahlenden Lächeln ein paar von ihm selbst gebackene Waffeln anbietet. Ein wahrhafter Genuss in Verbindung mit Erdbeer-und Himbeermarmelade und einem Klacks leckerer Sahne inklusive einem weiteren Kaffee. Derart süße Form der Seelentröstung kenne ich nur allzu gut. Sie zieht sich durch mein gesamtes Leben. Im Moment bedeutet der überraschende Nachtisch für mich ein vorgezogenes Mittagessen. Ich wasche anschließend meine Klamotten und hänge sie zum Trocknen auf. Bei mir selbst belasse ich es nur beim Waschen.

Zurück in meinem Zimmer überprüfe ich das Upload meiner bisher geschossenen Bilder. Von 239 Dateien sind erst 24 in Richtung Michaels *PC* in der Heimat angekommen. Michael, ein guter Freund von mir und Spezialist in Sachen *IT*, hat mich mit unendlicher Geduld und Ruhe in die Technik dieser Datenübertragung eingeweiht. Ich fühle mich allerdings immer noch wie ein Lehrling in den ersten Tagen seiner Probezeit. Bei diesem Prozedere wird mir auch klar, dass sich bei mir wohl nie ein erotisches Verhältnis zu solchen Techniken einstellen wird, wie ich es von einigen meiner Bekannten kenne. Stattdessen vertiefe ich mich doch lieber in die Tiefe und Weite der wunderschönen norwegischen Landschaften, die ich noch kennenlernen werde. Während ich mich noch mit mir selbst über dieses Thema unterhalte, stelle ich fest, dass ich vergessen habe, in meiner Kamera eine neue *SD-Karte* einzulegen. Wanjas wunderschönen Gesang in der Kirche werde ich künftig lediglich aus meinem Gedächtnis abrufen können. Apropos Technik: Lavinia hatte mir kurz zuvor den Tipp gegeben, das Smartphone unmittelbar neben den hauseigenen *PC* zu legen, um den *WLAN-Empfang* zu verbessern. Und tatsächlich, es funktioniert.

Um die Mittagszeit betritt einen weiterer Pilger, Markus aus Freiburg, den Gruppenraum. Wir kommen sehr schnell ins Gespräch. »Ich wandere schon seit vielen Jahren«, erzählt er mir und er hoffe, bis zum 24. Juli dieses Monats in Trondheim zu sein. »Nächstes Jahr werde ich von dort bis ans Nordkap wandern.« »Das wird wohl für die nächste Strecke kein Weggenosse für mich«, höre ich mich innerlich sagen. Markus ist mir von Beginn an sehr sympathisch. Ich lausche den Erzählungen aus seinen bisherigen Touren sehr interessiert. »Wahrscheinlich werde ich von ihm noch den einen oder anderen Tipp erhalten«, denke ich mir. Währenddessen schaue ich aus dem Fenster. Seit etwa einer Stunde hat es etwas zu regnen begonnen. Insofern ist es gut, heute einen *Zero-Day* einzulegen und auf besseres Wetter für den morgigen Tag zu hoffen. Sollte der Regen heute Nachmittag noch enden, fahre ich mit dem Rad in die Stadt zum Einkaufen. Meine Wäsche wird wohl bis morgen getrocknet sein. Im Laufe des Nachmittags kommen noch drei Pilger, Marc, Lisa und Antina in die Herberge. Mir macht es total gute Laune zu erleben, wie schnell Wanderer oder Pilger miteinander in ein hoch interessantes Gespräch kommen und sich gut verstehen. Dabei geht das alles sehr rasch und geschmeidig vonstatten und trägt eine eigene Selbstverständlichkeit in sich. Sollte das etwa der so viel gerühmte Spirit auch dieses Pilgerweges sein?. Antina, eine junge Ärztin, fragt mich, ob sie morgen mit mir die nächste Etappe laufen könne. »Selbstverständlich«, entfährt es mir spontan. Ich bin überrascht, überhaupt eine solche Frage gestellt zu bekommen. »Dann können wir uns ja vorher noch gemeinsam den Pilgersegen in der Kathedrale holen. Ich kläre das dann sofort ab«, sagt sie sichtlich erfreut. »Mein Fitnessgrad ist allerdings nicht überwältigend«, eröffnet sie mir anschließend. »Das werden wir morgen ja sehen«, entgegne ich ihr.

Bettina mailt mir, gut in Veldre angekommen zu sein. Da sie mich noch nicht in der Herberge anmelden konnte, erledige ich dies selbst. Zufrieden lese ich später eine Nachricht von Michael, er habe die von mir gesendeten Bilder erhalten. Gegen Abend heißt es wieder packen. Die neue Situation, mit zwei Mann auf dem Zimmer zu sein, ist für mich zunächst gewöhnungsbedürftig. Am heutigen Tag verspüre ich zudem erstmalig eine gedämpfte Stimmung bei mir. Sie steht in einem deutlichen Gegensatz zu meinem mentalen Dauerhoch im Verlaufe des bisherigen Weges. Birgit, mit der ich kurz zuvor telefoniert habe, ist meine Veränderung direkt aufgefallen. Nach dem Telefonat schreibe ich im Gemeinschaftsraum mein Tagebuch. Dort bekomme ich das Gespräch meiner beiden Zimmergenossen mit Lisa und Lavinia mit. Sie berichten alle über ihre zahlreichen Erfahrungen bei verschiedenen Wandertouren. »In Spanien auf dem Jakobsweg und teils auch in Italien werden die Pilger wie Nummern wahrgenommen und teils auch so behandelt. Viele haben auch nur Augen für ihre Urkunden oder ähnliche Dokumente. Es werden auch viele Dokumente gefälscht«, höre ich aus der Runde. Markus erwähnt, der Weg durch Frankreich sei ideal. »In der nächsten Zukunft würde ich gerne in den USA die drei weltbekannten Longtrails Pacific Crest Trail, Continental Divide Trail und Appalachian Trail, machen und Bücher darüber schreiben«, führt er aus und erzählt weiter eine Story von zwei tschechischen Brüdern, die jobbend durch ganz Norwegen gewandert sind. »Solche Leute schreiben ihre Erfahrungen oft in Büchern nieder«, schildert er mit leidenschaftlichem Impetus. Mit großem Interesse verfolge ich zahlreiche praktische Tipps, die Markus im Laufe der Unterhaltung den anderen gibt. »Auf Isomatten versaust du dir nur die Hüften; besser ist da eine Matte, die mit Luft gefüllt ist. Du wirst dann von unten durchwärmt und nicht so sehr durch den Schlafsack«, berichtet er. So sehr mich die weitere Unterhaltung interessiert, gebe ich meiner aufkommenden Müdigkeit Raum und ziehe mich ins Zimmer zurück. Kurze Zeit später bin ich eingeschlafen.

## *Dienstag, 4. Juli 2017*

Nach einer erholsamen Nacht wache ich bereits um 5:45 Uhr auf und mache ganz leise meinen Rucksack startklar. Kurz darauf kommt Markus in die Küche und wir frühstücken gemeinsam. Fast zwei Stunden später gesellt sich Antina zu uns. Kurz darauf geht sie mit mir in die nahe gelegene Kathedrale, wo wir den Pilgersegen erhalten werden. Unterwegs treffen wir Mari, eine junge hübsche Pfarrerin. Sofort beginnt sie mit uns ein Gespräch. So erfahre ich, dass sie verheiratet ist und zwei Kinder hat. Am Altar angekommen, fragt sie uns nach unserer Nationalität, den Grund für unsere Entscheidung zu pilgern, wann wir losgehen und vieles mehr. Später liest sie uns zwei kleine Texte in deutscher Sprache vor. Gemeinsam beten wir das *Vater unser*. Sie segnet uns und spricht den traditionellen Pilgersegen. Die kleine Zeremonie hat überhaupt nichts Steifes an sich und lässt mich tief beeindruckt zurück. »Dass eine Pfarrerin, um zwei Schäfchen zu segnen, sich so früh morgens auf den Weg macht, vermag ich mir in meiner Heimat nicht so recht vorzustellen«, sage ich zu mir und mache mich mit Antina auf die nächste Etappe. Relativ schnell bemerke ich, dass sie nicht unbedingt die beste Kondition mitbringt.« Es ist ja erst ihr erster Tag«, erkläre ich mir diese Tatsache und passe mich ihrem Tempo an. Bereits nach einem Kilometer müssen wir einen steilen Pfad hinauf, der unsere Kondition sofort einer ersten gründlichen Prüfung unterzieht. Kurze Zeit später stößt bereits Markus zu uns und passt sich bis zu unserem Tagesziel, der Pilgerherberge in Veldre, unserem Tempo an. »Der arme Kerl musste im Verlauf der Etappe wohl öfter auf die Bremse treten, um uns Amateure nicht zu verlieren«, denke ich einige Male während des Wanderns. Markus hat nicht nur einen leichteren Schritt, sondern auch einen leichteren Profi-Rucksack samt Gepäck. »Er trägt auch bedeutend weniger Fleisch gewordene Kalorien als wir beide am Körper mit sich rum«, so mein anerkennendes Fazit über ihn. Nach 22 insgesamt relativ harten Kilometern kommen wir an der Herberge an. Außer uns ist kein Pilger vor Ort. Insofern haben wir in dem großen Gemeindesaal die freie Auswahl unter den Betten.

Wer jetzt noch kommt, muss mit einer Matratze vorlieb nehmen, die in einer Ecke des großen Raumes gestapelt liegen. Während Markus und ich noch darüber philosophieren, ob heute überhaupt noch ein anderer Pilger kommen wird, sehe ich beim Blick aus dem Fenster Lisa den Berg hinaufkommen. Also hat sie doch nicht den *Skibladner* nach Lillehammer genommen, sondern ist bereits heute wieder zu Fuß aufgebrochen. Nach der Begrüßung machen sich Markus und Lisa Spaghetti, Antina bevorzugt chinesische Nudeln. Ich esse eine Chorizo-Wurst mit Ciabatta. Etwas später macht Lisa den Vorschlag, den alten Ofen im Gruppenraum anzufeuern. Nach etwa einer Stunde ist der große Raum behaglich warm. Markus und ich unterhalten uns über Outdoor-Regeln wie zum Beispiel: sicheres Feuer anzünden im Wald, übernachten und orientieren in der Wildnis, technische Handhabung des *GPS*-Gerätes und allgemeine gesellschaftspolitische Themen. Als ich eine aufkommende Müdigkeit bei mir verspüre, verabschiede ich mich und lege mich in mein Bett. Ich schlafe gut, unterbrochen durch zweimaligen Toilettengang. Gestern habe ich wieder mehr Flüssigkeit zu mir genommen und erfreulicherweise keine Wadenkrämpfe mehr verspürt.

## Mittwoch, 5. Juli 2017

Es ist 7:30 Uhr. Ich habe gut geschlafen und wache als Erster auf. Beim Blick aus dem Fenster sehe ich hocherfreut blauen Himmel mit einzelnen Wolken. »Hoffentlich wieder ein guter Tag«, denke ich und beginne mit den üblichen Ritualen. Markus wacht um 8:15 Uhr auf. Wir starten gemeinsam eine Stunde später. Lisa und Antina träumen noch in ihren Betten. Angesichts ihrer heftigen Blasen an den Füßen wird Antina, so meine Vermutung, heute wohl kaum weiterlaufen. Draußen kommen wir nach wenigen Metern Fußmarsch an der leider verschlossenen Veldre-Kirche an. Wir finden es sehr schade, dass viele dieser sehenswürdigen Gotteshäuser für die Öffentlichkeit nicht zugänglich sind. »Es wird wohl seine Gründe haben«, denke ich mir. Wir kommen bei angenehmen Temperaturen, Sonnenschein und leichtem Wind gut voran. An Stellen, wo die Wegauszeichnung mangelhaft ist, nutzt Markus routiniert sein *GPS*-Gerät, so dass wir keine überflüssigen Meter laufen müssen. Unterwegs erklärt er mir viele Dinge, die für Wanderer interessant und wichtig sind. So demonstriert er mir zum Beispiel, wie gut und einfach sich Birkenrinde zum Anzünden eines Feuers nutzen lässt. Markus legt ein strammes Tempo vor. Bereits um 12:30 Uhr haben wir die Ringsaker-Kirche erreicht. Der dort aufgestellte Kilometer-Stein zeigt 455 km bis *Nidaros* an. »Das sind noch verdammt viele Schritte bis dorthin verbunden mit zahllosen Schweißtropfen«, sage ich mir. Wir rasten zunächst auf einer Bank und essen etwas. An der Kirche fülle ich meine Wasserflaschen auf. Vor einigen Wochen hätte ich mir noch nicht vorstellen können, wie köstlich ein Schluck kalten Wassers sein kann. Wir ziehen beide unsere Wanderschuhe aus und gönnen unseren Füßen frische Luft. Momente wie diese, so simpel sie für Außenstehende auch sein mögen, erlebe ich als außergewöhnlich. Markus bringt mich mit einer weiteren praktischen Information zum Thema »Socken waschen« wieder in die Realität zurück. »Wichtig ist dabei, dass du sie gut ausspülst und sie damit seifenfrei sind. Ansonsten weicht die sich im Strumpf noch befindliche laugenbasierte Seife in Verbindung mit dem Fußschweiß die Haut auf und es entstehen schnell Blasen. Unabdingbar ist auch, dass die Socken absolut trocken sein müssen«, beendet er abrupt und mit einem erstaunten Blick sein kurzes Fachreferat. Ich schaue in seine Richtung und traue meinen Augen nicht. Antina kommt an der Kirche vorbei zu uns hochgestiefelt. »Wie zum Teufel hat die waidwunde Frau diese Strecke so schnell geschafft?«, kommentiere ich meine Wahrnehmung. Antina baut sich lächelnd vor uns auf und erzählt: »Ich bin heute bis hierhin mit dem Bus gefahren. Später werde ich auf

*Die Ringsaker-Kirche*

dem nahe gelegenen Campingplatz übernachten und morgen das Schiff nach Lillehammer nehmen.« Sprach's und verabschiedet sich von uns mit einem verschmitzten Lächeln. Wir sind nach wie vor sprachlos. Etwas später besichtigen wir die, Gott sei Dank für Besucher geöffnete, *Ringsaker-Kirche*. Sie wirkt nicht nur von außen in ihrer Schlichtheit beeindruckend, sondern auch der Innenraum lässt uns staunen und demütig werden. War es allein der Gottesglaube, der die Menschen der damaligen Zeit ein solch außergewöhnliches Gebäude errichten ließ?

Noch etwas über zehn Kilometer, dann sind wir an unserer nächsten Unterkunft, den *Ringli-Hütten*. Also machen wir uns auf, laufen zügig über den *Steinvik-Campingplatz* an dem Städtchen *Moelv* vorbei. Wir gehen am Seeufer auf einem steigungsfreien weichbödigen Waldpfad und werden mit malerischen Aus-

*Die Ringli-Hütten, mit Ausblick ...*

sichten auf den *Mjøsa-See* belohnt. Allerdings irritiert an dieser Strecke die erneut mangelhafte Ausschilderung des Weges uns etwas. Hier erweist sich das *GPS*-Gerät von Markus als eine ausgezeichnete und zeitsparende Hilfe. Der nächste Anstieg lässt nicht lange auf sich warten. Serpentinenartig windet sich der Olavsweg steil bergauf. Oben angekommen, haben wir großartige Ausblicke auf den See und die Uferlandschaft. Um 14:45 Uhr erreichen wir nach einem letzten Anstieg auf einer asphaltierten Straße unser Ziel: die *Ringli-Hütten.* Diese Herberge besteht aus einem Arrangement mehrerer wunderschöner Holzhütten, deren Dächer mit Grassoden bedeckt sind. Unwillkürlich denke ich an das gallische Dorf von *Asterix und Obelix.* Ich bin gefangen von dem malerischen Anblick dieses Ensembles. Solvi, die Hüttenwirtin, hat unsere Ankunft sofort bemerkt und begrüßt uns mit einem herzlichen Willkommen und einer für mich ebenso überraschenden wie wohltuenden Umarmung. Sie zeigt uns unsere Unterkunft, sehr behaglich mit Holz komplett ausgebaut, und erklärt uns alle wichtigen Details für unseren Aufenthalt. »Ich habe ein Abendessen für euch vorbereitet«, lässt sie uns wissen und verschwindet in das Haupthaus. Ich nutze die Zeit zu einem Rundgang um die Gruppe der traditionellen Bauernhäuser aus dem 18. Jahrhundert. Geradezu betörend schön finde ich den Panoramablick über den See und fotografiere ausgiebig. Später telefoniere ich mit meiner Frau, wasche anschließend meine Wäsche und hänge sie zum Trocknen an die Luft. Nach einer Dusche fühle ich mich wie neu geboren. Solvi bringt uns pünktlich um 19:00 Uhr das Abendessen. Mein Frühstück hat sie auch schon dabei und stellt es in den Kühlschrank. Markus und ich machen uns hungrig über eine angemessene Portion Spaghetti her. Inklusive Übernachtung zahle ich insgesamt 450 *NOK.* Wahrhaftig nicht zu viel für das Gebotene. Gegen 20:00 Uhr steht Lisa wieder vor der Tür. »Ich bin heute erst gegen 12:00 Uhr von Veldre aus aufgebrochen. Morgen will ich bis Johannisgarden gehen«, macht sie uns mit ihren Plänen bekannt. »Ich werde morgen um 7:00 Uhr aufbrechen und die 35

Kilometer bis nach Lillehammer durchlaufen«, bekundet Markus. »Du hast schon ein Mörderprogramm im Tornister«, sage ich lächelnd zu ihm. Ich habe mir vorgenommen, morgen um 8:30 Uhr mit oder ohne Lisa zu starten, um die viel gepriesene schöne Herberge Johannisgarden aufzusuchen. Zur Sicherheit habe ich dort schon angerufen und mir ein Bett gesichert. Bettina hat mir eine *WhatsApp* geschickt. Sie will zwei Tage in Lillehammer pausieren, so dass wir uns dort wiedersehen und zusammen weiterwandern werden. Ich freue mich schon auf unser Wiedersehen. Meinem zuhause gebliebenen Freund Karl-Heinz sende ich einige fotografische Impressionen von diesem außergewöhnlichen Ort. Er hat mir kurz zuvor für meinen weiteren Weg alles Gute gewünscht. Solch aufmunternden Botschaften auf meinem Smartphone sind Balsam für meine Stimmung und Motivation.

*... auf den Mjøsa-See*

## Donnerstag, 6. Juli 2017

Nach einer erholsamen Nacht erwartet mich um 6:15 Uhr beim Frühstück wieder einmal strahlender Sonnenschein. Ich kann mein Glück nicht fassen, im ansonsten eher regenreichen Norwegen Tag für Tag solch eine stabile schöne Wetterlage vorzufinden. Herzlich verabschiede ich mich von Markus, der die Herberge pünktlich um 7:00 Uhr verlässt. Wehmut kommt in mir auf, habe ich ihn doch in den letzten beiden Tagen als einen sehr sympathischen und verlässlichen Zeitgenossen kennenlernen dürfen. Ich werde ihn sicherlich nicht vergessen und nach meiner Rückkehr seine Seite »Fernwanderer» auf *YouTube* anschauen. Wieder zurück im schönen Holzhaus, studiere ich das Streckenprofil in meinem Reiseführer. Etwa 20 km sind es bis zur nächsten Herberge Johannesgarden. Leider kann ich mich von Solvi nicht verabschieden. Sie ist wohl schon in der Früh aus dem Haus gegangen. Ich schultere meinen Tornister und verlasse das Anwesen. Mittlerweile ist mir das Gewicht von ca. 17 Kilo auf meinem Rücken sehr vertraut. Gleichwohl bin ich mir sicher, nach etwa ein bis zwei Stunden wieder von dieser Last gequält zu werden. Ein etwa 2,5 km langer richtig steiler Anstieg auf einer Asphaltstraße steht mir bevor. Heute gibt es erneut Sonne satt. Es ist etwas befremdlich für mich, wieder alleine meinen Weg zu gehen. Ich bewältigte diese anstrengende Strecke jedoch erstaunlich gut. Kraft und Ausdauer haben zugenommen, stelle ich zufrieden fest. Ab und zu passiert mich unterwegs ein Auto. Eine Frau mittleren Alters kommt mir entgegen. Vielleicht eine Patientin aus einer nahe gelegenen Reha-Klinik. Ein kurzer freundlicher Gruß im Vorbeigehen. Auf der Höhe angekommen, erlebe ich die grandiose Aussicht auf den unten vor mir liegenden *Mjøsa-See.* Ich kann von dem Panorama nicht genug kriegen und unterbreche meine Wanderung mehrmals. Was für eine Augenweide! Etwas später biege ich in einen schattigen Waldweg ab. Sehr bald spüre ich den wohltuenden Effekt des weichen Bodens unter meinen Füßen. Dieser Pfad ist gut ausgeschildert. An jedem *OWZ*, das ich erblicke, sage ich leise »Danke, Olav!« Unwillkürlich stellt sich in meinem Gesicht ein Lächeln ein. Gute Stimmung folgt auf dem Fuße. »Glück kann man so einfach bekommen, ebenso wie Freiheit«, sinniere ich vor mich hin. Dieses alleine vor sich hin laufen und die Natur mit allen Sinnen zu erleben, wirkt sich auch auf meinen Gedankenfluss aus. Er entwickelt sich spontan und assoziativ, scheinbar ohne Logik und Sinn. Vergleichbar einem Hund, der eine Weile neben seinem Herrchen umhertrottet, dann plötzlich nach vorne sprintet, am Wegesrand umherschnüffelt und verspielt nach einem Insekt schnappt, um sich schließlich intensiv mit einem Erdloch zu beschäftigen, ohne auf sein Herrchen zu achten. Während ich Schritt für Schritt dem Weg folge, fällt mir ein, wie ich mich vor einigen Tagen mit Lene verlaufen habe. Dabei komme ich wieder mit dem Angstgefühl in Verbindung, das an diesem Abend in mir hochgestiegen war. Nahtlos steigt aus meinem Unterbewusstsein das Bild meiner Mutter auf. Diese hatte mich früher immer mit ängstlichem Habitus vor Gefahren gewarnt, wenn ich mich freudig und neugierig mit meinen Spielkameraden etwa auf den Weg in das nahe gelegene Schulwäldchen machen wollte. Sicherlich waren ihre Worte Zeichen ihrer Liebe und Fürsorge mir gegenüber. Sie führten damals allerdings dazu, dass sich meine vergnügliche Erwartungshaltung in ein eher ängstliches Gefühl verwandelte. Erzählte ich dann noch meinen Freunden von den Warnungen meiner Mutter, war ich für kurze Zeit ihrem Gespött ausgesetzt und fühlte mich als Hasenfuß. Was würde sie wohl jetzt sagen, wenn sie mich alleine durch die norwegischen Wälder ziehen sähe? Wie würde ich heute auf sie reagieren? Vermutlich würde ich lachen, sie in den Arm nehmen, mich für ihre gute Absicht bedanken und ihr sagen, sie solle sich über mich keine Sorgen machen. Letztere schien sie sich jedoch in ihrem Leben öfter gemacht zu haben. In dem Wort Fürsorge steckt auch die Sorge. Ein zu viel dieses, dem Wohl anderer untergeordneten Verhaltens, kann auch zur Selbstlosigkeit führen. Man ist sich dann selbst los. Gottlob spüre ich im Moment auf allerfeinste Art und Weise einen ausgesprochen guten Draht zu mir selbst. Ein kostbarer Augenblick, der im Alltag des Lebens immer wieder erarbeitet werden will und sich nicht ohne weiteres von selbst einstellt. Genauso plötzlich, wie ich in solch philosophischen Gedankengänge eingestiegen bin, werde ich wieder herausgerissen. Der Waldpfad trifft unmittelbar auf einen Schotterweg. Ich orientiere mich nach links und sehe einen einheimischen Mann mittleren Alters, der sich seiner Post widmet, die er soeben dem Briefkasten an der Straße entnommen hat. In Norwegen, zumindest auf meinem bisherigen Weg, fällt mir immer wieder auf, dass die Briefkästen sich nicht wie bei uns direkt am Hause befinden, sondern am Straßenrand stehen. Die Postboten haben es dann einfach, Briefsendungen für mehrere Haushalte an einer Stelle zu verteilen. Ich grüße den Mann freundlich, habe ich doch seit nunmehr über drei Stunden keine Menschen mehr gesehen. Dieser hier schaut aber eher missmutig drein. Er blickt mich grußlos an und widmet sich wieder seiner Post. Etwas enttäuscht über seine Reaktion sage ich mir später: »Unter den vielen liebenswerten Menschen, die du bisher getroffen hast, darf einer auch mal nicht gut gelaunt sein!« Nach einigen Hundert Metern ansteigenden Weg erreiche ich den höchsten Punkt und werde mit einer traumhaften Aussicht belohnt. Begeistert mache ich Aufnahmen von dem sanft geschwungenen Tal, durch das sich der Fluss *Lager* schlängelt.

Ich stelle meinen Rucksack auf einem kleinen Holztisch am Wegrand ab. Unbekannte haben eine Vase mit Wildblumen darauf gestellt. Eine sehr sympathische Geste für Wanderer. Einige Minuten der Stille werden von einem Lieferwagen unterbrochen, der ausgerechnet an dieser Stelle hält. Ein junger Mann steigt aus und kommt freundlich lächelnd auf mich zu. »My name is Eyland«, so verstehe ich ihn jedenfalls. Oder heißt er vielleicht Allen? Egal, wir kommen in ein nettes Gespräch. Stolz erzählt er, sein eigener Boss zu sein und in der Gegend »goods« an die Leute zu liefern. Seine Fragen bezüglich meiner Person, meinem Vorhaben etc. beantworte ich mittlerweile locker und souverän. Es mutet fast so an, als habe ich diesen Teil meiner Vita wie Vokabeln auswendig gelernt. Eyland/Allen lässt sich von mir fotografieren und willigt auch ein, dass ich sein Foto für mein Buch verwenden dürfe. Ein sehr sympathischer junger Mann.

## The Ice-Cream-Lady

Wieder alleine auf dem Weg. Dieser kurze menschliche Kontakt prägt meine Stimmung positiv. Es ist Mittagszeit, die Sonne strahlt, was das Zeug hält. Zugleich weht ein kräftiger erfrischender Wind. In meditativer Stimmung marschiere ich auf einem langen Stück Schotterweg. Meine Zunge klebt am Gaumen und ich lösche meinen Durst mit einigen Schlucken Wasser aus meiner Flasche, die ich am Beckengurt stets griffbereit befestigt habe. Als ich an einem Haus mit einem fast mannshohen Zaun vorbeikomme, sehe ich dahinter von Weitem eine Frau auffällig gestikulierend auf mich zukommen. Ich bin zunächst irritiert und vermute im ersten Augenblick eine kritische Situation. Bin ich etwa auf ihrem Grundstück oder was? Die Frau kommt näher, winkt mir zu. Sie hat etwas in der Hand, das ich zunächst nicht zu erkennen vermag. Sekunden später überreicht sie mir freudig ein Fruchteis am Stiel. »It's for pilgrims«, erklärt sie mir mit einem Dauerstrahlen im Gesicht. Ich muss jetzt herzhaft lachen über meine abstruse Vorannahme. Wir kommen sofort in ein Gespräch. Anita, so ihr Name, nennt sich stolz »The Ice-Cream-Lady«. Jeder Pilger, den sie an ihrem Haus vorbeikommen sieht, erhalte von ihr ein Eis. »In dieser Saison habe ich bereits 97 Portionen verschenkt«, erzählt sie begeistert, während dessen sich ihr Mann zu uns gesellt. Sichtlich gerührt über diese unerwartete Spende schlecke ich das Fruchteis. Wir kommen in einen längeren, heiteren und ausgelassenen Talk. Stolz und voller Begeisterung zeigt sie mir ihre Nacktkatze. So einen befremdlich wirkenden Zimmertiger habe ich noch nicht gesehen. Sie findet das Kätzchen jedenfalls entzückend. Eine Viertelstunde später heißt es wieder Abschied nehmen. Vor mir liegt noch eine lange gerade Schotterstraße. Dieser, die Augen nicht gerade verwöhnende Anblick, steht in einem reizvollen Gegensatz zu der sich links und rechts von der Straße erstreckenden malerischen Landschaft. Ab und zu komme ich an einem Haus vorbei. Solche einzelnen, zumeist weit auseinander stehenden Häuser bilden in Norwegen ein Dorf. Für einen Saarländer wie mich, der darunter etwas ganz anderes versteht, eine völlig neue Erfahrung. Normal ist für mich mittlerweile die Erfahrung, dass es auf dem Weg zumeist nur kurze Zeit über eine ebene Strecke geht. Jetzt steht mir ein längerer Weg ins Tal bevor. In der Ferne bemerke ich eine Person, die anscheinend mehrere Taschen die steile Straße hochträgt. Es scheint eine Frau zu sein. Wenig später kann ich eine zierliche Asiatin ausmachen. Sie lächelt mich an, unterbricht ihren Weg und kurz darauf bin ich erneut in einem Gespräch. »Ich telefoniere gerade mit meiner Mutter in Thailand, willst du sie kurz begrüßen?« und hält mir unvermittelt ihr Handy vors Gesicht. So komme ich zu einem wahrhaftigen Ferngespräch. Lin, eine Thailänderin, erzählt mir, sie sei mit einem Norweger verheiratet und fühle sich hier sehr wohl. Neugierig stellt sie mir etliche Fragen, die mir mittlerweile sehr bekannt sind. Zum Schluss erbittet sie sich meine Mail-Adresse und erlaubt mir, ein paar Fotos von ihr zu machen. »Have a nice trip«, sagt sie lächelnd zum Abschied und geht weiter mit ihren Taschen den steilen Berg hinauf. Nach einer anstrengenden Viertelstunde erreiche ich im Tal das kleine Dorf Brottum und laufe sofort zu einem kleinen Supermarkt am Straßenrand. In diesem Moment stelle ich mir die Frage, warum Lin, die Thailänderin, wohl gut zwei Kilometer zu Fuß in dieses Geschäft gegangen ist, um danach schwer beladen den steilen Rückweg anzutreten. Hat sie etwa keinen Führerschein? Gibt es ein Fahrverbot für sie seitens ihres Mannes? Wieso lässt er sie solche Großeinkäufe zu Fuß machen? Ich werde es nie erfahren, aber interessiert hätte es mich schon. Im Geschäft ist es angenehm kühl. Ich kaufe Lebensmittel ein. An der Kasse spricht mich der Geschäftsführer auf Deutsch an. Auch er ist sehr neugierig und wird von mir auf Deutsch – ach, ist das angenehm, ausführlich informiert. Wenig später wandere ich weiter in Richtung Hof Maehlum. Der Wegweiser führt direkt durch das Gelände des Anwesens, aber im großen Innenhof erkenne ich keine weiteren Hinweise. Als ich drauf und dran bin, den falschen Weg durch eine Kuhweide zu nehmen, höre ich eine laute männliche Stimme. Es ist Gunnar, der Hofbesitzer, ein sehr rüstiger und überaus netter Mann, vielleicht um die 70 Jahre alt. »Heute hast du deinen absoluten Kommunikationstag«, sage ich mir. Und erneut habe ich eine helle Freude an der überaus abwechslungsreichen und interessanten Unterhaltung. Gunnar erzählt mir, er habe den Hof an seinen Nachwuchs übergeben, arbeite jedoch noch gerne mit; gleich werde er im Gelände einige Sträucher absägen. Beeindruckt von dem rüstigen Nordmann und seinen Geschichten muss ich mich zum Aufbruch regelrecht zwingen. Um all die Erlebnisse der beiden letzten Stunden nicht zu vergessen, setze ich mich auf eine Schaukel, die an einer mächtigen Kiefer am Wegrand befestigt ist, und notiere meine aktuellen Eindrücke.

## Braunbär-Attacke in rosa Hotpants

Die letzten Kilometer bis zur nächsten Herberge verlaufen durch Wiesen-und Waldgebiete. Der Weg ist teils steinig und von zahllosen Baumwurzeln durchzogen. Ich gehe daher mit äußerster Vorsicht voran. Ein verstauchter Fuß wäre das Letzte, was ich jetzt gebrauchen könnte. Links des Weges fällt mir eine Infotafel ins Auge. Auf Norwegisch steht dort etwas über Hasen. Nicht dass ich die Informationen lesen, geschweige denn verstehen könnte.

Die Zeichnung eines Hasen verschafft mir die nötige Klarheit. Etwa alle 50 Meter entdecke ich ein neues Schild, auf der jeweils heimische Tiere und Pflanzen inklusive Fotos abgebildet sind. Schließlich scannt mein neugieriges Auge auch ein Bärenfoto. Augenblicklich ist meine gelassene Pilgerhaltung dahin. Aus dem Text interpretiere ich, dass diese possierlichen Tierchen sich in den norwegischen Wäldern wohl zu fühlen scheinen. Jedenfalls bin ich von jetzt auf gleich im dezenten *Muffensausen-Modus.* Auf den verbleibenden tausend Metern schaue ich mich immer wieder um. Mein Erregungszustand ist jetzt tendenziell überlebensorientiert. Mit meinem angelesenen *Bärenwissen* versuche ich mich zu beruhigen. Bären sind doch sehr scheue Tiere. Sie fressen gerne sehr viel Pflanzliches. Waldfrüchte und sonstige Proteine gibt es für die norwegischen Balus in dieser Jahreszeit doch überreichlich. Außerdem dürfte dieser, ach so informative Wanderweg, wohl schon öfter ganz gefahrlos von dem Erholung suchenden *Homo Sapiens* durchwandert worden sein. Meine mentale Tierdokumentations-Sendung wird unterbrochen durch ein kleines Schild mit dem ungewöhnlich präzisen Hinweis: »Johannisgarden 0,840 km«. Zu Dokumentationszwecken zücke ich meine Kamera, um diesen historischen Schnappschuss einzufangen. Plötzlich, hinter mir schnelle Schritte und verdächtiges lautes Ästeknacken. Meine Ohren leiten das Signal in Millisekunden in meinen Korpus mit der Folge, dass ich meine Trekkingsstöcke fallen lasse, mein rechter Zeigefinger am Auslöser der Kamera einfriert und ich mich blitzartig in Richtung des vermuteten hungrigen Bären umdrehe. Tatsächlich: Eine hübsche, schlanke »junge Bärin« in rosa Hotpants und weißem T-Shirt läuft lächelnd und grüßend an mir vorbei. Tiefes Durchatmen beim alten Gregorianer. Mein *Adrenalingletscher* schmilzt schnell dahin wie Eis in der Sonne. »So schön können Bären sein – dabei sehr freundlich und zugleich völlig ungefährlich«, flachse ich mich an. Mit einem wiederbelebten Gefühl unendlicher Erleichterung spreche ich die junge Frau reflexartig an und stelle ihr die saudumme Frage nach dem Weg. Sie stoppt kurz, antwortet mir höflich »not so far« und setzt ihren Lauf fort. Auch ich gebe auf den letzten 800 Metern wieder Gas. Dabei bemerkte ich, wie meine Kondition sich mittlerweile im maisgelben Bereich bewegt. Zu allem Übel wird der steile und steinige Weg immer beschwerlicher. Mein Schnaufen gleicht mittlerweile dem monotonen Getriebelärm des mir in angenehmer Erinnerung gebliebenen Schaufelraddampfers *Skibladner*. Zur Freude meiner Augen entdecke ich endlich die Herberge *Johannesgarden*. Ich läute an der Tür. Kurz darauf öffnet eine ältere Frau. Sie begrüßt mich herzlich und bittet mich hinein. Kari zeigt mir die Räumlichkeiten. Alles ist geschmackvoll eingerichtet. In der großzügig eingerichteten Küche stehen diverse Lebensmittel zum Kauf. Die Preise sind, gemessen an norwegischen Verhältnissen, recht zivil. Kari weist mir ein 3-Bett-Zimmer zu. Ich zahle ihr 280 *NOK* für die Übernachtung. Sie verabschiedet sich und geht in das Nebenhaus. Am nächsten Tag treffe ich meine Gastgeberin nicht mehr an. Sie ist wohl am Vortag weggefahren, während ich mit Birgit telefonierte. Die Dusche am späten Nachmittag ist ein sinnliches Großereignis, da nicht an jeder Unterkunft vorhanden. Danach brühe ich mir einen Kaffee, er ist übrigens hier kostenlos, und esse dazu ein Brötchen, das sich beim ersten Bissen als Kaffeeteilchen entpuppt. Gegen 20:00 Uhr schaue ich durchs Fenster und sehe Lisa, eine Pilgerin, die ich von früheren Etappen bereits kenne, den Weg hinaufkommen. Sie scheint wohl heute den Komfort eines Herbergsbettes ihrem Zelt vorzuziehen. Nach anfänglich zögerlichem Beginn führen wir beide ein längeres, sehr interessantes Gespräch über Beruf, Lebensziele, Reisen, Rauchen aufgeben etc. Dabei wird mir Lisa mehr und mehr als eine sehr feinfühlige 28-jährige junge Frau erkennbar. Anfangs hatte ich sie eher als abgefahren, freaky und wenig kommunikativ empfunden. »Vorurteile sind änderbar«, lautet mein Fazit des Abends. In meinem Zimmer lade ich, dank eines schnellen WLAN meine Bilddateien hoch und lege mich gegen 23:00 Uhr schlafen.

*Unterkünfte und Herbergen sind abwechslungsreich …*

*... und auf ihre Weise »First Class«*

## Freitag, 7. Juli 2017

Frühmorgens breche ich bei bewölktem Wetter in Richtung Lillehammer auf. Fast der gesamte Weg führt wieder über Asphalt, was mir nicht behagt. Erfreulich dagegen die gute Ausschilderung. Demzufolge kommt mir häufig mein Mantra, »Danke, Olav!«, über die Lippen. Ein weiteres Schild informiert mich über eine sich in der Nähe befindliche historische Olavsquelle. Derer scheint es mehrere zu geben. Ob der alte Wikinger gerne Quellwasser getrunken hat, wage ich zu bezweifeln. Womöglich war er eher dem Feuerwasser zugetan, in diesem Falle dem Met. In der Nähe besagten Brunnens sehe ich von weitem eine Person, die ich zunächst für einen Pilger halte. Erst nachdem ich den alten, hoch gewachsenen schlanken Mann fast eingeholt habe, sehe ich, dass er anscheinend seinen Morgenspaziergang macht. Auch mit ihm wechsle ich im Vorbeigehen einige freundliche Worte. Nach mehreren Hundert Metern biege ich nach links ab und folge, entgegen der Wegempfehlung meines Reiseführers dem *OWZ*. Die Entscheidung habe ich nicht bereut. Auf dem Weg über schäfchenweichen Waldboden und anschließend quer durch Getreidefelder können sich meine Füße gut erholen. Auch die in meinem Guide beschriebene Nässe erweist sich als Fehlanzeige. Kurz vor Erreichen der Hauptstraße kommt mir ein BMW entgegen. Der Fahrer hält an, lässt die Seitenscheibe runter und spricht mich unmittelbar auf mein Wanderziel an. Der Herr in den Fünfzigern ist sehr gesprächig und neugierig. »Ich habe unten am See ein Chalet, dessen Dach heute von einem Handwerker repariert wird. Daher muss ich manchmal hin- und herfahren, um neues oder vergessenes Material zu holen«, informiert er mich detailliert. »Jedes Wochenende fahre ich an den See«, erzählt er weiter. Als er mich als Deutschen identifiziert hat, bringt er das Gespräch auf die politische Situation. Von unserer Bundeskanzlerin scheint er eine gute Meinung zu haben. Abschließend gibt er mir noch lächelnd die

Erlaubnis, ein Foto von ihm zur Veröffentlichung in meinem Buch machen zu dürfen. Wiederum eine überaus angenehme und amüsante Unterhaltung, die meine gute Stimmung unterstützt. Kurz vor der Stadt mache ich noch eine kleine Pause. Innerlich fühle ich mich heute noch ruhiger und gelassener. Meine Herberge habe ich vorsichtshalber bereits gebucht. Das Domizil hat den interessanten Namen *Overgaard Overnatting*. Bereits zur Mittagszeit erreiche ich die Stadt. Rechts oben an einem großen Waldhang sehe ich in einer Schneise die berühmte Olympiaschanze. An der Kirche mache ich mit dem Selbstauslöser ein Foto von mir an einem typischen Kilometerstein. Nur noch »417 km til Nidaros«. Eine solche, in Stein gemeißelte Information, bringt mich schlagartig wieder ins Nachdenken. Mir wird vor Augen geführt, gerade mal ein Drittel der Gesamtstrecke hinter mich gebracht zu haben. »Immerhin wirst du auf dem nächsten Stein eine 3 als erste Ziffer lesen können«, salbe ich gedanklich meine Seele und die Sohlen meiner Füße. Bevor ich in die Lillehammer-Kirche, ihre Türen sind erfreulicherweise geöffnet, gehen kann, kommt mir aus dem Hauptportal eine Trauergemeinde entgegen. Mit diesem Kontrastprogramm habe ich nicht gerechnet und beobachte aus angemessener Entfernung die Hinterbliebenen, die hinter einem weißen Sarg hergehen. Darin liegt eindeutig ein Erwachsener. Bislang habe ich noch nie einen weißen Sarg für Erwachsene gesehen. Als ich später die Kirche besichtigen will, ist die Eingangstür bereits abgesperrt. Meine Frage nach dem Warum bleibt auch dieses Mal unbeantwortet. Also mache ich mich auf den Weg in die Innenstadt. Nicht lange alleine, denn bald spricht mich ein hoch aufgeschossener, sportlich anmutender Mann in meinem Alter an. Wieder ein Gespräch. Wieder ähnliche Inhalte wie bei den vorangegangenen. Der hilfsbereite Hüne bietet mir sofort an, mir den Weg zu meinem Quartier zu zeigen. Unterwegs erfahre ich viel über seine zahlreichen beruflichen Engagements. »Ich muss hier noch Geld wechseln«, unterbreche ich ihn etwas verlegen. Keine zwei Minuten später zeigt er mir den nächsten Geldautomaten und besorgt mir zusätzlich in einem Hotel einen Stadtplan. Seine umfängliche Hilfsbereitschaft beeindruckt mich sehr und rührt mich regelrecht an. Zum Abschied wünscht er mir »have a nice trip« und zeigt mir noch die Straße, an deren Ende ich später auch mein Quartier entdecke. Ich bin eine Stunde früher dort als abgesprochen. Auf mein Läuten und Klopfen antwortet niemand. Daher mache ich es mir vor der Haustür auf einem Stuhl gemütlich. Gerade will ich die Zeit mit Tagebuchaufzeichnungen beginnen, als eine junge Frau erscheint und mich bittet, mit ihr hinter das Haus zu gehen. »Ich komme aus Bosnien«, eröffnet sie mir ungefragt und stellt mich wenig später der Besitzerin der Herberge vor. Die Dame zeigt mir freundlich die Zimmer und andere Räumlichkeiten. Von der Begehung bin ich etwas enttäuscht. Das Haus, ca. 150 Jahre alt, wirkt doch ziemlich verwohnt und der Komfort ist eher spartanisch. Dafür sind die 395 *NOK*, für Übernachtung ohne Frühstück, die ich ihr sofort zahle, allerdings etwas ambitioniert. »Hauptsache du hast für heute Nacht ein Dach über dem Kopf«, versuche ich mich aufzumuntern. Nachdem ich Bettina angerufen habe, kommt bei mir richtige Vorfreude auf. 20 Minuten später treffe ich sie bereits am alten Marktplatz. Wir umarmen uns herzlich. Hocherfreut registriere ich, wie sie mir bereits einen »Tee to go« organisiert hat. Minuten später kommt Ariane hinzu. »Ik will heute uff jeden Fall ins Kunstmuseum jehn«, eröffnet sie uns im O-Text Berlin. Nach Kunst steht mir im Moment allerdings nicht der Sinn. Daher entschließe ich mich spontan, Bettinas Vorschlag, das Freilichtmuseum *Maihaugen* zu besichtigen, anzunehmen. Obwohl wir bis zur Schließung nur noch etwas mehr als eine Stunde Zeit haben, knöpft uns ein junger Mann an der Kasse den vollen Betrag von 170 *NOK* ab. »Für Pilger haben wir keine Ermäßigung vorgesehen«, beantwortet er Bettinas Frage nach einem Rabatt. Ungeachtet dieses strammen Eintrittspreises werden wir mit dem wunderschönen Nachbau eines alten Stadtpanoramas versöhnt. In mehrhundertjährigen originalen Holzhäusern können wir deren Innenleben ausführlich betrachten. Zusätzlich sind in einem

Bereich Häuser aus mehreren Epochen des letzten Jahrhunderts aufgebaut. Diese sind komplett mit den jeweiligen Einrichtungen und Haushaltsgegenständen ausgerüstet. Auch eine alte Schule und ein Bauernhof mit lebenden Schweinen im Stall werden uns präsentiert. Im Museumsshop kaufe ich für mein Herzblatt einen lustigen Schal mit lila Elchen.

Zwei Mägen namens Bettina und Harry machen uns, laut vernehmbar knurrend, auf akuten Nahrungsnotstand aufmerksam. Insofern vereinbaren wir telefonisch mit Ariane einen Lokaltermin. Unsere auserwählte Gaststätte nennt sich schlicht und ergreifend »Heim« und ist urig eingerichtet. Wir setzen uns in eine gemütliche Ecke und klönen über unsere Erfahrungen der vergangenen Tage. Als nach über dreißig Minuten noch kein Kellner uns nach unseren Wünschen befragt hat, gehe ich an die große Theke

*Vier Pilgerfreunde*

und frage einen ausgesprochen coolen jungen Barkeeper. Mit sonorer Stimme und lustigen theatralischen Gesten weist er mich darauf hin, dass wir unsere Bestellung bei ihm aufgeben können. Hier in Norwegen herrschen diesbezüglich englische Verhältnisse. Wenn die Gäste etwas essen oder trinken wollen, müssen sie zuerst ins Laufen kommen. Wir beschließen, es uns heute kulinarisch mal richtig gutgehen zu lassen. Dazu ist eine konsequente Preisignoranz zwingend erforderlich. Ein Bier, 0,5 l (82 *NOK*) sowie ein Boeuf Bourguignon (195 *NOK*) wirken wie Schrotkugeln in meine Urlaubskasse. Ungeachtet solch gesalzener Preise lautet unser gemeinsames Fazit: »Es hat hervorragend geschmeckt.« Der thematisch tätowierte Theker hat Gäste und Theke souverän in der Hand. Im Minutentakt haut er einen lockeren Spruch raus. Selbst den Zahlungsvorgang gestaltet er zu einem kleinen Event. Der Bursche gefällt mir. Auf dem Heimweg kaufen wir unterwegs in einem *KIWI-Supermarkt* Vorräte für den morgigen Tag ein. Diese Märkte haben es mir irgendwie angetan. Sie sind in vielen Orten präsent und fallen mit ihrem frischen Grün-Anstrich sofort auf. Das Angebot entspricht in etwa den deutschen Standards. Die Preise sind für norwegische Verhältnisse relativ moderat, für deutsche etwas weniger. Bevor wir zu unseren Herbergen gehen, vereinbaren wir, morgen bei prognostiziertem Regenwetter ca. 25 Kilometer bis zum *Hof 04* zu gehen. Einen kleinen feuchten Vorgeschmack auf den angekündigten Wetterumschwung erhalte ich bereits auf dem Rückweg zu meinem Quartier. Die Qualität der Einrichtung mit ihrem tendenziellen *0-Prozent-Charme* erleichtert mir meine Entscheidung, morgen früh selbst unter monsunartigen Bedingungen weiter zu wåndern. Den ganzen Abend höre ich aus dem Nebenzimmer ungewollt die Gespräche eines Paares mit einem kleinen Kind sehr deutlich. Na dann, gute Nacht und morgen schnell auf die Piste. Zu guter Letzt bedeutet man mir am nächsten Morgen, keinen speziellen Stempel für meinen Pilgerpass zu haben. Passt schon. Auch ohne selbigen komme ich an meinem Zielort in Trondheim spielend durch die Passkontrolle.

Auch diese Nacht verbringe ich im Schlafmodus der Gerechten und wache erholt bereits um 6:00 Uhr auf. Kurze Zeit später höre ich aus dem Nebenzimmer eine Kinderstimme. Aus toilettentaktischen Gründen greife ich mir sofort meine Waschutensilien und sprinte ins einzige Etagenbad. Ich will vermeiden, dort eventuell anstehen zu müssen. Katzenwäsche ohne Haarwäsche sind angesichts einer nicht gerade hygienischen Duschkabine für mich das Gebot der Stunde. So kann ich dem schwarzen Schwamm, der mich aus den Fugen der Kacheln unverschämt angrinst, den Stinkefinger zeigen. Wieder zurück in meinem tristen Zimmer, studiere ich die anstehende Tagestour in meinem geliebten Weyer-Reiseführer. Meine Füße bestehen die Hufkontrolle ohne Beanstandung und dürfen folgerichtig in die Strümpfe, die ungewaschenen, schlüpfen. Ein Blick aus dem Fenster erspart mir heute die Sonnencreme. Trotzdem bin ich ob der Depri-Atmosphäre meiner Behausung vergrämt. Mein Kalorienverbrauch in der ersten Stunde nach dem Aufstehen ist bereits in vollem Gange. Dafür sorgt die nordische Zimmertemperatur. Mit einer auflodernden Sehnsucht nach einer angemessenen Esskultur zum Frühstück verdrücke ich auf meinem Bett sitzend meinen mittlerweile heiß geliebten Früchtejoghurt mit Jordbeeren von der Firma Tine. Erinnerungen an meine gute Freundin und Globetrotterin Tine kommen dabei auf. Assoziativ melden meine Synapsen deren vorzügliche und von mir heiß geliebte Linsensuppe und lassen heimatliche kulinarische Gefühle aufkommen. Apropos Joghurt: Auf den bisherigen Stationen meiner Reise ist es mir beim Einkauf zu einer lieben Gewohnheit geworden, mir einen Becher *Tine-Joghurt* zu kaufen und noch im Eingangsbereich des Supermarktes zu essen, besser gesagt, zu schlürfen. Ich

*Ponchofreuden* ▶

setze mich auf einen Stuhl neben der Lotto-Annahmestelle, die sich üblicherweise neben dem Ausgang befindet und betrachte die kaufwütigen Norweger bei ihren Beutezügen. Dieses mittlerweile zum Ritual gewordene Prozedere bedeutet für mich *Meditation by shopping*. Es ist genau 8:00 Uhr, als ich mich auf den Weg zu unserem Treffpunkt am *7-Eleven-Shop* in der City aufmache. Es regnet. Zum zweiten Mal kommt mein porscheroter Poncho zum Einsatz. Ziemlich ungewohnt, in einer Plastikhaut zu marschieren. Etwa 30 Minuten später erreiche ich unseren Treffpunkt. Der Laden hat bereits geöffnet. Erleichtert, unter der heruntergelassenen Markise einen schützenden Unterstand gefunden zu haben, warte ich auf meine beiden Damen. Lillehammer wirkt um diese Zeit wie ausgestorben. Lediglich einige Passanten laufen vorbei und kaufen sich in dem Store ihr Frühstück. »Die Nordleute scheinen von diesem miesen Wetter nicht beeindruckt zu sein«, denke ich mir beim Anblick der Passanten mit ihrem Sommeroutfit. Von Bettina erhalte ich eine *SMS*, man sei unterwegs. 15 Minuten zusätzliche Wartezeit bringen mich nicht aus der Fassung, lassen mich jedoch unter meiner roten Tarnkappe ordentlich ins Schwitzen kommen. Endlich sind sie da. Kurze Begrüßung und dann geht's los. Wir finden die ersten *OWZ* ohne Probleme. Ariane und Bettina wollen viele Pausen machen.

A wie Ariane: »… weil mein Fuß schmerzt« und B wie Bettina: »… weil ich keine Kondition habe.« Dazu kommentiert H wie Harald: »Eure Marschzahl bringt mir wenig Qual.« »Die 25 000 Meter bis zu unserem nächsten Ziel dürften somit in ca. acht Stunden zu erreichen sein«, rechne ich ihnen vor. Im Regen zu laufen macht, gelinde gesagt, unterirdischen Spaß. Unter meinem nahezu luftdicht abschließenden Poncho komme ich mir bald vor wie ein Rollschinken im Bratschlauch. »Das Teil schützt zwar von außen vor dem Regen, hält jedoch deinen Schweiß wie Bratensaft in den Kleidern«, lautet mein Fazit des ersten Streckenabschnitts. Dazu kommt noch das Gefühl, beim Gehen sich nur ziemlich unbeholfen fortbewegen zu können. Komplettiert wird die Mängelliste durch die Tatsache, dass ich den Poncho zuerst umständlich abstreifen muss, um an meine Essens-, respektive Trinkvorräte im Rucksack zu kommen. Infolgedessen trinke ich auf dem ganzen Weg deutlich weniger Wasser. Meine Kondition sinkt schon bald, jedoch nicht meine Stimmung und ebenso wenig die meiner beiden Weggefährtinnen. Unter dem schützenden Dach einer Autobahnbrücke der *E6* entschließen wir uns, eine Rast zu machen. Adriane entledigt sich kurzerhand ihrer nassen Klamotten und zieht sich nach diesem *50-Prozent-Blitz-Strip* ein trockenes T-Shirt an.

## Gestatten: Mein Name ist Thomas – Phan-Thomas

Wir essen noch eine Kleinigkeit und machen uns danach auf in die Duschkabine namens *Gudbrandsdalen*. Bei Sonnenschein ist die Region eine Traumkulisse. Augenblicklich hat sie den Charme einer Waschküche. Während der folgenden Kilometer lässt sich Ariane immer mal wieder zurückfallen oder widmet sich ausführlich fotografischen Aktivitäten. Merkwürdigerweise braucht sie stets nur kurze Zeit, uns wieder einzuholen. Anscheinend sind ihre Fußprobleme dann doch nicht so arg, wie sie angibt. Bald erreichen wir das in allen Reiseführern hoch gepriesene *Gudbrandsdalen* und damit eine deutlich veränderte Landschaft. Wir müssen öfter bergauf und bergab wandern. Der Fluss *Lågen* mäandert malerisch durch das Tal. Ich erkenne keine Hinweise auf menschengemachte Eingriffe in diese herrliche Landschaft. Tiefliegende Wolken im Tal mindern allerdings genau wie der starke Regen den optimalen Naturgenuss. Entsprechend hält sich meine Lust zu fotografieren in engen Grenzen. »Du kannst doch bisher nicht über das Wetter knurren«, unterbreche ich mein anspruchsvolles Gejammere. In der Tat – bislang hat der Wettergott uns treu zur Seite gestanden. Also gönnen wir ihm einfach mal einen Tag, mit seiner Gießkanne rumzuspielen. Ariane hat sich mit ihrer eigenen Trittfrequenz und Interessen mittlerweile von uns abgekoppelt. Gegen 15:30 Uhr erreichen Bettina und ich das *Nermo-Hotel* und beschließen, dort einzukehren und einen warmen Kakao sowie Cola zu trinken. Aus der kleinen Auszeit werden 1,5 Stunden Pause im schönen Foyer des Hotels. Für das aufmerksame und serviceorientierte Personal scheint es hier selbstverständlich, dass wir uns im Eingangsbereich umziehen und es uns auf den bequemen Sitzecken gemütlich machen. In Deutschland wohl kaum vorstellbar. Es dauert nicht lange, als Ariane durch die Tür kommt. Sie ist nicht alleine, sondern hat im Schlepptau einen überaus quirligen und sympathischen jungen Norweger. In perfektem Deutsch stellt er sich uns als »32-jähriger Thomas« vor. »Ich habe vor einiger Zeit in Heidelberg Philosophie und Griechisch studiert und bin jetzt auch auf dem Weg zum *Nidaros-Dom* in Trondheim«, erzählt er uns. Thomas präsentiert sich uns als ein hervorragender und ausgesprochen gut gelaunter Entertainer. Die Zeit vergeht wie im Fluge und unser aller Stimmung verdient sich wieder Bestnoten. Letztlich machen wir uns doch noch auf den Weg zu dem malerischen Hof *Skåden gård*. Bis dorthin sorgt unser norwegischer Entertainer für beste und durchaus niveauvolle Unterhaltung. Zudem zeigt er sich sehr rücksichtsvoll, gerade mir als dem eindeutig Gruppenältesten gegenüber. Locker und dynamisch bewältigt er das anspruchsvolle Gelände. Sobald er merkt, wie ich langsamer werde und mich sichtlich die Steigungen hochquäle, hält er an und wartet auf mich. Ungeachtet seiner fürsorglichen Haltung bin ich heilfroh, als wir um 19:30 Uhr unser Ziel erreichen. Eine ältere Dame begrüßt uns und gibt uns die nötigen Informationen zum Aufenthalt. Ich nutze die Gelegenheit, mir eine Packung Fischsuppe zu kaufen und bereite sie mir in der geräumigen Küche zu. Zusammen stillen wir unseren Hunger. Danach stürmen wir nacheinander die Duschen und lassen uns nahezu keimfrei, aber todmüde in die Betten fallen. Ich schlafe sofort ein.

## Sonntag, 9. Juli 2017

Es ist Sonntag und keiner merkt es. Ich wache nach einem erholsamen Schlaf bereits um 6:30 Uhr auf. Von meinen Wanderfreunden ist noch nichts zu sehen, geschweige denn zu hören. Daher nutze ich die Ruhe und schreibe in der Küche meine Eindrücke des gestrigen Tages auf. Beim Gedanken an unser nächstes Etappenziel bin ich mir sicher, dass wir vor 10:00 Uhr den Aufbruch nicht schaffen werden. Mich beunruhigt das in keiner Weise, da wir zum Campingplatz *Mageli* lediglich 15 Kilometer zu bewältigen haben. Für uns mittlerweile nur ein kurzer Spaziergang. Ich habe heute gute, vor allen Dingen nach wie vor

*Bilderbuch-Herberge Skåden gård*

blasenfreie Füße. Ich bin aber mal gespannt, wie sie am Ziel angesichts meiner feuchten Schuhe aussehen werden. Meine Enttäuschung über die Treter ist groß, zumal ich sie am Vortag intensiv eingefettet habe. »Hoffentlich gibt es keine Blasen«, murmelte ich mir selbst zu. Was betreffend meine Füße nur eine Befürchtung ist, spüre ich im Moment als schmerzhafte Realität in meinen Hüften. Als Erste-Hilfe-Maßnahme mache ich ausgiebige Dehnübungen. Meine Vermutung hinsichtlich unserer Abmarschzeit wird übertroffen. Um 10:00 Uhr frühstücken wir alle in der Küche und kommen erst gegen 11:00 Uhr in die Stiefel Richtung *Glomstad Gjestehus*, ein Hotel inklusive Herberge, im Reiseführer wärmstens angepriesen. Der Weg dorthin führt uns weitgehend durch dichten Wald über augenfreundliche schmale Pfade, deren weiche Bodenstruktur eine Wohltat für geplagte Fußsohlen darstellt. Unterwegs haben wir mehrere extreme Steigungen zu bewältigen, die mich bis an meine körperlichen Grenzen fordern. Eingedenk möglicher Unfälle bewege ich mich in dem teils stark abschüssigen Gelände betont vorsichtig. Die von unserer mittlerweile auf vier Personen angewachsene Wandergruppe als locker eingeschätzte Strecke von schlappen 15 km erweist sich für das *Dreierteam Deutschland* als ganz harter Brocken mit schlussendlich fantastischen Aussichten. Wir machen öfter Pause. Für Thomas scheint das Streckenprofil eher zum Aufwärmen. Jedenfalls hüpft er wie ein junger Gott über Berg und Tal. Dabei hat er noch genügend Luft, humorvoll über Gott und die Welt zu plaudern. Wir erfahren viele Details über Norwegen und die Norweger. An kniffligen Punkten der Strecke zeigt er sich in respektvoller Art und Weise hilfsbereit, ohne uns seine konditionelle Dominanz spüren zu lassen. Für mich ist er bereits jetzt eine echte Bereicherung meiner Tour. Am späten Nachmittag erreichen wir unser Ziel, ein sehr schönes, gemütliches Hotel. 450 *NOK* für die Übernachtung und ein schmerzhaft hoher Preis für ein Bier kostet uns der Luxus. Wir haben gut zu Abend gegessen und wollen morgen früh um 9:00 Uhr direkt nach dem Frühstück starten, gegebenenfalls bis zu dem 23 Kilometer entfernt gelegenen Ort *Ringebu*, vorausgesetzt, unsere Kondition lässt dies zu. Unser neuer Freund Thomas hat sich derweil entschlossen, etwas weiter unterhalb des Hotels zu zelten und will morgen wieder zu uns stoßen. Weg ist er.

## Montag, 10. Juli 2017

Drei Wochen, beginnend ab dem Heimatbahnhof Sankt Ingbert, bin ich nun bereits unterwegs. Auch letzte Nacht habe ich wieder sehr gut geschlafen. Allerdings zwickt mich zwischendurch das linke Knie- und Fußgelenk. Jetzt, um 7:00 Uhr, ist jedoch wieder alles O.K. Von meiner Frau habe ich eben eine liebevoll gehaltene *WhatsApp* erhalten, die mir gut getan und mich motiviert hat. »Den Weg nach Trondheim schaffe ich sicher!«, rede ich mir gut zu. Außerdem bin ich froh, nicht alleine gehen zu müssen. Vielleicht stößt auch Thomas wieder zu uns. Wir frühstücken um 8:00 Uhr. Zuvor creme ich noch meine Schuhe ein. Eine Stunde später geht's bereits weiter in Richtung *Ringebu*. Ich fühle mich wohl und fit. Wir finden das erste *OWZ* recht schnell. Die Route führt uns anfangs wieder durch sehr schöne Waldpfade ohne nennenswerte Steigungen oder Abstiege. An einer markanten Stelle warnt uns ein behördliches Hinweisschild, nicht über eine baufällige Steinbrücke zu gehen. Diese sei durch Hochwasser einsturzgefährdet. Ariane will jedoch keinen Umweg gehen und wählt die riskante Variante. Bettina und ich nehmen die sichere Strecke und gehen in Richtung *E6*. Dort angekommen, sehen wir in einiger Entfernung wieder Thomas. Ich freue mich sehr, mit ihm einen weiteren Tag wandern zu können. Bis kurz vor dem nächsten Ort müssen wir etwa zwei Kilometer direkt neben oder sogar auf dem Seitenstreifen der *E6* laufen. Das ist nicht ganz ungefährlich, da insbesondere der Luftsog vorbeifahrender Lastzüge nicht ohne ist. Zwei tote Vögel sind für uns ein weiterer Beweis für die Gefahr durch vorbeifahrende Autos. Wir gelangen jedoch ungefährdet an das nächste *OWZ* und wechseln wieder auf komfortable Waldwege. Unsere Füße und Gelenke danken es uns still und stumm. Mehrfach legen wir kleine Pausen ein und tauschen uns begeistert über Naturimpressionen aus. Zwischen Bettina, Thomas und mir herrscht eine sehr gute Chemie. Vor einem sehr schönen großen Haus rasten wir im Vorgarten auf einer Wiese. Als kurz darauf die Eigentümer mit ihrem Auto vorfahren, bitte ich sie um Wasser. Umgehend füllt der Mann uns mit einer selbstverständlichen Geste die Flaschen. Erneut entwickelt sich ein kurzes typisches Gespräch über unsere Wanderung. Thomas vermittelt im Verlauf der Konversation mit seinen muttersprachlichen Kenntnissen. Zu dritt führen wir unsere Wanderung weiter. Ariane geht anscheinend ihren persönlichen Weg. Wir wissen nicht, wo sie ist und welche Strecke sie nimmt. Etwa sechs Kilometer vor *Ringebu* treffen wir vor einem wunderschönen alten Gehöft eine etwa siebzigjährige, deutlich jünger aussehende Frau. Sie spricht ein recht gutes Deutsch und erzählt uns, früher in Stuttgart gelernt zu haben. »Damals habe ich bei einer deutschen Airline als Stewardess gearbeitet. Momentan schaue ich hier im Hof nach dem Rechten. Die Inhaber sind in Urlaub gefahren. Lediglich der 94-jährige Senior der Familie arbeite noch vor Ort«, erläutert sie uns. Wenige Minuten später sehen wir den rüstigen *Greis* leibhaftig auf einem Motorrasenmäher sitzend, ein großes Wiesengrundstück mähen. Von Elisabeth, der Hüterin des Anwesens, erfahren wir außerdem, dass sie derzeit Kulturreisen auch nach Frankreich anbietet. Unser gemeinsames Fazit: »Eine sehr sympathische außergewöhnliche Frau.« Wir verabschieden uns herzlich von ihr. Etwa eine Stunde nach unserem Aufbruch erhält Bettina eine Nachricht von Ariane und liest uns vor. Sie habe bis 12:00 Uhr auf uns gewartet und sei jetzt bei Elisabeth angekommen. Dort werde sie auch übernachten. Niemand von uns hat mit ihr eine Vereinbarung getroffen. Ihr momentanes Verhalten empfinde ich etwas merkwürdig. Die letzten, etwa 400 000 Zentimeter bis zu unserem Ziel in *Ringebu* fordern uns mehr, als gedacht. Immer wieder geht es in Serpentinen bergauf und bergab. Müde erreichen wir die berühmte ganz aus Holz gebaute Stabkirche im Ort. Da für morgen eine hohe Regenwahrscheinlichkeit angesagt ist, mache ich ein ausführliches Fotoshooting der außergewöhnlich schönen Kirche im Abendlicht. Anschließend beziehen Bettina, Thomas und ich unser vorbestelltes Quartier in der Pilgerherberge Gildesvollen. In dem umgebauten alten Schulhaus machen wir unsere Betten in einem großen Raum. Nach einer leckeren Tasse selbst gemachten Kaffees koche ich mir eine chinesische Fertigsuppe, vernasche ein Päckchen Erdnüsse und trinke eine Cola und ein Bier zu einem für hiesige Verhältnisse günstigen Preis. Bettina und Thomas besuchen andere Pilger im Haus nebenan, während ich mit Birgit telefoniere, mich dann dusche und meine Wäsche reinige. Danach mache ich eine Fährte in die Federn, Sofort-Koma inklusive.

## *Dienstag, 11. Juli 2017*

## Mixed-Pickles-Day

Letzte Nacht habe ich auf zwei übereinandergelegten Matratzen auf dem Boden verbracht und trotzdem noch relativ gut geschlafen. Notwendige Toilettengänge über zwei Etagen bis in den Keller habe ich mir durch die Nutzung meiner mittlerweile unter meinen Wanderfreunden zum Kultstatus mutierten *Kefirflasche* ersparen können. Die *Regen-Radar-App* prognostiziert für heute eine Regenwahrscheinlichkeit von 75 Prozent. Ein Blick aus dem Fenster bestätigt die Wettervorhersage mit einer durchgehenden grauen Wolkendecke. Bettina wacht auf. Thomas schlummert friedlich. Wir packen leise unsere Sachen und verabschieden uns von ihm. Sicherlich wird der uns einige Zeit später wieder einholen. Bettina und ich verspüren heute mental keine rechte Motivation. Wir entschließen uns zuerst die sehenswerte *Ringebu-Kirche* zu besichtigen. Pilger genießen dort freien Eintritt. Um 9:15 Uhr bevölkern bereits zahlreiche Besucher den Ort. Aus zwei Bussen strömen gerade italienische und französische Touristen. Ich bin sehr beeindruckt von dem schlichten und zugleich prunkvollen Kircheninneren. So gut wie alles besteht aus Holz. Wir machen zahlreiche Aufnahmen und besuchen im Anschluss den Prestegarden, ein repräsentativer alter Bau mit einer ausgesprochen schönen und anspruchsvollen Kunstausstellung. Die Exponate norwegischer Künstler finde ich einfach toll. Später gönnen Bettina und ich uns eine heiße Trinkschokolade und essen dazu Waffeln mit Fruchtmarmelade und Sahne, norwegisch *Römme* genannt. Wie wir beide so in einer bequemen Sitzecke unsere Leckereien genießen und den weiteren Weg besprechen, denken wir zum ersten Mal laut darüber nach, die Strecke bis *Vinstra* mit dem Bus oder dem Zug zu fahren. Fast eine Stunde lang überbieten wir uns mit zumeist albernen Argumenten und entwickeln dabei eine ausgesprochen intensive Abneigung gegen jegliche Form körperlicher Betätigung. Lediglich die kulinarisch verlockende Aussicht auf die Köstlichkeiten der berühmten und in diversen Guides empfohlenen *Bäckerei Hansen* in *Ringebus* Zentrum verleitet uns zu einem zögerlichen Gehversuch. Wir taufen den heutigen Tag *Mixed-Pickles-Day.* Dahinter verbirgt sich die Idee, anfangs ca. neun Kilometer gemütlich bis zum besagten Backwaren-Depot zu pilgern, uns dort süße kalorienreiche Leckereien zu gönnen und uns anschließend von der norwegischen Staatsbahn nach Vinstra kutschieren zu lassen. Gesagt getan, gnadenlos konsequent. Augenblicklich haussiert der Börsenkurs unserer *Launen-Aktien.* Bei Bäckerei Hansen angekommen, genehmigen wir uns üppig belegte Sandwiches, dazu Kaffee sowie

*Stabkirche in Ringebu*

zusätzlich heiße Schokolade und schlussendlich, sozusagen als Dessert, zwei süße Teilchen. Trotz einer solch magendehnenden Befüllung schaffen wir es später noch bis zum Bahnhof. Unterwegs kaufen wir in einem *Coop-Laden* Vorräte für die nächste Etappe. Im Geschäft treffen wir unvermittelt wieder unseren norwegischen Freund Thomas. »Ich werde heute noch bis zur Pilgerherberge *Sygard Grytting* laufen«, macht er uns eine beschämende Ansage und zieht weiter. »Bestimmt werden wir ihn in den nächsten Tagen wiedersehen – so geschieht es bislang immer wieder«, sage ich zu Bettina. Am Bahnhof in *Ringebu* angekommen, warten wir fast geschlagene zwei Stunden auf den nächsten Bus. Ich nutze die Zeit für meine Tagebuchnotizen. Ähnlich wie Bettina spüre ich heute einen mir bisher völlig undenkbaren Pilgerkoller. Die ständig zwischen Regenschauern und kurzen Sonnenperioden wechselnde Witterung interpretiere ich als *Zeichen der Natur* für meine *Null-Bock-Haltung* und das damit im Wechselspiel einhergehende schlechte Gewissen. In einem kräftezehrenden inneren Dialog wirft ein kritischer Teil in mir dem *Koller-Harry* Schwäche, Versagen, mangelndes Durchhaltevermögen und weiß Gott noch welche persönlichen Defizite vor. Mein anderer Teil gerät in die Defensive und kontert mit Argumenten wie: »Ein derartiger zwischenzeitlicher Koller stellt unter Pilgern ein altbekanntes Phänomen dar. Auch Hape Kerkeling, der in einem Buch seine berühmt gewordene Jakobsweg-Tour beschrieben hat, hat mehrmals seine Pilgerreise mit Bus- oder Bahnfahrten unterbrochen und damit sein Leiden gemildert. Selbst Olavsweg-Experten wie die Weyers oder der Pilgerpfarrer Lohse sind des Öfteren nur die Filetstücke des Weges gewandert.« »Alles faule Ausreden von Dir! Schäm Dich!« Diesen sonst nicht endenden Disput stoppe ich mit der Feststellung: »Hauptsache ist für mich, in Trondheim anzukommen, und zwar gesund und zufrieden.« Ganz durch bin ich mit der Nummer allerdings noch nicht. Um mich von meinem quälenden Selbstgespräch abzulenken, schreibe ich einigen Freunden und meinem Sohn Simon Wasserstandsmeldungen via *WhatsApp*. Simon fliegt heute zusammen mit seiner Freundin für eine Woche nach Island. Ich ertappe mich dabei, wie ich ihn beneide. Dabei unterschlage ich, dass ich mich ebenfalls in einer beneidenswerten Situation befinde. Meine Gedanken werden unmittelbar unterbrochen. Soeben ist ein Zug in den kleinen Bahnhof eingefahren. Einem spontanen Impuls folgend, überrede ich Bettina, statt des Busses die Bahn zu nehmen. Wir springen beide auf, laufen zu dem Gleis und erreichen auf den letzten Drücker den Zug. Kaum haben wir Platz genommen, bittet uns der Schaffner zur Kasse. 75 *NOK* für 26 km finden wir in diesem Moment noch ganz passabel. 20 Minuten später sind wir bereits in Vinstra, einer kleinen Stadt oder Dorf. Auf dem Bahnhofsgelände geraten wir in ein *Peer-Gynt-Festival,* das hier auf seinen Höhepunkt zusteuert. Mehrere Musikgruppen, zahlreiche Stände mit Essen und Getränken sowie ein hochaktives Kamerateam sind auf dem Platz präsent. Das laute Musikprogramm schlägt mir voll auf die Ohren. Ist dies eine der Folgewirkungen meiner Erfahrungen der Stille auf dem bisherigen Olavsweg? Verstoße ich momentan gegen mein mir selbst auferlegtes Prinzip, keine Musik zu hören? Dagegen kann ich mich ja wohl nicht wehren. Allerdings vermag ich den Trubel um mich herum im Moment nicht so entspannt zu genießen. Meine Gedanken kreisen vielmehr ums Weiterkommen. Welche Herberge können wir heute noch ansteuern und wie lang ist der Weg bis dorthin? In diesem Moment schiebt sich eine nette Norwegerin mitten in meine Gedanken. Sie verteilt an die Besucher kleine Schnittchen mit dem typisch braunen Norwegischen Karamelkäse hergestellt nach einem ursprünglichen Rezept von 1863 aus gebrannter Molke, 90 Prozent Kuhmilch und zehn Prozent Ziegenmilch. Irgendwie scheine ich wohl ihre Aufmerksamkeit geweckt zu haben. Sie eilt auf uns zu. und gibt Bettina und mir die restlichen drei Teile. Bettina ist von dem Käse nicht begeistert und so komme ich gegen 18:00 Uhr zu einer gediegenen wohlschmeckenden Zwischenmahlzeit.

## Nur eine Bettgeschichte

Nun gilt es nur noch, eine kuschelige Herberge zu finden. Bettinas Telefonoffensive ist kurze Zeit später erfolgreich. Allerdings hören wir, dass die unbewirtschaftete Hütte in etwa sechs Kilometern Entfernung oben auf einem Berg liege. Wir sagen dem Anbieter zunächst zu, entscheiden uns kurze Zeit später jedoch auf ein ca. ein Kilometer entfernt liegendes Motel. Bettina versteift sich dann sogar zu der Idee, dorthin ein Taxi zu nehmen. Nach kurzer

Diskussion entscheiden wir uns jedoch für den Fußweg. An einer breiten und uninspirierenden Straße mit etlichen nüchtern anmutenden Geschäften und Firmen erreichen wir kurz vor 20:00 Uhr unser Ziel. Unmittelbar vor dem Anwesen kommt ein Mann in Servicekleidung auf uns zu. Es ist ein Hotelangestellter. »Ihr wollt sicherlich übernachten«, spricht er uns in hellseherischer Art an. »Ich habe zwar gerade Feierabend gemacht, werde euch jedoch noch vorher unterbringen«, eröffnet er uns mit einem kundenfreundlichen Lächeln. In Sekundenschnelle einigen wir uns mit ihm über einen Sonderpreis (395 *NOK* incl. Frühstück). So unmittelbar, wie vor einigen Stunden Gevatter Frust sich unserer Seelen bemächtigt hatte, sind wir in diesem Moment wieder in einem Zustand höchster Euphorie. Lachend und scherzend checken wir ein. Auch hier hat die Magie des Olavsweges uns in letzter Minute Gutes getan. »Der Weg sorgt tatsächlich für uns«, denke ich mir, als ich unser Zimmer betrete. Selbiges ist funktional, aber doch ganz gemütlich eingerichtet. Als ich dann unsere Schlafstatt, ein typisches Doppelbett, sehe, beschleicht mich ein Gefühl der Verlegenheit. Bei allen meiner bisherigen Übernachtungen auf dem Weg hatte ich immer ein Einzelbett für mich gehabt. Diese Nacht werde ich aber in einer 1,60 mal 2 Meter großer Koje neben meiner von mir sehr geschätzten und – ich will es nicht verhehlen, überaus attraktiven Weggenossin Bettina verbringen. Möglicherweise wird sich nun ein Teil meiner geschätzten Leserschaft auf fantasievolle Gedankenverknüpfungen einlassen. Wie geht es weiter mit dem 65 Jahre alten Gregorius und der jungen, 32-jährigen Bettina? An dieser Stelle ist für den Autor dieser Zeilen Mut, Geradlinigkeit und schonungslose Offenheit angesagt. Erklärungen, Beschönigungen und sogenannte *Fake news* sind an dieser Stelle fehl am Platze. Jede Leserin, jeder Leser hat mit dem Kauf dieses Buches das uneingeschränkte Recht erworben, jetzt die ganze Wahrheit über die folgende Zeit bis kurz vor Mitternacht zu erfahren. So will ich es sofort hinter mich und Ihnen allen zur Kenntnis bringen:

Es ist, wie es ist, und kommt für uns beide spontan und überraschend! Nachdem wir unter die Decke gekrochen sind und kuschelige Daunen unsere Körper auf hautsympathische Temperatur gebracht haben, rocken wir in den folgenden etwa 90 Minuten total ab. Es kommt einfach über uns beide. Bettina eröffnet die Sause mit einer Liebeserklärung an das uns beide faszinierende zentrale Thema. Ihre geschickten Finger drücken Knöpfchen für Knöpfchen. Was sich dann in den folgenden Momenten jeweils abspielt, ist nur mit purer Begeisterung im Duett zu beschreiben. Übermütig wie zwei Teenager, überlassen wir uns der Symphonie der Emotionen und wiegen rhythmisch unsere Körper im berauschenden Sound. »Was für ein Wahnsinns-Feeling, und dann noch mit dem gleichen Spaßfaktor wie früher«, platzt es aus mir heraus. Das Schöne dabei ist: Bettina schwingt auf der gleichen Ebene der Begeisterung und lässt im Rausch ihrer Gefühle weitere Sequenzen folgen. Ich hätte nie gedacht, dass eine solch junge Frau ein so profundes Erfahrungswissen hat und dazu noch so begeisterungsfähig ist. Die Zeit vergeht wie im Fluge, bis Bettina ihr Smartphone abschaltet, auf dem sie die ganze Zeit Musikvideos aus den sechziger und siebziger Jahren aufgerufen hatte. Ein unvergessliches Wunschkonzert ist zu Ende. Müde aber glücklich wünschen wir uns noch einen guten Schlaf und tauchen Sekunden später ins Reich der Träume ab. Fazit: eine nach dem Jugendschutzgesetz ohne Altersbegrenzung zugelassene Veranstaltung für Jugendliche ab sechs Jahren. Der Vollständigkeit halber sei noch bemerkt, dass ich vor diesem ungeplanten Ereignis meine Frau mit etwas Herzklopfen angerufen und sie über die Besonderheit meiner heutigen Übernachtungssituation informiert habe. Ihre Gelassenheit am anderen Ende der Leitung hat dabei bei mir ein befreiendes und verbindendes Gefühl ausgelöst. So ist sie halt, meine Liebe.

## *Mittwoch, 12. Juli 2017*

Meine Augen öffnen sich gegen 6:00 Uhr. Die unmittelbar darauf folgende bewusste Gehirnaktivität führt mich zur Toilette und anschließend wieder für 20 Minuten ins Bett. Bettina hat auch gut geschlafen. Unser beider körperlicher und mentaler Fitnesszustand ist wieder ausgesprochen gut. Daher entschließen wir uns, auch bei diesem Pisswetter die nächsten 14 Kilometer bis zum Campingplatz Kirketeigen in *Kwam* zu laufen. Zuvor reflektieren wir den vergangenen Tag, an dem wir erstmals unseren Prinzipien untreu geworden sind. Ich rede hier ausschließlich über die Tatsache, dass wir uns aufgrund fehlender Motivation 26 Kilometer vom norwegischen Feuerross nach Vinstra tragen ließen. Unsere hungrigen Mägen erinnern uns jedoch an das Frühstück, so dass wir eine weitere Diskussion zu diesem Zeitpunkt nicht fortsetzen. Gegen 8:30 Uhr machen wir uns im Frühstücksraum über das überraschend reichhaltige Angebot hier. Während des Essens sind Bettina und ich so in das Gespräch vertieft, dass wir nicht merken, wie das Servicepersonal hinter unserem Rücken die Speisen und Getränke bereits abräumt. Als ich aufstehe, mir meinen Teller erneut zu füllen, traue ich meinen Augen nicht. Das Buffet ist bereits komplett weggeräumt. Als ich mich von meiner ersten Überraschung erholt habe, spreche ich eine Servicekraft auf diese Tatsache an. »Uns wurde gestern Abend gesagt, die Frühstückszeit sei von 8:00 bis 11:00 Uhr«, beschwere ich mich bei dem verdutzten Servicemann. Dieser gesteht ein, es sei uns wohl eine falsche Information gegeben worden. Er entschuldigt sich und bringt uns beiden nach einigen Minuten je einen Teller mit Bratkartoffeln, Spiegelei, Salat sowie noch sechs Scheiben Brot mit Marmelade und Butter. Nachdem ich diese wohlschmeckende Zugabe zum großen Teil vertilgt habe, schmiere ich mir noch einige Brote als Wegzehrung. So satt wie heute Morgen war ich auf meinem Trail noch nie gewesen.

Entsprechend schwer fällt mir der Aufbruch. Um 10:15 Uhr starten wir bei bewölktem Himmel. Meine Sorge, bei Regen wieder in meine knallrote Bratröhre, sprich Poncho, kriechen zu müssen, erweist sich mit jeder Stunde als unbegründet. Die Sonne gewinnt gegen Mittag die Oberhand über die Wolken. Wieder müssen wir einige Kilometer auf einer Landstraße laufen. Solche Strecken gehen uns verdammt in die Knochen. Von den norwegischen Autofahrern bin ich jedoch begeistert. Allesamt fahren sie in respektvollem Abstand an uns in ebenso angemessenem Tempo vorbei. Keiner reagiert aggressiv, keiner hupt, keine verärgerten Gesichter oder Gesten – nein! Wir werden sogar ab und zu von freundlich dreinblickenden Gesichtern hinter den Windschutzscheiben gegrüßt. Solch wertschätzende Gesten lösen bei mir freudige Emotionen aus. Ich fühle mich positiv wahrgenommen und geachtet. Entsprechend steigt meine Stimmung. Gedanklich vergleiche ich diese Erfahrung mit Reaktionen von Autofahrern in meinem Heimatland. Dort würde ich wohl häufiger *zwanzig-vor-vier-* oder *viertel-vor-drei-Gesichter* hinter den Lenkrädern erkennen verbunden mit stakkatohaftem Gehupe und abenteuerlichen zügigen Überholmanövern. Ganz zu schweigen von nur vermutbaren Kommentaren der Fahrzeuglenker. Fazit: »Sie tun einfach alles, um sie zu mögen, diese Norweger.«

Wir kommen gut voran und treffen kurz vor dem Örtchen *Kwam* wieder auf unseren vertrauten Pilgerweg. Immer mal wieder sehen wir alte typische *Stabburs* in der Wiesenlandschaft. Ich bin erleichtert, zwischenzeitlich die vertrauten Hinweisschilder mit dem charakteristischen Zeichen zu sehen und sage immer wieder: »Danke, Olav!« Einer Empfehlung meines Pilger-Reiseführers folgend, wandern wir ca. 650 Meter steil einen Berg hinauf, um die romantische und traumhaft gelegene Herberge *Ovre Kjaestad* zu erreichen. Obwohl wir nicht vorgebucht haben, sind wir guter Dinge. Keuchend und schwitzend stehen wir 20 Minuten später vor einem malerischen, großen zweigeschossigen Holzhaus, das von satten, frisch gemähten Wiesen und kleinen

*Stabburs* umgeben ist. Das Anwesen selbst wirkt menschenleer. Auf unser Rufen hin meldet sich niemand. Kurz darauf entdecke ich einen Schlüssel, der von außen in der Tür des Haupthauses steckt. Ich wage es, die Tür zu öffnen. Kein Mensch reagiert auf mein mehrfaches »Hallo«, und so traue ich mich hineinzugehen. Bettina folgt mir zögerlich. Als wir zaghaft das Haus inspizieren, geraten wir in Staunen und helle Begeisterung. Beste Ausstattung, geschmackvoll und hochwertig gestaltete Räume sowie mehrere Zimmer zum Übernachten. Als wir mehrere große weiße Säcke mit gebrauchten Handtüchern und Bettwäsche am Treppenaufgang entdecken, deuten wir dies als Relikte von eben abgereisten Gästen. Wir freuen uns schon wie die Schneeköni-

*Alter »Stabbur«, Vorratsspeicher der Norweger*

ge, in diesem Luxushaus für eine Nacht unsere müden Häupter betten und komfortabel relaxen zu können. Nachdem wir dieses unbeschreiblich schöne Gefühl etwa eine Viertelstunde genossen haben, ruft Bettina den Inhaber des Anwesens an. Während ich draußen auf der Terrasse den wahrlich traumhaften Ausblick auf das malerische *Gudbrandsdalen* und den sich dort schlängelnden Fluss *Lågen* mit allen Sinnen in mir aufnehme, überbringt mir Bettina die ernüchternde Nachricht: »Alle Betten sind für heute belegt.« Augenblicklich sinkt meine Stimmung unter den Gefrierpunkt. »Aus, der schöne Traum«, sage ich betrübt zu Bettina und sehe in ihren Augen ebenfalls eine große Enttäuschung. Wir brauchen jedoch für heute ein Dach über dem Kopf. Bettina ruft kurzerhand am Campingplatz *Kirketeigen* in *Kwam* an und erhält von dort sofort grünes Licht für eine Übernachtung. Unsere Stimmung hebt sich wieder etwas. Vor unserem Abstieg fotografiere ich mit Hingabe zahlreiche Details dieser beeindruckend schönen Herberge und die einmalige Aussicht auf das traumhaft schöne sonnendurchflutete *Gudbrandsdalen.* Anschließend geht es jedoch wieder 650 Meter steil bergab. Auch wenn die Schwerkraft uns dabei gute Dienste leistet, merken wir jeden Schritt in unseren Kniegelenken. Insofern sind wir nicht enttäuscht, wieder auf eine Landstraße zu treffen. Unterwegs machen wir Fotoshootings von unserer strammen Gangart und pushen so weiter unsere Stimmung in Richtung *Dur.* Wir finden den Campingplatz sofort. Es ist eine großzügig gestaltete Anlage mit vielen putzigen kleinen Holzhütten. An der Rezeption angekommen, lesen wir auf einem Schild, dass der Besitzer erst um 18:30 Uhr von einem Meeting zurückkommen wird. Gelassen nehmen wir dies hin und entlasten uns von unseren Rucksäcken. Es ist immer wieder ein kleines Glücksgefühl, sich augenblicklich um 17–19 Kilos erleichtern zu können. Eine entsprechende Diät, die Ähnliches zu leisten imstande ist, werde ich leider vergeblich suchen. Ungeachtet spüre ich mit einem gewissen Stolz, bereits einige Kilos auf dem Weg verloren zu haben. Und das bei täglicher Vollkost.

Der Campingplatz liegt mitten im Tal. Auf einer Bank sitzend raten wir, welche Hütte wir wohl zugeteilt bekommen. Minuten später bindet ein sonores Motorengeräusch unsere Aufmerksamkeit. Zwei schwarz gewandete Biker fahren mit ihren schweren Motorrädern auf den Platz. Ich bin beeindruckt von den Maschinen und den großen Taschen, die links und rechts am Heck der Maschinen befestigt sind. Diese Geräte sind wohl nicht einfach zu fahren und bedürfen vermutlich viel praktischer Erfahrung. Die beiden Männer grüßen uns knapp und machen kurze Zeit später

*Das Gudbrandsdalen – ein Erlebnis*

die gleiche Erfahrung wie wir an der Rezeption. Der eine regt sich über diese Tatsache recht heftig auf und flucht herum. »Wieso ist keiner dieser Typen hier? Dabei haben wir extra vorgebucht, und jetzt so ein Mist.« Als er sich schließlich nach einigen Minuten etwas abgeregt hat, suchen wir das Gespräch mit den beiden. Wir erfahren dabei, dass sie auf der Rückfahrt vom Nordkap seien und auf ihrer Reise insgesamt 14 Tage Regenwetter hinter sich hätten. Der deutlich sichtbare Frust des einen wird uns damit sofort verständlich. Der Gelassenere der beiden ruft den Campingplatz-Eig-

ner an und erfährt, dass die Schlüssel für die zahlreichen kleinen Hütten allesamt in einem Schlüsselkasten liegen, der unscheinbar an der Hauswand hängt. Somit sind wir die Nutznießer der Ungeduld unserer neuen Nachbarn und entnehmen je einen Schlüssel für eine Hütte. Heute Nacht wird wieder getrennt geschlafen. Mein kleines neues Reich ist mit Kühlschrank, Herdplatte und Mikrowellenherd gut und zweckmäßig ausgestattet. Nachdem wir uns alle in unseren neuen Unterkünften eingerichtet haben, unterhalten wir uns in der Abendsonne auf meiner kleinen Veranda mit unseren neuen Bekannten in angeregter und entspannter Form. Die beiden Biker sind waschechte Berliner, Banker im Ruhestand und begeisterte Motorradfahrer. Sie berichten uns detailliert über ihre bisherige regenreiche und anstrengende Fahrt, zahlreiche Staus und superteures Bier in schönster Gegend. Der anfangs gestresste Biker taut bei seinen Schilderungen richtig auf und spendiert zuerst Bettina und dann auch mir eine Dose Bier. »Morgen werden wir nach Oslo fahren und dann mit der Fähre nach Kiel übersetzen. Anschließend geht's weiter nach Berlin«, erzählt er uns. Beide wirken entsprechend etwas neidisch, als wir von den optimalen Witterungsbedingungen während unseres bisherigen Weges erzählen. Ungläubig und überrascht reagieren sie auf unser Vorhaben, mehr als 600 km Fußweg unter Volllast nach Trondheim laufen zu wollen. »Bullige Bikes den Bikern – beste Beine den Pilgern«, scherze ich lachend. Nach einer kleinen Pause gehen wir gemeinsam in den nächsten *KIWI-Supermarkt* und kaufen Lebensmittel für den kommenden Tag ein. Wieder in unseren Hütten, essen wir gemeinsam zu Abend und erzählen uns gegenseitig von unseren Reiseerfahrungen sowie über die Themen »Gott und die Welt, und was sich sonst noch alles im Orbit tut«. Nur mit Mühe kann ich mich später aufraffen, mein Tagebuch zu schreiben. Um 23:30 Uhr steige ich hundemüde in mein Körbchen. Das Geschirrspülen verschiebe ich auf den Morgen.

◀ *Kapelle – oder sonstwas?*

## Donnerstag, 13. Juli 2017

# Kwam, lass nach!

Um 6:30 Uhr beginnen meine Augen wieder, die Welt zu beobachten. Die 50 Meter zur Toilette sind etwas ungewohnt. Ich stelle fest, dass ich meine Haarbürste vergessen oder gar verloren habe. Nachher werde ich mir eine neue kaufen müssen. Zurück in meiner Hütte spüle ich zunächst das Geschirr vom Vorabend – diesmal nur mit kaltem Wasser. Spülmittel oder Geschirrtücher sind in den Hütten nicht vorhanden. Danach packe ich wie gewohnt und frühstücke zwei Scheiben Brot mit Salami und Früchtequark. Milch und eine Tasse heißen Zuckerwassers

*Eine von vielen Zauntreppen*

bilden notgedrungen meine flüssige Nahrung. Obwohl ich keinen großen Hunger verspüre, esse ich reichlich. Ich brauche die Kalorien für unsere nächste Etappe. Etwas später fotografiere ich meine bisherigen Tagebuchnotizen und speichere sie auf einer *SD-Karte*. Am heutigen Morgen spüre ich eine deutlich intensivere innere Gelassenheit und Ruhe beim Tun. Auf die heutige Etappe, die in meinem Reiseführer als schwierig beschrieben ist, bin ich sehr neugierig. Meine Füße laufen rund und die allgemeine Kondition ist gut. Kurze Zeit später kommt Bettina und frühstückt bei mir. Unsere beiden Berliner Biker verabschieden sich von uns und fahren auf ihren gigantischen Motorrädern langsam aus dem Gelände. Wir gehen zur Rezeption, zahlen unsere Übernachtungskosten und marschieren los. Was anschließend folgt, ist einzigartig, und zwar in jeder Hinsicht. Zunächst laufen wir eine relativ ebene Strecke, erreichen dann eine erste heftige kurze Steigung. Hier verlieren wir das *OWZ* aus den Augen. Glücklicherweise werden wir von einem Anwohner beobachtet. Vor seinem Haus stehend, winkt und pfeift er uns zu und zeigt mit einer deutlichen Geste nach rechts. Wir bedanken uns winkend, gehen eine kurze Strecke bergab und erkennen schließlich eine unscheinbare und tieferliegende Abzweigung mit einem ebenso tief und versteckt liegenden *OWZ*. Wieder einmal eine kleine, jedoch heftige Anstrengung. Am Ende eines schmalen Pfades erwartet uns die erste von mehreren Zauntreppen. Diese zu übersteigen, ist mit unserem sperrigen Equipment nicht ganz einfach. Eine kleine Unaufmerksamkeit und das Gleichgewicht ist dahin und man kann unangenehm stürzen. Es folgen ausgesprochen reizvolle Waldpassagen auf weichem Boden. Eine Wohltat für unsere Füße. Leider Gottes folgen kurz darauf steinige und schwer zu gehende Auf- und Ab-Passagen. Wir gehen langsam und vorsichtig voran. Dieses Mal freue ich mich sogar, wieder die *E6* zu sehen. Weniger erfreulich lauert ein erneuter, kilometerlanger Schotterweg am Rande der Autobahn. Nicht genug damit – richtig *nullschön* erweist sich nämlich die weitere Strecke bis hin zu unserem

Ziel, dem Campingplatz Varphaugen Gard. Etliche, extrem steile, nur in Trippelschritten zu bewältigende Etappen, lassen unsere Adrenalinspiegel nach oben und unsere Kondition nach unten fahren. Erstmalig habe ich etwas Angst auf diesen sehr schmalen Pfaden, die rechts von einer Felswand und links von einem Abgrund gesäumt sind, weiterzulaufen. Wir sind immer öfter gezwungen, kurze Erholungspausen zu machen. Dabei trinken wir jedes Mal etwas von unseren Wasservorräten, um bei Kräften zu bleiben. Der Pfad windet sich durch eine märchenhaft anmutende Waldlandschaft, in der zahllose, mehr oder minder große Felsen verstreut liegen. Die gesamte Szenerie weckt Fantasien, als hätten vor langer Zeit Riesentrolle diese Brocken als Streusalz verwendet. Quälende Nervenreize meiner Muskeln, Knie und Gelenke bei jedem Schritt setzen meinen *Herr-der-Ringe-Gedankenspielen* enge Grenzen. Zugleich ist permanent größte Vorsicht geboten. Jede kleine Träumerei könnte einen verrenkten Fuß oder gar einen lebensbedrohlichen Sturz den Abhang hinab zur Folge haben. Ich spüre, wie meine Kräfte immer weiter nachlassen. Ich sehne mich jetzt regelrecht danach, aus dieser *Grünen Hölle* endlich herauszukommen. Mental schwanke ich zwischen rebellieren und sich in die Realität fügen. Für diese Etappe habe ich nur den Slogan übrig: »Mein lieber Kwam, du quälst uns!« Mir fällt Lenes Kommentar vor einigen Tagen ein: »Die Strecke bei Kwam ist sehr schwer und nicht ungefährlich.« Wie recht sie hat. Endlich lichtet sich der Wald. Wir halten an einer Höhe an und lächeln uns mit einem Ausdruck unendlicher Erleichterung an. Wir haben den Campingplatz vor Augen. Das nahe Ziel setzt zusätzliche Kräfte frei und lässt uns Minuten später freudig und erleichtert durch den Eingang des Campingplatzes schnurstracks zur Rezeption gehen. Wir haben nicht reserviert. So erfahren wir von dem freundlichen und engagierten Mann an der Rezeption, alle Hütten seien belegt. Ratlosigkeit macht sich bei uns breit. Der Platzwart scheint dies zu merken und bietet uns nach längerer Überlegungszeit eines von drei Indianerzelten direkt unten an dem Fluss *Lågen* an.

Glücklich über diese Wendung willigen wir ein und machen uns in Richtung der Tipis auf. Von weitem erkennen wir die typische Form dieser Zelte. »Dann spielen wir heute eben Indianer«, sage ich lachend zu Bettina, die auch wieder nahe an ihrer emotionalen Bestform ist. Die drei Zelte sind unbewohnt. Je näher wir den Behausungen des *Roten Mannes* nachempfundenen Unterkünften kommen, umso mehr bemerken wir deren heruntergekommenen Zustand. Die Zeltwände im Inneren sind mit Schwarzschimmel übersät. Auf dem Boden liegen mehrere Holzpaletten, auf denen etliche altgediente Matratzen mit zahllosen Flecken unterschiedlicher Herkunft gestapelt sind. Angesichts dieser katastrophalen hygienischen Situation überkommt uns beide ein gewisser Ekel. Gekrönt wird dies noch durch einen muffigen kalten Geruch verbrannten Holzes. Unsere augenblickliche Stimmung nähert sich den niedrigen Außentemperaturen. Alles Klagen hilft jetzt nichts: »Heute werden wir hier übernachten«, sagt Bettina mit süß- saurem Gesichtsausdruck. Wir suchen uns die am wenigsten versifften Matratzen aus, und legen unsere Schlafsäcke darüber. Bettina entschließt sich, ihre Notfallfolie zusätzlich über die Matratze zu legen. Ich entscheide mich, ohne ein solches Ganzkörperkondom meinen schönen teuren Schlafsack auf dem Ekel-Schaumstoff auszubreiten. Als wir mit dem unappetitlichen Prozedere der Eingewöhnung fertig sind, eilen wir zum Haupthaus des Campingplatzes und wärmen im gut geheizten Speisesaal unsere kalten Knochen auf. Bettina ruft derweil bei der nächsten Herberge, dem *Jorundgard Middelaldersenter* an. Vergeblich. Niemand meldet sich dort – auch nach mehreren Anrufen. Schließlich schreibt Bettina einem ihr bekannten Pilger, Matthias, eine Nachricht. Von ihm erfahren wir, die besagte Herberge sei wegen eines drei Tage dauernden Musikfestivals komplett belegt. Auch zelten sei dort nicht mehr möglich. Diese Nachricht wiegt für uns so schwer wie 1 000 Frustkörnchen. Nach einigen weiteren Telefonaten, die Bettina mit Matthias führt, beschließen wir, morgen die neun Kilometer bis *Otta* zu laufen, um dann von dort den Bus oder

Zug nach *Dovre* zu nehmen. Total erleichtert sind wir, als Bettina von der Herberge Engelshus, die etwa vier Kilometer vor *Dovre* liegt, eine Übernachtungszusage erhält. Zudem gibt es dort eine Waschmaschine, Dusche und anderen Komfort. Ich telefoniere noch mit Birgit und schildere ihr den aktuellen Wasserstand. Mein Herzblatt reagiert mittlerweile auch darauf sehr gelassen. Unter den sich trotz alledem noch zum Positiven gewendeten Bedingungen beziehen wir unser Nachtlager in dem schon beschriebenen *5-Sterne-Indianer-Hotel.* Sehr schnell spüren wir körpernah, wie aufdringlich nahezu Null-Grad-Temperaturen uns an und unter die Wäsche gehen. Anlass für mich, in vollem Ornat inklusive Wollmütze und dicken Handschuhen in meinen Schlafsack zu kriechen und dort auf eine baldige Ankunft im Reich der Träume zu hoffen.

## *Freitag, 14. Juli 2017*

Die Nacht verlief wie befürchtet. Mehrfach werde ich wach. Sei es durch die Kälte oder weil ich von meinen vier übereinander gestapelten Matratzen rutsche. Entsprechend unausgeschlafen wache ich bereits um 6:30 Uhr auf. Als ich die Tipi-Tür öffne, lachen mich zu meiner übergroßen Freude zahllose neugierige Sonnenstrahlen an. Bettina schläft noch. Ich marschiere durch taufeuchtes Gras die 300 Meter bis zur Toilettenanlage. Auf dem Campingplatz herrscht noch absolute Ruhe. Unterwegs ziehe ich die würzig frische Luft wie früher die erste Zigarette am Morgen in meine Lungen. Ich spüre eine tief gehende innere Ruhe, die mir ausgesprochen wohl tut. Wieder zurück zum Tipi, sehe ich, wie Bettina mit Erfolg die Leistung ihres Solarpads ausprobiert. Wir plaudern für einige Minuten voller Ironie und gut gelaunt über unsere außerirdischen Erfahrungen in *Sitting Bull's Schlaflabor*. Bettina packt heute mit atemberaubender Geschwindigkeit. Ich gehe schon mal zur Rezeption, in der Absicht, mir im Gemeinschaftssaal des Campingplatzes einen guten Platz und einen heißen Kaffee zu sichern. Eintritt: Fehlanzeige. Die Tür ist verschlossen. So setze ich mich draußen in der Sonne auf eine Holzbank und notiere meine Erfahrungen des Vortages. Währenddessen erwacht um mich herum allmählich das Camper-Leben. Am Rande des Platzes bereiten einige Rafting-Leute ihre Boote und das Material vor. Plötzlich vernehme ich hinter mir deutschsprachige Stimmen. Ich gehe auf die beiden zu und begrüße sie. Martin und Maya sind auf ihrer Hochzeitsreise. »Wir wollen ab Otta den Olavsweg bis nach Trondheim laufen«, erklärt mir Martin lächelnd. Entspannt unterhalten wir uns eine Weile. Kurz darauf treffe ich auf meinem Erkundungsweg zu den Du-

*Eine Nacht in Sitting Bull's Schlaflabor*

schen zwei gestandene Männer mit außergewöhnlich dekorativen Hüten. Die beiden Hamburger Jungs stellen sich als Werner und Jens vor. Sie sind etwa in meinem Alter. Ich spüre sofort, dass sie mir sympathisch sind. Schnell sind wir im typischen Pilgergespräch. Bettina und später auch Martin und Maya gesellen sich zu uns. Werner informiert uns über die genaue Abfahrtszeit des Zuges von *Otta* nach *Dovre*. Mir fällt auf, dass die Zeiten für uns entweder zu knapp oder zu spät sind. Zudem haben Bettina und ich vor, von hier aus die neun Kilometer nach *Otta* zu laufen und dann den Zug nach *Dovre* zu nehmen. Als wir aber von unseren neuen Bekannten das Angebot erhalten, in dem von ihnen gecharterten Shuffle-Bus mitzufahren, sagen wir nach kurzer Überlegung zu. Als sich später herausstellt, dass der Bus nur maximal vier Personen inklusive Gepäck aufnehmen kann, spüren Bettina und ich unsere Enttäuschung. Bevor diese sich aber breitmachen kann, hat Jens bereits mit der Chefin des Campingplatzes gesprochen. Die ordert sofort einen größeren Bus, so dass auch wir mit nach *Otta* fahren können. Dieser sympathischen und hilfsbereiten Norwegerin hätte ich in diesem Moment die Füße küssen können. Ich bedanke mich herzlich bei ihr und bitte sie, ein Foto von ihr machen zu können. Sie willigt lächelnd ein. Zehn Minuten später fahren wir bestens gestimmt mit unseren vier neuen Mitpilgern in einem komfortablen Bus in Richtung *Otta*. Dort trennen sich unsere Wege wieder. Wir verabschieden uns so innig, als würden wir uns schon lange Zeit kennen. Unhörbar entfährt mir wieder ein »Danke, Olav!« Wie sich auch heute wieder die Dinge in einer außergewöhnlichen Weise zu unserem Ziel hin fügen, kommt mir langsam wie geheimnisvolle Magie vor. Aber was soll ich sagen: »Ich bin einfach froh, so auf diesem Weg getragen zu werden.« Ob das jetzt das besondere Geheimnis des Olavsweges ist, will ich mal noch offen lassen.

*Moschusochse im Bahnhof* ▶

## Herr Moschus – oder: Der Ochse im Bahnhof

Bettina und ich gönnen uns in einem schönen Café, norwegisch *»Olstad Kafe«*, nahe dem Bahnhof eine gemütliche Auszeit bei Kaffee und Limonade. Da wir noch 1,5 Stunden bis zur Abfahrt haben, planen wir die noch vor uns liegenden Strecken und Herberge-Stopps bis Trondheim durch. Im Bahnhof treffen wir ganz unvermittelt auf einen ausgesprochen friedlichen Moschusochsen. Er hat zwar sein irdisches Leben bereits hinter sich, wird in seinem ausgestopften Zustand jedoch wohl noch lange Zeit viele Bahnreisende überraschen. Der Zug kommt pünktlich. Beim Einsteigen mit Rucksack und Trekkingstöcken habe ich einige Probleme. Glücklicherweise ergattern wir zwei Sitzplätze in ei-

nem Abteil mit Platz für unser Gepäck. Im Gegensatz zur ersten Bahnfahrt plagen mich jetzt keinerlei Schuldgefühle. Schließlich können wir ja nichts dafür, dass wir an unserem geplanten Stopp keine Unterkunft gefunden haben. Außerdem wären etwas mehr als 40 km Wanderstrecke doch entschieden zu viel für uns beide. So genieße ich den Blick aus dem Fenster. Vor mir zieht bei strahlendem Sonnenschein eine wunderschöne Landschaft vorbei. Sie hat bereits einen *fjellartigen* Charakter angenommen. Der kleine Bahnhof in dem nahe gelegenen Ort *Dovre* macht einen eher unscheinbaren, aber ausgesprochen sympathischen Eindruck. Ein imposantes Schild mit der Info »hogd over havet 485

*Fast wie im Wilden Westen – Bahnhof in Dovre*

30 M« weckt unsere Aufmerksamkeit. Die in einem tiefen Braun gestrichene Holzkonstruktion in Verbindung mit zwei davor verlaufenden Gleissträngen sowie die hügelige Landschaft erinnern mich an einsame Bahnstationen in alten Karl May-Filmen. Bettina beendet meine sekundenlange *Old-Shatterhand-Träumerei* mit dem Kommentar: »Jetzt müssen wir uns Richtung Engelshus zurückorientieren.« Unmittelbar fällt mir ein weiterer Slogan für heute ein: »Olavsweg – einmal rückwärts.« Bettina sucht mit ihrem *GPS*-System nach dem richtigen Weg. Ungeachtet dieser technischen Hilfe vergessen wir jedoch beide, uns die auf dem Display angezeigte Strecke spiegelverkehrt vorzustellen Zunächst laufen wir gut einen Kilometer lang quer über ein Feld auf eine Straße zu. Unseren Fehler merken wir einige Zeit später durch einen erneuten Blick auf das *GPS*-Display. Ich schlage vor, denjenigen, den wir als Nächsten treffen, nach dem Weg zu fragen. Als hätte mich der heilige Olav erhört, sehe ich kurz darauf einen jungen Mann uns entgegenkommen. Noch streiten Bettina und ich, ob wir den Norweger nach dem Weg fragen sollen, aber ich setze mich durch. Schlussendlich gibt uns der Einheimische den richtigen Tipp. Wir müssen wieder bergauf in Richtung Bahngleise marschieren. Nach deren Überquerung gehen wir durch eine große gemähte Wiesenlandschaft. Am Ende derselben bremst uns jedoch ein etwa sieben Meter breites dichtes Brennnesselfeld, das sich mehr als hüfthoch links und rechts über mindestens 100 Meter ausbreitet. Einen weiteren Umweg will ich nicht auch noch laufen. So beginne ich sofort mit meinen Trekkingstöcken wie ein Berserker eine Bresche durch das Brennnesselgemüse zu schlagen. Bald verwehrt mir ein fast ein Meter hoher, im Dickicht versteckter Stacheldrahtzaun meine Verwüstungsaktivitäten. Nicht genug damit: Unmittelbar vor dem Zaun verläuft ein kleiner Wassergraben. Wie wir beide so verdutzt und ratlos vor dem zusätzlichen Hindernis stehen, entdecke ich auf dem Boden einen alten Sack aus stabilem weißen Kunststoff. »Mit dem decken wir den Stacheldraht ab und können dann gefahrlos über den Zaun

klettern«, erkläre ich Bettina meine ebenso spontane wie geniale Idee. Gesagt, getan. Vorsichtig schwinge ich mein rechtes Bein über das Hindernis. Erfreut stelle ich fest, dass der alte Sack für mich als seinen sportiven Namensvetter seine Funktion bestens erfüllt. Mein Hintern und mein bestes Teil bleiben unbeschädigt. Es dürfte wohl meiner Erleichterung und Freude über den bisherigen Erfolg geschuldet sein, dass ich mit dem linken Bein etwas zu schwungvoll übersetzen will. Und so verliere ich das Gleichgewicht und falle rückwärts in die Brennnesseln. Dort liege ich sekundenlang hilflos wie ein Maikäfer. Bettina ist so erschrocken wie ich. Genauso schnell, wie ich gefallen bin, rappele ich mich auf. Außer einer kleinen Schramme am Schienbein trage ich keine Blessuren davon. Wir müssen lachen angesichts meines dekorativen kleinen Missgeschicks. Meine Gamaschen haben Schlimmeres verhindert. Zwischenfazit unserer kleinen Offroad-Tour: »Wenn du den rechten Weg verlässt, kann es vorkommen, dass du dich in die Nesseln setzt.« Nach diesem Wegeunfall schlage ich uns einen Pfad durch die Brennnesseln. Wir gelangen dahinter auf eine große Wiese und marschieren auf einen Bauernhof zu. Erneut stoßen wir auf einen Zaun. Er ist etwas zu hoch, um ihn gefahrlos übersteigen zu können. Mir kommt direkt eine praktikable Idee. Ich schnalle meinen Rucksack ab, lege ihn vor den Zaun und nutze ihn als kleines Bänkchen. Der Übersteig funktioniert prächtig. Beeindruckt ob meiner erfinderischen Zündkerzen, zollt mir Bettina lachend Lob vom Feinsten. Solche netten, anerkennenden Worte gehen mir voll ins Bauchfleisch. Bettina hat mir in den letzten Tagen bereits so viel Erbauliches gesagt. Das hat mir alles sehr gut getan. »Danke – liebe Bettina!«

Wenig später gelangen wir auf eine einsame Straße und entdecken hocherfreut wieder das erste *OWZ*. »Danke – Olav!«, entfährt es mir wieder, dieses Mal mit großer Erleichterung. Bettina und ich jubeln vor lauter Freude wie kleine Kinder. Unsere Stimmung ist wieder in Bestform.

## Grieg-Konzert auf dem Dovrefjell

Zehn weitere Minuten und wir haben Engelshus, eine wunderschön gelegene Ansammlung uralter Holzhäuser erreicht. Mein nächster Slogan: »Olavsweg à la Bettina & Harry« wird geboren. Hiltrun und ihr Mann begrüßen uns vor ihrem Anwesen herzlich und laden uns zu Kaffee und selbst gebackenem Kuchen auf die Sonnenterrasse ein. »Matthias!«, ruft Bettina unvermittelt begeistert und geht auf einen sportlichen Mann in den Vierzigern, der bereits am Kaffeetisch sitzt, zu. Die beiden haben sich auf einer früheren Etappe des Weges kennengelernt. »Ich habe mir einen Muskelfaserriss auf der Mörderstrecke bei Kwam zugezogen. Morgen muss ich daher leider vorzeitig den Heimweg antreten«, schildert Matthias uns gefasst sein Debakel. Wir sind voller Mitgefühl, als er uns detailliert seinen Unfall schildert. Matthias ist ein herzlicher, außerordentlich sympathischer Typ, zu dem ich sofort einen guten Kontakt finde. Aus seinen Erzählungen wird mir deutlich, dass leistungsbetontes, schnelles Marschieren das Risiko von Verletzungen erhöht. Hiltruns Kuchen schmeckt köstlich und wir genießen ihn mit reichlich Kaffee. Zwischen uns und unseren überaus gastfreundschaftlichen Herbergseltern entwickelt sich ein lebhaftes Gespräch. Hiltrun ist dabei die Tonangebende. Ihr Mann Magnetit schweigt weitgehend. Er spricht weder Englisch noch Deutsch. Zu seiner Ehrenrettung sei jedoch gesagt, dass ich, außer *Hadebra, Tak* und *Totesmok* kein gepflegtes Norwegisch draufhabe. Trotzdem gelingt uns eine mosaikartige Verständigung. Ab und an verweile ich bei einem intensiven Blick auf die gegenüberliegenden bewaldeten Berge. Urplötzlich wird meine kurze Kontemplationsphase von drei älteren Damen unterbrochen, die mit Taschen und Koffern bepackt langsam in Richtung Haus marschieren. Ich stehe auf, gehe ihnen entgegen und biete ihnen meine Hilfe beim Koffertragen an. Sie nehmen dankbar an. Erst, als wir gemeinsam am Kaffeetisch sitzen, erkennen Marit, eine der drei Frauen, und ich uns wieder. Vor knapp zwei Wo-

*Herberge Engelshus mit himmlischem Service*

chen hatten wir uns vor der *Tinglestad-Kirche* kennengelernt. Zu dieser Zeit bin ich noch mit Lene auf der Westroute des Olavsweges unterwegs gewesen. Marit hat uns damals während unserer Rast die Historie dieses Gotteshauses und noch viele andere interessante Aspekte aus der Region ausführlich erklärt. Spontan nehmen wir uns in den Arm und drücken uns herzlich. Es folgt eine angeregte Unterhaltung. Marit erzählt mir, dass sie mit ihren beiden Freundinnen eine kleine Tour durch die Gegend mache und heute Abend zu einem *Grieg-Konzert* in die *Eystein-Kirche* fahre. Nach mehr als einer Stunde Plauderei entschließen Bettina und ich uns widerwillig, unsere Wäsche zu waschen. Hiltrun stellt uns sofort Ihre Waschmaschine zur Verfügung. »Seid bitte um 18:00 Uhr zum Dinner wieder hier«, fordert sie uns lächelnd auf. Da ihre Back-und Kochkünste in der Pilger-Szene bereits einen hohen Bekanntheitsgrad haben, sind wir entsprechend neugierig auf das Abendessen. Was kurze Zeit später an norwegischer Kulinarik für uns erfahrbar wird, ist ein wahrer Gaumenschmaus. Der erste Gang beginnt mit einer leckeren Bärlauchsuppe, die mit kleinen blauen Blumen liebevoll garniert ist. Dazu selbst gebackene Brotfladen. Die Hauptspeise, Gemüse und Kartoffeln aus Hiltruns eigenem Garten sowie Rentierbraten und Elchbuletten lassen meine Geschmacksknospen jubilieren. Ich habe zuvor noch nie Rentier- oder gar Elchfleisch gekostet und hätte daher nicht gedacht, dass es so zart und von einem derart angenehm milden Geschmack sein könnte. Ungeachtet meines Sättigungsgrades genehmige ich mir unverschämter Weise zwei große Portionen einer delikaten Frucht-Sahnespeise inklusive Kaffee zum Nachtisch. Wäre ich ein Testesser im Auftrag des *Guide Millau*, so wäre jetzt eine Bestnote fällig. »Tusen takk – Hiltrun.« Nicht genug damit – die Dame des Hauses bietet uns an, zusammen mit ihr, ihrem Mann und den drei Frauen zu einem *Grieg-Konzert* in die *Eystein-Kirche* zu fahren. Überrascht und total begeistert nehmen wir diese Chance gerne wahr. Hiltruns Mann Magnetit chauffiert uns kurz darauf in 45 Minuten zu der Location. Der Weg dorthin führt uns über die *E6*, vorbei an Orten wie z. B. die bekannte Herberge *Fokstugu*, die wir in den nächsten Tagen noch besuchen werden. Ich bin tief beeindruckt von der Weite und Natur des *Dovrefjells*. Aus dem Auto heraus schieße ich im Abendlicht etliche Fotos dieser faszinierenden Landschaft. Als wir schließlich die Kirche erreichen, präsentiert sich diese als ein modernes, in einer außergewöhnlichen Architektur gehaltenes Bauwerk. Wir finden noch gute Plätze in dem komplett gefüllten Gotteshaus. Ich traue meinen Augen nicht, als ich Markus, den mir bereits seit Hamar bestens bekannten Fernwanderer, erkenne. Seine ungläubig anmutende Überraschung, mich hier zu treffen, ist nicht minder groß. »Wie bist denn du gelaufen, dass du jetzt schon hier bist? Du bist doch erst nach mir von den Ringli-Hütten aus gestartet?«, fragt er mich mit sichtlich erstauntem Gesichtsausdruck.

»Da siehst du mal, was ein alter Mann noch so alles draufhat«, spanne ich ihn kurz à la Trumps *Fake news* auf die Folter, bevor ich ihn über den wahren Sachverhalt aufkläre. Bis zu Beginn des Konzertes tauschen wir uns über den Weg und unsere Erfahrungen aus. Markus ermutigt mich, den rechtsseitigen Weg zum Fjell zu nehmen und dort langsam aufzusteigen. »Der ist gar nicht so schwer, wie der in den Reiseführern beschrieben ist«, versichert er mir. »Der alte Profi Markus mit seiner Super-Kondition hat gut reden«, denke ich mir. Wir beenden unsere Konversation, da das Konzert beginnt. Zunächst spricht ein Mann zu dem Auditorium. Seine detaillierten Ausführungen in Norwegisch bleiben für mich rätselhaft. So konzentriere ich mich auf das Verständnis einzelner, deutsch klingender Worte. Die Melodie der norwegischen Spra-

*Eystein-Kirche*

che erinnert mich in ihrem Auf und Ab an die ebenso verlaufende Landschaft mit ihren zahlreichen anstrengenden Höhenmetern. Was nun folgt, ist ein wundervoller, mit beeindruckender Perfektion vorgetragener musikalischer Auftritt zweier junger Akteure. Bernhard Greter, ein junger Schwede, spielt in virtuoser und gefühlvoller Weise Stücke von Edvard Grieg am Klavier im Wechsel sowie im Duett mit Lisa Grunden Berg, einer jungen Sopranistin. Beide sorgen bei mir mit ihrer ausdrucksvollen Darbietung für pure *XXL*-Gänsehautatmosphäre. Sie wirken perfekt aufeinander abgestimmt. Nach einer Stunde geben sie dem begeistert applaudierenden Publikum eine Zugabe. Am Ende stehe ich applaudierend spontan auf und initiiere unbeabsichtigt ein Standing Ovation des Publikums. Beim Rausgehen spreche ich den Künstler an der Kirchentür an und beginne auf Englisch, ihm meine Begeisterung und Anerkennung zum Ausdruck zu bringen. Lächelnd bedankt er sich nach meinem ersten Standardsatz in einem nahezu akzentfreien Deutsch. Er sei Schwede und lebe seit drei Jahren in Norwegen. Während ich ihm nun auf Deutsch meine ergreifenden Eindrücke des Konzertes schildere, schießen mir die Tränen in die Augen. Spontan nimmt er mich in die Arme und drückt mich fest. Auf meine Nachfrage teilt er mir seine Webseite mit. Danach verabschieden wir uns herzlich. Auf der Heimfahrt über die *E6* durch das unwirklich scheinende Abendsonnen-Panorama des Fjells lasse ich meine Eindrücke vor meinem geistigen Auge noch einmal Revue passieren. Dieses außergewöhnliche und mich sehr anrührende Erlebnis beschäftigt mich, bis wir wieder an unserer Herberge ankommen. In meinem kleinen Zimmer in dem aus dem 18. Jahrhundert stammenden Holzhaus, das wie ein historisches Museum wirkt, schaue ich mir noch bis kurz nach Mitternacht meine Fotos an und kuschele mich dann ins kalte und zu kleine Bett. Während der Nacht wache ich öfter mit kalten Füßen auf. Macht nichts, denn dieser Tag war wieder ein Höhepunkt meines bisherigen Weges.

## Samstag, 15. Juli 2017

Topfit wache ich um 7:00 Uhr auf. Mein Tag beginnt wie jeder andere bisher auch. Hiltrun, unsere aufmerksame Gastgeberin, tischt uns und den drei norwegischen Frauen ein reichhaltiges Frühstück vom Feinsten auf. Lachs, Elchsalami, selbst gemachtes Fladenbrot und Kuchenfladen, leckere Marmelade, Käse, Eier und vieles mehr. Dazu heißen Porridge mit frischen Erdbeeren. Bei einem solch reichhaltig gedeckten Tisch bekommt mein innerer *Gevatter Gierschlund* feuchte Augen und fordert mich auf, tüchtig reinzuhauen. Marit, die ich bereits auf der früheren Etappe kennengelernt habe, sucht das Gespräch mit mir. Ich bin sehr erstaunt, von ihr zu erfahren, dass sie bereits 79 Jahre alt ist. Sie wirkt in ihrer gesamten Erscheinung ein gutes Stück jünger. »Wenn du mit deiner Frau mal wieder nach Norwegen kommen solltest, bist du hiermit herzlich eingeladen«, sagt sie lächelnd und gibt mir zum Abschied noch ihre Adresse. Wie schon so oft ist das Auseinandergehen mit solch liebenswerten Menschen innig und voller spontaner Herzlichkeit. Bettina ist insbesondere von Hiltrun und ihrem Mann sehr gerührt und beeindruckt. Sie lässt ihren Tränen freien Lauf. »Mich erinnert Hiltrun sehr an meine verstorbene Oma. Ich hatte zu ihr ein sehr herzliches Verhältnis«, gesteht sie mir. Begegnungen und Abschiedsszenen wie diese gehören für uns mittlerweile zum Alltag. Dies fördert ein substanzvolles emotionales Klima, das ich zuhause in meinem heimatlichen Alltag manchmal vermisse. Offenheit, Vertrauen, ehrliche Herzlichkeit, gegenseitige Unterstützung und uneigennütziges Verhalten scheinen hierzulande Tugenden zu sein, die den Alltag bestimmen und die sicherlich die Lebenszufriedenheit der Menschen fördern.

Nun wandern wir wieder bei strahlendem Sonnenschein weiter unserem Ziel entgegen. Heute haben wir uns lediglich eine Warmlaufstrecke von knapp acht Kilometern bis nach Budsjord vorgenommen. Der Weg ist durch zahlreiche Steigungen charakterisiert, die wir ohne nennenswerte Probleme nehmen. Unterwegs albern wir wie kleine Kinder und erinnern uns mit prustendem Lachen an unseren gestrigen Weg mit dem Stacheldrahtzaun und meinem *Rückfall* in die Brennnesseln. »Dieses Missgeschick hätte mich meine Testikel kosten können«, scherze ich. »Dann könnte ich künftig im Kastratenchor singen«, spinne ich weiter. Quasi zwangsläufig fällt uns der *Eierlikör-Jingle* von einem Spirituosenhersteller ein, den wir dann auch sofort intonieren. »Bei dem Text müssen dann aber die ersten drei Worte Ei, Ei, Ei … entfallen und der Song muss in einem glockenhellen hohen Ton gesungen werden«, albert Bettina und kann sich vor Lachen kaum halten. Hätten wir nicht eine am Wegesrand sprudelnde Olavsquelle entdeckt, hätte sich das Kind im Manne und auch in der Frau weiterhin ausgetobt. So machen wir eine kurze Rast und stillen unseren Durst mit dem glasklaren Quellwasser. Das kalte Nass schmeckt einfach köstlich und erinnert mich an eine eher seltene Situation in meiner Kindheit. Im Nachbardorf gab es einen Dorfbrunnen, aus dem wir damals nach dem Spielen unseren Durst stillten. Jetzt an diesem kleinen Brunnen nach so vielen Jahren wieder einmal Wasser direkt aus der Natur trinken zu können, erfüllt mich mit einem Hochgefühl und Dankbarkeit.

## Marit and Friends: Zum Dritten

Bereits um 14:00 Uhr erreichen wir die Herberge *Budsjord*. Wir melden uns an und checken ein. Budsjord ist ein traumhaft schön gelegener historischer Bauernhof mit mehreren kleinen Holzhütten. Oben auf einem Bergrücken gelegen bietet sich uns ein Bilderbuch-Panorama hinunter ins Tal. Einige der urigen Häuschen stehen auf massiven, behauenen Felsbrocken. Die Norweger nennen sie Stabbur. Früher wurden diese Gebäude als Vorratsspeicher für Lebensmittel genutzt. Unsere Unterkunft besteht lediglich aus einem Raum, in dem in der Mitte ein großes mit Ornamenten verziertes uraltes Doppelbett steht. Ansonsten finden wir noch zwei große Holztruhen, in denen sich das Bettzeug befindet, vor. Wir entscheiden uns aufgrund des herrlichen Wetters, zunächst ein kleines Sonnenbad auf der Bank vor dem Haus zu nehmen. Da ich mir keinen Sonnenbrand zuziehen will und außerdem nach nur fünfeinhalb-stündigem Schlaf mittlerweile etwas müde bin, lege ich mich in der Hütte aufs Bett. Kurz darauf falle ich in einen tiefen Schlaf und wache nach einer Stunde gut erholt auf. Bettina und ich plaudern später draußen auf der Bank. Wir staunen nicht schlecht, als plötzlich Thomas wieder auftaucht. Im Schlepptau

*Urige Unterkunft in Budsjord*

hat er Werner und Jens, die beiden Hamburger Jungs. Bettina und ich sind total erfreut über diesen Besuch. Sofort entwickelt sich ein reger Austausch über unsere zwischenzeitlichen Erfahrungen auf dem Weg. Thomas, unser sympathischer Norweger, vermag es mal wieder, die Stimmung in unserer Gruppe zusätzlich zu steigern. Jens steht ihm in dieser Hinsicht allerdings in keiner Weise nach. Zu unserem Bedauern macht sich Thomas nach kurzer Rast wieder auf den Weg. Ich bin mir jedoch sicher, ihn über kurz oder lang wieder zu sehen, unseren *Phan-Thomas*. So nenne ich ihn mittlerweile. Gegen 18:00 Uhr gehen wir in die gute Stube des Haupthauses und essen gemeinsam eine leckere Pilgersuppe (Kartoffeln, Lauch und Elchfleisch) sowie selbst gebackenes Brot mit Butter. Wie in den meisten anderen Herbergen auch, strahlen die Innenräume eine individuelle Behaglichkeit aus und sind sehr ansprechend mit zumeist handgefertigten alten Möbeln ausgestattet. »Wer sich hier nicht wohlfühlt, sollte sich in therapeutische Behandlung begeben«, kommentiere ich meine Eindrücke. Werner, ein pensionierter Arbeitstherapeut, der bislang eher die Zuschauerrolle innehatte, erzählt uns jetzt ausführlich von seinen zahlreichen Wanderungen in Europa. »Der Jakobsweg, den ich vor einigen Jahren gelaufen bin, ist mit dem Olavsweg nicht vergleichbar«, berichtet er und ergänzt dies mit entsprechenden interessanten Details. So erfahre ich, dass er vor einigen Jahren mit einer Gruppe des Hamburger Pilgerpfarrers Bernd Lohse bereits eine längere Teilstrecke der Pilgerroute gelaufen sei. Damals habe ein Kamerateam des Norddeutschen Rundfunks die Gruppe begleitet. Die Dokumentation sei später im Fernsehen gesendet worden. Werner ist ein ausgesprochen guter Erzähler. Seine anschaulichen, bildhaften Schilderungen fesseln und begeistern nicht nur mich. Wir vereinbaren, uns morgen um 8:00 Uhr zum Frühstück zu treffen und gehen heute früh zu Bett. Morgen warten 15 Kilometer mit nahezu 1 000 Höhenmetern auf uns. Leider ist für den nächsten Tag Regen angesagt. Obwohl ich diese Information alles andere als prickelnd empfinde, kann ich mich über das bisherige warme und weitgehend sonnige Wetter nicht beschweren. Wir nehmen es halt so, wie es kommt. »Noch etwa 250 Kilometer bis zum *Null-Stein* am *Nidaros-Dom* in Trondheim«, notiere ich trotz bleierner Müdigkeit in mein Tagebuch. Bettina hat das Schäfchenzählen bereits erfolgreich abgeschlossen und schläft friedlich in unserem mehr als 100 Jahre alten Doppelbett. Wie ein Stein lasse ich mich nach getaner Dokumentation ebenfalls in die Federn fallen und schlafe sofort ein.

## Sonntag, 16. Juli 2017

Während der Nacht hat es geregnet und gestürmt, ohne dass ich irgendetwas von diesen Naturgewalten mitbekommen habe. Um 6:30 Uhr sagt mir mein ausgeschlafener Blick aus der Tür unseres Stabburs, dass wir heute mit gutem Wanderwetter auf dem Weg nach *Fokstugu*, unserem nächsten Etappenziel auf dem *Dovrefjell*, rechnen können. Zwischen vereinzelten grauen Wolken lugt bereits wie zur Bestätigung die Sonne hervor. Mein Hunger treibt mich unnachgiebig in Richtung Gemeinschaftsraum. Ohne auf Bettina, Jens und Werner zu warten, mache ich mich nach einer großen Tasse köstlichen Kaffees über das ebenso reichliche wie wohlschmeckende Frühstück her. Etwas später kommen die drei und setzen sich zu mir an den Tisch. Typische Gesprächsthemen sind die Schlafqualität der letzten Nacht, unser augenblicklicher Fitnessgrad und unsere Abmarschzeiten. Jens und Werner werden etwas später aufbrechen. Bevor wir uns ans Packen machen, bringt Werner mit einem Videoclip, bei dem ein auf »Opa« geschminkter Bodybuilder am Strand junge kalifornische Kraftprotze und das ungläubige Publikum mit seinen altersuntypischen überirdischen Leistungen foppte, uns alle in einen Lach-Flash. »Den musst mir unbedingt auf *WhatsApp* schicken«, bitte ich Werner, was dieser prompt erledigt. Wieder in unserer Hütte, packen wir zügig. Kaum habe ich mein Domizil verlassen, sehe ich draußen drei ältere Damen umhergehen. Ich traue meinen Augen nicht: »das kann doch nicht wahr sein, das ist doch Marit mit ihren beiden Freundinnen«, entfährt es mir. Als Marit mich entdeckt, kommt sie strahlend auf mich zu und nimmt mich in den Arm. »Marit & Friends – zum Dritten.« Ich nehme dies zum Anlass, von den drei Damen ein paar Fotos zu machen, bevor sie wieder verschwinden. »Wir gehen noch zur heiligen Messe in eine benachbarte Kirche«, erklärt mir Marit zum Abschied. Ich versuche mir einen wie auch immer gearteten Reim auf diese dreimalige Begegnung mit Marit zu machen. Jedes Mal stand unser Wiedersehen in Zusammenhang mit einer Kirche.

*Der Fokstugu-Hof hoch oben auf dem Dovrefjell*

## Saarländischer Sandstein auf Allmannsrøysa

Zu weiteren analytischen Überlegungen komme ich nicht, da Bettina zum Aufbruch drängt. Guten Mutes und voller Neugierde beginnen wir den anstrengenden Weg über das *Dovrefjell.* Wir kommen an mehreren landestypischen alten Bauernhäusern mit ihren zahlreichen kleinen Holzhütten vorbei. Ihr Anblick ist für mich eine wahre Augenweide und Anlass für kurze Fotosessions. Ebenso lichte ich einen imposanten Bergbach ab, dessen Wassermassen sich kaskadenhaft schäumend ihren Weg durch das steinige Bachbett talwärts bahnen. Wir erreichen eine Wiese. Dabei haben wir erneut zwei Zauntreppen vor uns, die Bettina »leidenschaftlich gerne« übersteigt,. Nach einer halben Stunde sind wir bereits auf einer Höhe von etwa knapp 800 Metern am Tor zum berühmten Fjell angekommen. Ein letztes Mal noch blicken wir uns um und lassen unsere Blicke über das wildromantische Tal, durch das sich der von menschlichen Eingriffen unberührte Fluss *Lågen* windet, schweifen. Der Anblick dieser majestätischen Natur macht mich tief ergriffen, Gänsehaut inklusive. Am liebsten würde ich ihn auf »Endlosschleife« stellen, jedoch will ich nun eine neue, von vielen Menschen hoch gepriesene Landschaft kennenlernen und wende mich dem Fjell-Eingang zu. Eine große, himmelblaue Königskrone auf dem schwarz gestrichenen schmiedeeisernen Tor und zwei kleinere auf den Pfosten links und rechts weisen auf den Eingang zum *Dovrefjell*-Nationalpark hin. Im Hintergrund finden wir auf einer großen Infotafel die Dimension des Gebietes sowie den Pilgerweg anschaulich dargestellt. Wir haben die Wahl zwischen einem moderat ansteigenden, jedoch längeren Weg und einem kürzeren, wenngleich deutlich steileren Pfad. Wir nehmen den anspruchsvolleren, den mir auch Markus vor einigen Tagen empfohlen hat. 21 Kilometer und etwa sechs Stunden Wanderzeit mit atemberaubenden Eindrücken ursprünglicher Natur stehen uns bevor. Zwei Wanderer, ein Norweger und ein Schwede stoßen zu uns. Sie stellen uns die üblichen Fragen und informieren uns über ihren Kurztrip über das Fjell bis nach *Fokstugu*. Bettina und ich lächeln uns beim Start aufmunternd an. Es fällt mir anfangs etwas schwer, mich zu einer gleichförmigen und langsamen Gangart mit kleinen Schritten zu disziplinieren. Bettina läuft nämlich sofort schnell vorne weg. Ich ertappe mich, wie ich versucht bin schneller zu laufen, um mit ihr auf Augenhöhe zu bleiben. »Was treibt mich ausgerechnet jetzt? Reizt mich ein unausgesprochener, von mir beabsichtigter Wettbewerb? Will oder kann ich es nicht zulassen, von einer jungen Frau *abgehängt* zu werden? Oder habe ich es nötig, mir zu beweisen, was ich mit meinen gut 65 Jahren noch alles draufhabe?« Ein typischer Habitus meines Vaters fällt mir ein. Er hatte es stets genossen, in leistungs- oder kraftbetonten Situationen gegenüber anderen seine Kraft zu beweisen. Fast immer ist ihm dies gelungen. Als unvergessliches Bild bleibt mir dabei, wie er dann mit seinem überlege-

*Der Weg über das Dovrefjell*

nen Lächeln seine Kontrahenten, die Zuschauer und natürlich auch mich beeindruckte. Möglicherweise hat all das bei mir die Entscheidung mitgeprägt, mich im vorpubertären Alter von knapp 13 Jahren im erfolgreichen »Stemmverein Deutsche Eiche 07« meines Heimatortes Hostenbach anzumelden. Nach solchen Überlegungen finde ich wieder zu meinem eigenen Wanderrhythmus zurück. Mit zunehmenden Höhenmetern verändert sich die Landschaft. Statt Bäumen bestimmen jetzt Sträucher und kleinwüchsige, teils verkrüppelt wirkende Birken die Flora. Dazwischen wachsen Moose in unterschiedlichen Grün- und Beigetönen. Das karge Ensemble, eingebettet in der unendlichen Weite der majestätischen Berglandschaft, zieht meine ganze Aufmerksamkeit in ihren Bann. Im Gegensatz zu den schroffen und scharfkantigen Felsformationen der Alpen mutet mich das Fjell wie ein unendlich großer, sanft hügeliger Teppich an. Als wäre der Faszi-

*Versteinerte Seelenlasten – die Steinpyramide Allmannsrøysa*

nation noch nicht genug, umfängt uns beide eine erhabene Stille. Des Öfteren bleiben wir stehen, um einfach nur zu lauschen. Außer unserem Atem hören wir nichts. »In unserer lärmgeplagten, dröhnenden Gesellschaft ist dies eine wahre Kostbarkeit«, entfährt es mir. Bettina nickt stumm. Während wir gehen, vernehmen wir nur unsere eigenen Geräusche, wie die unserer Kleidung bzw. Schuhe, begleitet von dem Klack-klack-Geräusch der Trekkingstöcke. Auch der Wettergott meint es gut mit uns. Traumhafter Sonnenschein wechselt mit bizarren Wolkenspielen. Angenehme Wandertemperaturen machen das Laufen zu einem reinen Vergnügen. Ich bin begeistert. Ansteigende Passagen des Pfades geben mir das Gefühl, geradewegs in den Himmel zu pilgern. In solchen Momenten vermag ich Schilderungen von Pilgern zu verstehen, die ihre Empfindungen mit etwas Göttlichem vergleichen und ihre Einstellung zum Leben neu ausrichten. Bei mir dominiert ehrfürchtiges Staunen gepaart mit uneingeschränktem Genuss dieser außergewöhnlichen Momente meines Lebens und natürlich der norwegischen Landschaft. Ich bin dankbar angesichts eines solchen Geschenkes und schicke meine sprachlosen Kommentare ohne Angabe eines Empfängers hinaus ins Universum. Meine kontemplativen Empfindungen werden abgelöst durch die eine oder andere kurze Verschnaufpause. Als ich schließlich in der Ferne den von mir lange ersehnten Steinhaufen *Allmannsrøysa* auf einer Anhöhe namens *Hardbakken* entdecke, bin ich außer mir vor Freude und schalte zwei Gänge höher. Das im Laufe der Zeit von vielen Pilgern und Wanderern Stein für Stein zur Entlastung ihrer Seelenlast aufgetürmte, spirituelle Monument zieht mich magisch an. Bereits während der Vorbereitungen zu meiner Pilgerreise habe ich einiges über Magie und die Geschichte des Ortes gelesen. In wenigen Minuten werde ich mir meinen Wunsch erfüllen und einen 300 Gramm schweren roten Sandstein auf die Pyramide legen. Den Stein habe ich aus meinem Heimatort, St. Ingbert, am sogenannten *Stiefel*, einem sagenumwobenen großen Sandstein in der Form eines hochschaftigen

Schuhes, mitgebracht. Für mich bedeutet das, einen rituellen Vorgang zu vollziehen. Entsprechend aufgeregt und zugleich achtsam lege ich den Stein an der Spitze des Hügels zwischen anderen großen Felsbrocken ab. So dürfte er gut geschützt das harte Klima der Region überstehen. »Hier wirst du nun für lange Zeit deine neue Heimat haben«, sage ich zu ihm und gebe ihm spontan vorab noch einen Abschiedskuss. Dem geneigten Leser überlasse ich seine persönliche Interpretation dieses Vorgangs. Ich denke noch heute immer wieder mal an »meinen Stein auf der Pyramide namens *Allmannsrøysa*«. Bettina hält den Moment auf meine Bitte hin ausführlich mit der Kamera fest. Bevor wir die Szenerie verlassen, umrunden wir noch dreimal den Steinhügel. Wir genießen dabei den grandiosen Rundumblick auf die teils schneebedeckten Berge und erkennen auch den *Snøhetta*, den mit 2286 Metern

höchsten Berg des *Dovrefjells*. Angesichts eines solchen beeindruckenden Erlebnisses fällt es mir schwer, mich wieder auf den Weg zu machen. Zugleich erwacht meine Neugierde auf den höchst gelegenen bewirtschafteten Hof in Norwegen. *Fokstugu* ist für Pilger hier ein unbedingtes *must have*. Über drei Stunden wandern wir bergab über schmale steinige Pfade und überqueren mehrere, sich durch die herbschöne Landschaft mäandernde kleine Flüsse. Die Gewässer sind zwar zu dieser Jahreszeit weder breit noch tief, jedoch bedarf es ständiger Achtsamkeit und eines guten Balancegefühls, beim Überqueren nicht auf den oftmals nassen Steinen im Bachlauf auszurutschen. Im letzten Drittel des Weges passieren wir eine moorige Gegend. Von außen betrachtet, sind unsere Hüpfübungen auf scheinbar trockene Grasbüschel oder nasse Steine sicherlich amüsant anzuschauen. Jeder von uns verschätzt

sich das eine oder andere Mal und sinkt knöcheltief im Morast ein. Ich bin froh, heute meine Gamaschen angezogen zu haben. So bleiben meine Füße trocken. Konditionell gerate ich durch die ungewohnte Gangart mal wieder an meine Grenzen. Nach über sechs Stunden erreichen wir endlich *Fokstugu*. Füße, Rücken und die linke Hüfte schmerzen, als wir das von einem weißen Holzzaun umgrenzte imposante Gehöft betreten. Christiane, die Hausherrin, begrüßt uns sehr freundlich, zeigt uns unser Zimmer und weist uns in die Hausregeln ein. Sie erzählt uns, dass sie und ihr Mann den Hof bereits in der elften Generation führen. Zum Jahresende wird ihr Sohn die Verantwortung übernehmen. In der Gemeinschaftsküche sehe ich, dass sich bereits mehrere Pilger dort eingefunden haben. Mittlerweile nicht mehr überrascht, aber hocherfreut sehe ich *Phan-Thomas* am Tisch sitzen. Werner und Jens sind auch angekommen. Mit den anderen machen wir uns recht schnell bekannt. Die gesellige Runde erinnert mich an das Pilgerzentrum in *Hamar*, wo die Wanderer mit großem Hallo bei Kaffee oder Tee ihre Erfahrungen austauschten. Christiane erscheint wieder und informiert über die Einkaufszeiten in ihrem kleinen Shop. Mir fällt auf, dass sie das gesamte Prozedere mit den Pilgern klar und straff organisiert hat. Wir decken uns umgehend mit unerwartet preisgünstigen Lebensmitteln ein. Die anschließende Dusche ist eine wahre Wohltat für meinen geschundenen Körper. Wieder zurück im Gemeinschaftsraum, bereitet die ganze Gruppe Nudeln mit Soße zu. Nach der Mahlzeit nehmen nahezu alle Pilger Christianes Einladung zu einer gemeinsamen Andacht in der kleinen Hofkapelle an. Christiane und ihr Mann Laurits sind sehr religiös und betrachten das Angebot ihres Pilgerzentrums als eine Art Mission. Ihre Herberge steht ausschließlich Pilgerinnen und Pilgern offen. Ich bin sehr beeindruckt von ihrer überzeugten und konsequenten Haltung, die ich während meines gesamten Aufenthaltes hier deutlich verspüre. Nach der Andacht übermannt mich starke Müdigkeit. Zurück in meinem Zimmer schreibe ich meine Tagesnotizen und schlafe sofort ein.

## *Montag, 17. Juli 2017*

Bettina und ich gehen heute Morgen bereits um 8:00 Uhr zur Morgenandacht, die von Christiane und Laurits gehalten wird. Die höhlenartige Atmosphäre in der kleinen Kapelle und die Zeremonie selbst bringen mich in eine nachdenkliche und zugleich wohltuende Stimmung. Ich spüre in mir eine innere Ruhe. Mein langsamer Atemrhythmus unterstützt mich dabei. Zeit spielt für mich im Moment keine Rolle. Nach dem Zeremoniell frühstücken wir gemeinsam. Im Gegensatz zur zuvor erlebten Stille ist die Situation im Frühstücksraum geprägt von Ausgelassenheit, Lachen und Scherzen. Am Tisch komme ich mit Claudia und Angelika, zwei sehr sympathischen Frauen aus Bayern, ins Gespräch. Die beiden laufen aus Zeitgründen nicht den gesamten Weg, sondern nur bis *Oppdal*. Sie machen sich als Erste wieder auf in Richtung Hagester Turisthytte. Bettina und ich zahlen bei Christiane für unsere Unterkunft. Christiane erzählt uns noch einiges über die Historie und Philosophie von *Fokstugu*, um sich dann von uns herzlich mit »Gottes Segen für eure Reise« zu verabschieden. Bei erneut gutem Wetter, jedoch heftigem und kühlen Wind wandern wir nunmehr mit sieben Personen weiter. Zu Beginn habe ich bei dem steilen Anstieg einige Schwierigkeiten, meinen richtigen Schritt zu finden. Bettina und Lenny sowie Maya und Martin laufen schnell vorneweg. Im Verlaufe der Etappe kommen wir immer wieder dann zusammen, wenn die »Schnellen« eine Pause machen. Unterwegs nehme ich mir ausgiebig Zeit für kleine Stopps, schieße etliche Fotos und nehme die urwüchsige und prachtvolle Landschaft mit allen Sinnen in mir auf. Die schneebedeckten Berge auf der anderen Seite des Tales bieten eine filmreife Traumkulisse. Links und rechts des Weges wachsen Moose und Flechten in unterschiedlichen zarten bis kräftigen Grüntönen. Unser Weg führt uns durch ein Hochmoor. Öfter versinken wir trotz großer Achtsamkeit mit unseren

Schuhen im morastigen Boden. Glücklicherweise sind besonders nasse Stellen mit Holzbohlen ausgelegt. Für mich eine gute Gelegenheit, meine Balance zu trainieren. Wir queren mehrere flache, sich durch die Gegend schlängelnde Bäche. Weiter talwärts geht es durch kleine Birkenwäldchen. Die Bäume haben hier aufgrund der harten Naturbedingungen keine Chance, höher als fünf Meter zu werden. Trotz ihres verkrüppelten Wuchses empfinde ich sie schön und ausdrucksstark. Sie strahlen eine beeindruckende Art Selbstbewusstsein und Überlebenswillen aus. Der Weg über die majestätische Höhe ist sehr gut ausgeschildert. Es dominieren Hinweiszeichen mit der blauen Königskrone, die den *Kongsleden* auszeichnen. Auch diese Wegzeichen grüße ich mit einem »Danke, Olav!« Dabei bin ich insbesondere den Menschen dankbar, die mit ihrem sicherlich ehrenamtlichen Engagement den Weg so gut gekennzeichnet haben und ihn Jahr für Jahr in Schuss halten. Nach ungefähr zwei Drittel der Strecke spüre ich den Druck meines Rucksacks immer stärker auf meinen Schultern. Die paar kleinen Pausen, die wir uns gönnen, sind für mich eine wahre Wohltat. Unten im Tal angekommen, gehen wir bei beginnendem leichten Regen durch eine weitläufige Moorlandschaft, die sich an eine Gruppe kleiner Seen anschließt. Von Stechmücken bleiben wir erstaunlicherweise weitestgehend verschont. Während die Gruppe eine Pause macht, schließt Thomas, wer könnte es anders sein, wieder zu uns auf. Der Bursche läuft einfach in einem Turbotempo. Es sind jetzt nur noch einige Kilometer bis zum Campingplatz. Mittlerweile sehne ich mich unbändig nach unserem nächsten Etappenziel. Da ich neue Energien in mir spüre, gebe ich Gas und kann Thomas sogar eine Zeit lang folgen. Kurz darauf erkenne ich die Umrisse des Campingplatzes. Etwa 600 Meter vor dem Ziel überholt mich eine junge Frau. Ich begrüße sie kurz mit »Hey«, in fast perfektem Norwegisch, worauf sie mir mit einem deutschen »Hallo« antwortet. Ich frage daraufhin: »Ah, Deutsch?« Sie antwortet: »Schweiz!« und dann: »Heißt du Harald?« Darauf ich in fassungsloser Überraschung: »Woher kennst du meinen Namen?« Sie wiederum: »Ich dachte, du könntest es sein – hast du in der Herberge in *Kapp* bei Harald den schönen Spruch auf die Holzhauswand geschrieben?« Jetzt bin ich mehr als sprachlos über diese fast hellseherische Vermutung von Svetlana, so der Name der jungen Frau. Ich bin mir völlig sicher, Svetlana vorher noch nie gesehen, geschweige denn kennengelernt zu haben. Weder hier auf dem Weg, noch sonstwo in meinem Leben.

*Auf schmalen Pfaden durchs Hochmoor*

Wir kommen in ein sehr persönliches und mich anrührendes Gespräch. Ich erzähle ihr von meinem Buchprojekt. Sie erlaubt mir, beim Abschied ein Foto von ihr zu machen. »Heute übernachte ich im Zelt. Ob ich bis Trondheim gehe, ist noch ungewiss«, sind ihre Worte, bevor sie geht.

## Jens' heilsames Nadelstudio

Wir checken an der Rezeption des Campingplatzes ein und verzehren unmittelbar danach im Restaurant ein einfaches Essen. Wir vier sind erleichtert und in bester Stimmung, wieder sicher an unserem Ziel angekommen zu sein. Bettina erzählt am Tisch die Story von meiner Kefirflasche. Dabei muss sie schon vor Beginn ihrer Ausführungen lachen: »Nachdem wir mehrere Tage miteinander gewandert waren, fragte ich Harry, wann er denn endlich seinen Kefir trinken wolle. Er hatte nämlich die ganze Zeit in seiner Rucksack-Außentasche eine Plastikflasche mit dem Aufdruck »Kefir« stecken. Daraufhin antwortete er mir mit einem Lachanfall, das sei seine Pinkelflasche. Er erspare sich beim nächtlichen *Müssen* den oftmals umständlichen Toilettengang.« Die Truppe am Tisch bricht in ein schallendes Gelächter aus. Die nächste Viertelstunde ist folgerichtig geprägt von lustigen Storys über dringliche Bedürfnisse auf Wandertouren und sonst wo. Kurz darauf entdecken wir beim Blick durch das Fenster einen großen Hund, der auf einem Holztisch sitzt. Neben ihm ein Rucksack. Es scheint so, als warte er geduldig auf ein Bier. Logischerweise lichten wir den ungewöhnlichen Pilger ausgiebig ab. Das weitere Tischgespräch dreht sich um die typischen Pilger-Grundbedürfnisse wie Schlafen, Schmerzen, Hunger und dergleichen mehr. Jens, in seiner Eigenschaft als Heilpraktiker, bietet Bettina und mir eine Nadeltherapie wegen unserer Kopf- bzw. Gliederschmerzen an. Kaum sind wir auf unserem Zimmer, spanne ich eine Schnur quer durch den Raum, auf der wir unsere Wäsche trocknen können. Jens erscheint mit seinem Heilpraktiker-Notfallkoffer. So kommen wir beide in den minimalinvasiven Genuss einer Akupunktur gegen unsere Leiden. In der Tat – meine Rückenschmerzen werden besser und sind am nächsten Morgen verschwunden. Ob durch die Nadelstiche oder auch durch meinen guten Schlaf? Hauptsache: beschwerdefrei. »Danke, Jens!« Den Behandlungsort nennen wir ab sofort »Jens' heilsames Nadelstudio«. An dieser Stelle sei bemerkt, dass Jens im Verlauf unseres Weges mehreren Pilgern mit seinen Heilkünsten geholfen hatte.

## Dienstag, 18. Juli 2017

Heute Morgen starten wir alle gut ausgeschlafen und beschwerdefrei den Tag mit einem reichhaltigen Frühstück. Um 10:00 Uhr machen wir uns gemeinsam mit Lenny, einem jungen Bayer, wieder auf den Weg. Unsere Gruppe ist mittlerweile auf sieben Personen angewachsen. Meiner Schätzung nach werden wir in etwa acht Stunden unser nächstes Ziel, die Herberge *Kongsvold Fjeldstue,* erreichen. In verschiedenen Reiseführern wird sie als Nobel-Herberge bezeichnet, in der auch schon gekrönte Häupter übernachtet haben. Das erste *OWZ* finden wir bald und kommen auch gut voran. Ich lasse den schneller gehenden Pilgerfreunden den Vortritt. Für mich gilt die Devise: *Langsam aber sicher*. Auch heute wieder müssen wir in der Gegend um den Avsjoen-See oft durch nasses mooriges Gelände wandern. Zuvor rasten wir an einem anderen Gewässer. Werner und Lenny getrauen sich tatsächlich, im kalten Nass ein kurzes Bad zu nehmen. Respekt! Auf dem kurzen Weg zur *Eystein-Kirche* müssen wir wieder eine heftige Steigung nehmen. In dem Gotteshaus, wo wir einige Tage zuvor bereits ein Konzert besucht haben, werden wir mit Wasser, Kaffee, Tee und Gebäck belohnt. Ein ehrenamtlicher Mitarbeiter drückt uns einen sehr schönen Stempel in unsere Pilgerpässe. Wir füllen unsere Wasservorräte auf und gehen ausgeruht weiter in Richtung *Kongsvold*. Der Weg steigt ständig an. Er ist jedoch gut ausgebaut und macht für mich das Laufen erträglich. Allerdings fegt uns ein kräftiger kalter Wind permanent in die Gesichter. Eine besonders heftige Windböe fegt mir meine Mütze vom Kopf. Notgedrungen muss ich in voller Rüstung ein Nachlaufspiel mit meiner Kopfbedeckung machen, bis ich sie endlich wieder in Händen habe. Das Ganze nehme ich von der sportlichen Seite. Die Gruppe beobachtet meine unfreiwillige Fitnessübung amüsiert. Gegen 16:00 Uhr erreichen wir die Autobahn *E6*. Statt dieser 3,6 Kilometer lang zu folgen, beschließen wir den Weg durchs Gelände zu nehmen. Zugegeben eine sehr reizvolle, aber auch ebenso anstrengende Passage. Immer wieder wechseln wir uns in der Führung der Gruppe ab. Mittlerweile habe ich mich in die Fjell-Landschaft total verliebt und kann mich kaum mehr satt sehen an dieser kargen, jedoch ungemein beeindruckenden Gegend. »Wie glücklich kann man doch mit wenigem sein«, beginne ich mit mir selbst zu philosophieren. Ich ziehe Analogieschlüsse zwischen diesem Stück einfacher Landschaft und meiner momentanen Habe, die ich auf dem Rücken trage. Man braucht nicht viel, um sich auf dem Pilgerweg zufrieden und glücklich zu fühlen. Ich erinnere mich, wie ich im Gegensatz dazu zu Hause manchmal irgendwelchen scheinbar notwendigen Dingen nachrenne und ihnen einen großen Stellenwert beimesse. Hier brauche ich nur überlebensnotwendige Dinge, ohne ein Gefühl des Verzichtes zu verspüren. Meine Gedanken werden unterbrochen von drei Schafen, die über eine längere Zeit in respektvollem Abstand uns voranlaufen. Die Tiere sehen mit ihrem blütenweißen Fell wie frisch gewaschen aus. Es hat den Anschein, als wollen sie uns den Weg zeigen. Momentan hat Bettina jedoch keinen rechten Blick für Natur und die Schafe. »Ich bin müde und will endlich mal wieder richtig ausruhen«, grummelt sie vor sich hin.

Während wir uns für eine Pause entschließen, wandern die anderen an uns vorbei. Übermütig ruft Werner uns zu: »Die letzten fünf Kilometer gehen wir jetzt barfuß.« Konditionell traue ich ihm solch ein Vorhaben auch noch zu. Etwas später eröffnet uns Lenny: »Ich übernachte heute im Zelt auf dem Fjell« und verabschiedet sich ebenfalls von uns. So laufe ich die restliche Strecke mit einer etwas missmutigen Bettina in Richtung Tagesziel. Kurz vor 18:00 Uhr erreichen wir das Hotel. Unsere Pilgerfreunde erwarten uns bereits. Wir stehen vor einem großen, weiß gestrichenen imposanten Haupthaus, um das herum sich mehrere respektable Holzhäuser gruppieren. Das Anwesen strahlt in der Tat eine gewisse Vornehmheit aus. Repräsentative PS-starke Autos auf dem Parkplatz ergänzen den Eindruck. Vor dem Eingang zum Haupt-

*Kundige Pilger im Schafspelz*

haus entledigen wir uns unserer Rucksäcke und gehen zur Rezeption, wo uns eine Dame deutlich distanziert empfängt. »Es sind noch einige Zimmer frei«, so ihr Kommentar. Mit 400 *NOK* pro Person sind wir in einem Vierbettzimmer in einem der kleinen Nebenhäuser dabei. Richtig schlucken müssen jedoch über den Preis eines Abendessens, hier Dinner genannt. »Pro Person macht das 660 *NOK*«, informiert uns die Frau. Spontan entfährt mir ein grundehrliches »very expensive« und meinem Gegenüber ist klar, dass mit uns solch ein Deal nicht zu machen ist. Wieder draußen, sind wir über diesen Mondpreis total verärgert. Wir beschließen daher, auch auf das Frühstück zu verzichten und uns selbst zu versorgen. Die Qualität unserer Unterkunft steht ebenfalls in einem Missverhältnis zum Preis. Die Küche, zwar klein aber zweckmäßig eingerichtet, finden wir noch akzeptabel. Als ich jedoch unser Zimmer begutachte, komme ich mir vor wie in einer Legebatterie für Käfighühner. Der Raum ist holzvertäfelt. Zwei Hochbetten und Schränke auf engstem Raum. Martin und Maya haben sich dort bereits eingerichtet. Sie sind ebenfalls wenig erbaut von dem Ambiente. Ich tröste mich mit dem Gedanken, morgen um diese Zeit bereits wieder in Gottes freier Natur unterwegs zu sein und so gehen wir wieder raus an die frische Luft. Dort treffen wir auf Werner und Jens. Beide haben sich für das Dinner entschieden. Erwartungsvoll fragen wir sie nach ihren kulinarischen Eindrücken. Ihre Gesichter sprechen Bände. Jens platzt heraus: »So eng nebeneinander habe ich noch nie bei einem Essen im Restaurant gesessen. Ich hatte regelrechte Platzangst. Neben mir saßen nur Bonzen. Diese Gesamtatmosphäre war für mich so unerträglich, dass wir nach der Vorspeise das Dinner vorzeitig abgebrochen haben.« Mehr als eine Stunde beklagen wir unsere Situation und die für uns völlig überraschenden, erstmalig negativen Eindrücken. Bei einem späteren Treffen mit anderen Pilgern hören wir, dass diese ähnliche Erfahrungen gemacht haben.

## Wieder ein zugiges Dilemma

Etwas versöhnlich stimmt uns letztlich die Information eines älteren Mannes im dezenten Anzug. Er empfiehlt uns, morgen besser den Zug nach *Oppdal* zu nehmen. »Die steile Strecke nach *Ryphusan* ist momentan aufgrund des vorangegangenen Regens recht gefährlich und sehr schwer zu gehen.« Später erfahren wir, dass er der Hotelinhaber ist Kurz entschlossen buchen wir den Zug nach *Oppdal.* Eine leise innere Stimme teilt mir in diesem Moment kritisch mit: »Mittlerweile scheint es mit deiner konsequenten Haltung, den Weg der Frommen zu Fuß zu pilgern, genauso rapide bergab zu gehen, wie die nächste Etappe nach Ryphusan steil bergauf führt.« Sofort versuche ich mich mit der Argumentation der gefährlichen nächsten Strecke und der Gruppenentscheidung zu rechtfertigen. Mein innerer Dialog erinnert mich an das Beispiel der *Roten Linie.* Während meiner früheren Beratungstätigkeit mit suchtkranken Menschen habe ich diese oft damit konfrontiert, wenn sie zu einem Ausweichverhalten neigten und sich scheuten, neue und mit Angst vor möglichen unangenehmen Konsequenzen verbundenen Verhaltensweisen wie z. B. »offen seine Meinung bekunden« oder »eine Bitte Dritter mit einem Nein zu beantworten«, umzusetzen. Außerdem fällt mir auf, wie ich heute viel selbstverständlicher als beim ersten Mal in Vinstra mich dazu entscheide, den Zug zu nehmen und damit den leichteren Weg zu wählen. Hierzu passt auch ein Zitat meines sehr geschätzten früheren Geschäftspartners, einem gebürtigen Norweger: »Die größten Kritiker der Elche waren früher selber welche.« Mit diesen Gedanken lege ich mich in mein Bett und schlafe bald ein.

## *Mittwoch, 19. Juli 2017*

Letzte Nacht muss ich wohl sehr viel geträumt haben. Ich erinnere mich nur noch an eine blaue, wolkenförmige Vase oder Schale, die umgekehrt auf dem Tisch steht. Ein akutes Hungergefühl hindert mich an einer Traumdeutung. Hauptsache gut geschlafen. Meine drei Mitwanderer schlafen noch friedlich. Und jetzt wird »gudd gess«, wie wir als Saarländer zu sagen pflegen. So mache ich mir nach der Morgentoilette in einem spartanisch eingerichteten Bad (keine Seife, keine Papiertücher ...) dann in der Küche Kaffee und esse zwei Portionen von Bettinas Babybrei-Vorräten. Sie hat von zu Hause mehrere Packungen mitgebracht, dass man damit glatt eine Kindergartengruppe sättigen könnte.
Draußen vor der Hütte erhalten meine treuen Füße bei strahlendem Sonnenschein eine ausführliche Pediküre. Erfreut stelle ich fest, nach wie vor von Blasen oder schmerzhaften Druckstellen, den typischen Leiden vieler Pilger, verschont geblieben zu sein. Auf einer Weide höre ich die Halsglöckchen der Schafe läuten. Ein wahrhaft friedlicher Moment, der auch nicht durch die gottlob heute wenig befahrene Autobahn *E6* in der Nähe geschmälert wird. Mittags werden wir gegen 12:30 Uhr den Zug nach *Oppdal* nehmen, denke ich in dem Moment, als ich das typische Geräusch eines Feuerrosses nicht weit entfernt von hier vernehme. »In etwa 14 Tagen werde ich ebenfalls in einem Bahnwaggon die Rückreise nach Oslo antreten«, schießt es mir durch den Kopf. Bei dem Gedanken kommt sowohl Freude als auch Wehmut in mir auf. Freude auf meine Frau, meine Kinder und Enkel sowie viele Freunde. Wehmut, da dann ein einmaliges und ebenso schönes wie beeindruckendes Ereignis in meinem Leben seinen Abschluss gefunden haben wird. Wie werde ich mich wieder in meinem normalen Alltag einfinden, mich wieder anstehenden beruflichen Aufgaben stellen? Will ich überhaupt noch weiterarbeiten? Soll ich meine Firma einfach schließen oder verkaufen? Was hat das

alles für Konsequenzen und vieles mehr. Im Moment tendiere ich deutlich dazu, mich Schritt für Schritt aus meinem beruflichen Engagement zurückzuziehen. Mein Buchprojekt »Danke, Olav!« erscheint mir als Zukunftsaufgabe sehr verführerisch und motiviert mich sehr. Vor meinem geistigen Auge sehe ich mich Vorträge über meine Erfahrungen halten. Wie leicht dürfte es sein, angesichts meiner zahlreichen Fotos von diesem herrlichen Land und seinen sympathischen freundlichen Menschen meine Zuhörer zu begeistern. Bereits vor meiner Reise habe ich für meine Idee von vielen Leuten Zuspruch erhalten. Auch andere Pilger haben mich in den letzten Wochen ermutigt, so ein Buch zu schreiben. Bettina ist davon so begeistert und prognostiziert dem Buch bereits einen großen Erfolg. Bei all dem Schwelgen bleibe ich auf dem Boden der Tatsachen. Ich bin weder ein hartgesottener Globetrotter oder erfahrener Pilgerprofi, noch habe ich je ein Buch geschrieben, kleine Fachartikel einmal ausgenommen. Insgesamt beflügelt mich das positive Feedback, ohne dass ich dabei einen Erfolgsdruck verspüre. Was ich deutlich spüre, ist meine Lust Neues zu tun. Eine reizvolle Möglichkeit, meinem Rentneralltag bereits im ersten Lehrjahr Struktur und Sinn geben zu können. Mittlerweile herrscht Leben in und vor der Holzhütte. In unserer Gruppe ist das *Kongsvold*-Hotel immer noch ein hoch aktuelles Diskussionsthema. Gegen 11:30 Uhr marschieren wir gemeinsam zum Bahnhof. Ich bin froh, den Ort hinter mir lassen zu können. Die Stimmung in unserer Sechsergruppe nähert sich zügig den Wärmegraden der glitzernden Sonnenstrahlen. Laut einer Insider-Information sollen wir per Handzeichen dem Zug ein Signal zum Halten geben. »In Deutschland – unmöglich!«, bemerke ich. Voller Übermut üben wir am Bahnsteig hochkreativ verschiedene Möglichkeiten, den Zugführer auf uns aufmerksam zu machen. Wie bereits andere kleine Haltestationen, die wir zuvor gesehen hatten, erinnert uns das hiesige, aus Holz gebaute schöne Gebäude an einen Bahnhof im Wilden Westen aus früheren Zeiten. Als Minuten später und auf die Minute genau ein Zugsignal in der

Ferne ertönt, schaffen wir es tatsächlich, mit Handsignalen den Zug anzuhalten. Zumindest glauben wir, es mit dieser Methode erreicht zu haben. Die 47 Kilometer lange Fahrt bis *Oppdal* dauert 35 Minuten. An uns gleitet eine gebirgige und wieder stark bewaldete Landschaft vorbei. Für mich eine Augenweide und so ganz ohne Anstrengung, ein kleines schlechtes Gewissen über meine Inkonsequenz inklusive. *Oppdal* präsentiert sich als eine reizvolle kleine Wintersportstadt, heute auch noch von ihrer sonnigen Seite. Im Zentrum essen wir in einem Café all die Leckereien, die uns schmecken. Die 70 *NOK* für ein großes Baguette mit Lachs und Shrimps sind eine lohnende Investition in eine geschmackvolle und sättigende Mahlzeit. Jens läuft heute mal wieder zur Hochform auf und macht am Tisch den Entertainer. Er erzählt humorige Anekdoten aus seinem Leben. Mit seiner Story »Fröscheschmuggel im damaligen DDR-Territorium« erntet er brüllendes Gelächter. Nach dieser ausgelassenen Pause gehen Jens und Werner zu ihrem Hotel. Bettina und ich machen uns zum Tourist-Center auf. Dort erfahren wir von einer freundlichen jungen Dame, dass der von uns gebuchte Campingplatz etwa 30 – 40 Minuten von hier entfernt ist. Tatsächlich sind wir nach 40 Minuten Fußweg an unserem Ziel, dem *IMI*-Campingplatz, angelangt. Bei der Anlage handelt es sich nicht um einen typischen Campingplatz, sondern um eine Freizeiteinrichtung für Familien und Jugendliche. Alles wirkt sehr gepflegt. An der Rezeption empfängt uns ein kleiner Mann, der uns überaus freundlich und sehr detailliert über das gesamte Prozedere während unseres Aufenthaltes in einem ausgesprochen guten Deutsch informiert. Wir beziehen zusammen mit Maya und Martin, einem uns bekannten Pilgerpaar, eine kleine, wohnlich eingerichtete Hütte mit einem schönen Blick auf die gegenüberliegenden Berge. Bettina bringt unsere schmutzige Kleidung zum Waschsalon. Ich besorge für uns alle frisches Wasser im benachbarten Duschraum. Unsere Hütte verfügt nicht über fließendes Wasser. Während sich Martin und Maya ein Sonnenbad im Gras vor der Hütte gönnen, bestellen wir

*Norwegerpullis für das Haus ...*

ein Taxi nach *Oppdal*. Dort treffen wir wieder Werner und Jens, mit denen wir uns zum Essen in einer bekannten Pizzeria verabredet haben. »Die machen dort sehr gute und große Pizzen«, erzählt uns Jens. Er hat bei einer früheren Wanderung bereits einmal dort gegessen. Nach einer Stunde stelle ich an besagtem kulinarischen Tatort fest: Er hat nicht zu viel versprochen. Eine leckere große Pizza und zwei alkoholfreie Bier vermögen mich gut zu sättigen. Am Abend promenieren wir durch die Stadt und genießen reuefrei in einem Kaffeehaus Eis und Kaffee. Anschließend schlendern wir durch die Stadt. Am Straßenrand sehen wir ein detailreich mit bunter Wolle umstricktes Haus mit einem ebenso designten Auto. »Die Besitzer sparen im Winter damit richtig Heizkosten«, platzt Jens heraus und erntet unser Gelächter. Auf dem Rückweg zu un-

*... und fürs Auto*

seren Unterkünften decken wir uns noch mit Nahrungsmitteln für den morgigen Tag ein. Etwas kompliziert und zeitaufwendig gestaltet sich der Versuch, ein Taxi zu bestellen. Nach vielen Versuchen haben wir endlich gegen 20:30 Uhr Erfolg. Kurze Zeit später fallen wir müde in unsere Betten. Während der Nacht muss ich dreimal einen 60 Meter langen Fußmarsch zur Toilette machen, die sich in einem Nebengebäude befindet. Konsequenz meines reichhaltigen Genussmittelkonsums an Kaffee und Bier. Zudem dürfte die Symptomatik ein Hinweis für mich aufs nahende Prostatatum sein. Als ich auf dem Rückweg wieder die Hütte betrete, trifft ein typisch strenger »Duft« aus Wanderstiefeln und Outdoor-Kleidung frontal meinen Riechkolben. »Jetzt nicht mehr tief durchatmen, sondern sofort weiterschlafen«, lautet meine Devise.

## Donnerstag, 20. Juli 2017

Ich wache als Erster auf und wecke um 7:30 Uhr die anderen. In einer großen Cafeteria genießen wir ein überaus reichhaltiges Frühstück und dürfen uns sogar noch ein gutes Lunchpaket mitnehmen. Zahlreiche junge Familien mit kleinen Kindern stillen ebenfalls ihren Hunger. Ich beobachte das quirlige Treiben des norwegischen Nachwuchses und ihre Eltern. Mich beeindrucken sehr die souveräne Selbstständigkeit der Kinder sowie die gelassene und zugleich konsequente Haltung der jungen Mütter und Väter. Hier scheinen klare Spielregeln zu greifen, die von allen akzeptiert und umgesetzt werden. Die Kleinen sind zwar lebhaft, reagieren jedoch nicht über. Die Eltern wirken gelassen und kommunizieren in ruhigem Ton mit ihrem Nachwuchs. Unwillkürlich fallen mir Vergleiche zu Veranstaltungen zu Hause in Kindergärten oder bei Kinderfesten ein. Vor meinem geistigen Auge sehe ich dabei Szenen mit genervten Eltern und tobenden Kindern, für die es scheinbar keine Grenzen gibt. Auch wenn ich mir bei diesen Schilderungen einen gewissen idealisierenden Blick zugestehe, glaube ich doch, dass diese Norweger relaxter und gelassener in der Öffentlichkeit auftreten als mancher meiner deutschen Artgenossen. Meine kleine Feldstudie wird unterbrochen von Bettinas Aufforderung zum Aufbruch. Direkt zu Beginn erwartet uns, »wie außergewöhnlich« ein steiler Anstieg, der mich überraschenderweise nicht nennenswert fordert. Wir haben heute 20 Kilometer vor der Brust. Glücklicherweise sind diese recht einfach und ohne große Anstrengung zu laufen. Ärgerlicherweise verläuft ein Großteil der Strecke auf einem der von uns »bestgehassten« Schotterwege. Zu beiden Seiten der Straße werden wir dafür mit einer traumhaften Landschaft versöhnt. Auf einer Wiese am Straßenrand entdecken wir eine größere Gruppe von Wanderern im Gras sitzen. Als wir kurz anhalten, winkt uns einer lächelnd zu und lädt uns mit deutlicher Geste zu einer Rast ein. Während Maya und

balsam. Etwas widerwillig verabschiede ich mich daher von der Gruppe, um meine Klamotten zu waschen. Sie haben es wieder verdient. Anschließend verabreiche ich meinem *Pilger-Body* eine neue Duftnote. Er hat es, angesichts seines streng riechenden Aggregatzustandes auch bitter nötig. Frisch geduscht gehe ich nach einem netten Gespräch mit einer Schweizerin in mein Zimmer, das ich mit Maya und Martin teile. Keine zehn Minuten später und ich promeniere bereits im Traumhotel.

## Samstag, 22. Juli 2017

Nach einem ausgesprochen guten und tiefen Schlaf in einem weichen Bett wache ich um 6:30 Uhr auf. Auf dem Weg zur Toilette treffe ich draußen auf dem Hof auf Marc, einen 45-jährigen Globetrotter mit einem imposanten langen Bart. Wir können auf den ersten Blick miteinander. Er lädt mich zu einem Kaffee ein. In einem fast einstündigen Gespräch plaudern wir über das Reisen, persönliche Lebensziele, alte Verhaltensmuster und natürlich Gott und die Welt. Mittlerweile kommt Leben in den Hof. Unsere Freunde vollziehen derweil die immer wieder gleichen Morgenrituale. An einem kleinen Tisch vor meiner Unterkunft schreibe ich meine Eindrücke vom letzten Tag nieder. Um mich herum summen eifrige Bienen auf der Suche nach Nektar durch die hellen Sonnenstrahlen. Ich unterbreche mein Schreiben und schaue eine Weile dem geschäftigen Treiben der kleinen Honigproduzenten zu. Ich deute den Vorgang so, als wollten sie mir mit ihrem sonoren Sound ein paar Bienengedichte für mein Buch schenken. Eine innere Ruhe kehrt in mir ein. »Wie einfach kann es sein, einen Glücksmoment im Alltag zu entdecken«, denke ich mir und lasse mich in diesem angenehmen Gefühlszustand treiben. Nicht lange, denn Bettina kommt zu mir und fragt mich unvermittelt, ob ich auch mit dem Auto bis zur Rennebu-Kirche gefahren werden möchte. Ingrid, unsere Gastgeberin, habe uns das Angebot gemacht. Ohne weiter zu überlegen, sage ich sofort zu. Wir können uns dadurch knapp sechs Kilometer Fußmarsch über eine Asphaltstraße bei heißen, sonnigen Wetter ersparen. Wenig später packen wir unsere Rucksäcke in den Geländewagen und sind bereits wenige Minuten später am Ziel. Wir verabschieden uns herzlich von Ingrid und wünschen ihr alles Gute. »Wollen wir die Kirche besichtigen?«, fragt Bettina in die Runde. Ein einstimmiges »Ja« ist das Echo. Auf dem Weg dorthin entdecken wir einen historischen Kaufladen aus den vierziger Jahren. »Er ist mittlerweile ein Museum«, erklärt uns kurz darauf Carolina, eine hübsche, rothaarige junge Frau. »Ich arbeite hier während

*Schwebebalken-Training für Männer*

der Semesterferien als Guide«, sagt sie und bietet uns eine Besichtigung des Gotteshauses an. Zuvor dürfen wir uns noch an frischgebackenen Waffeln mit Sahne und aromatischem Kaffee laben. Das Warenangebot in dem kleinen Raum erinnert mich an meine Kindheit. Auch meine Wanderfreunde lassen beim Anblick der wohlvertrauten Produkte ihre Aahs und Oohs ertönen. Wir fühlen uns in solchen Momenten bestätigenden Staunens wie von der »guten alten Zeit« eingehüllt und tauschen unsere früheren Erlebnisse aus. Ich kann mich nur schwer aus diesem Zimmer der Vergangenheit lösen. Carolina führt uns nun zur Kirche, deren *Y-förmiger* aus Holz gestalteter und in einem intensiven dunklen Rot bemalter Korpus unsere Aufmerksamkeit in seinen Bann zieht. »Die Kirche wurde im Jahre 1669 erbaut und ist eine von nur noch fünf *Y-Kirchen* in Norwegen«, informiert uns Carolina. Ausführlich und überaus kompetent erklärt sie uns Einzelheiten aus der Entstehungsgeschichte, den sakralen Gegenständen und der Symbolik der *Y-Bauweise*. Sie soll die Dreifaltigkeit Gottes symbolisieren. Gut eine halbe Stunde lassen wir die Eindrücke auf uns wirken. Danach ein herzlicher Abschied von unserer sympathischen Fremdenführerin. Weiter geht es ca. 16 Kilometer bis zur nächsten Herberge, teils in praller Sonne, teils über steile Waldpfade. Immer wieder halten wir zwischenzeitlich an, um uns an dieser traumhaft schönen hügeligen Waldlandschaft, durch die sich der Fluss *Orkla* schlangengleich seinen Weg bahnt, zu erfreuen.
Bereits am frühen Nachmittag erreichen wir unser Ziel, den Bauernhof *Segard Hoel*. Von der Besitzerin werden wir freundlich gebeten, vor dem Hause Platz zu nehmen. »Ich bereite zwischenzeitlich das Essen vor«, sagt die Bäuerin. Mit einem inneren Jubelschrei befreie ich mich von meinem Rucksack. Die Sonne hat heute mal wieder arg an meiner Kondition genagt. Meine Hüften und die Fußsohlen schmerzen. Erstmalig ertappe ich mich, wie ich mich, ungeachtet der bisherigen unvergesslichen Erlebnisse, wieder auf die Heimat freue. Aber ich lasse der Sehnsucht nach zuhause keinen weiteren Raum, sondern genehmige mir eine er-

frischende Dusche. Bis zum Abendessen plaudern wir vor dem Hause. Auch bei den anderen kommen erste Gedanken an das Ende unseres Pilgerweges auf. »Wir müssen noch etwas Gas geben, um pünktlich am 29. Juli zu den Olavs-Feiertagen in Trondheim zu sein«, höre ich jemand aus der Gruppe sagen. In der Tat: In genau einer Woche wollen wir uns am *Start-Stein* vor der Kathedrale in Siegerpose und überschäumender Stimmung gegenseitig ablichten. Ich vermag mir diesen Moment bereits detailliert vorzustellen, zumal ich bereits 2009 mit meinem Bruder dort gewesen bin. Um 18:00 Uhr stößt die Dahl-Pilgergruppe zu uns. Ein lautes Hallo, spontane Umarmungen und ein reger Austausch über die gewanderte Route folgen. Als die Hausherrin uns zum Abendessen bittet, folgen alle umgehend und neugierig auf das Menü ihrer Aufforderung. In einem großen Wohnzimmer, an zwei langen Holztischen sitzend, werden wir von unserer Wirtin und ihren beiden Kindern aufmerksam und zuvorkommend mit typisch norwegischen Spezialitäten beköstigt. Besonders lecker finde ich *Rommegrot*, einen landestypischen Sauerrahmbrei. Auch wenn er in der Kalorientabelle einen der Spitzenplätze einnimmt, genehmige ich mir hemmungslos eine zweite Portion. »Der nächste energiezehrende Wegzoll wird mir meinen Kalorienüberschuss schon wieder abschmelzen«, beruhige ich mich angesichts meiner Gier. Schlussendlich wirken alle Pilger rundum zufrieden und satt. Bis in die Abendstunden machen wir es uns vor dem Hause gemütlich. An Erzählstoff fehlt es wahrlich keinem. Heute Nacht schlafen wir ebenfalls im Wohnzimmer, das für diesen Zweck von unseren Gastgebern aus Platzgründen zu einem Schlafzimmer mit Campingliegen und Luftmatratzen umgestaltet wurde. Ich entscheide mich für ein solches *Gummiboot* und verbringe darauf eine ausgesprochen gute Nacht.

## Sonntag, 23. Juli 2017

### »Ich fehlt de Führer«

Gegen 6:30 Uhr erwachen überall im Hause die Lebensgeister. Gestern hat uns unsere Gastgeberin informiert, dass wir aufgrund der großen Gästezahl in zwei Etappen frühstücken müssen. Wir sind bei der ersten Gruppe und haben für die Mahlzeit lediglich eine halbe Stunde zur Verfügung. Danach folgt um 7:45 Uhr die Pilgergruppe. Mir gefällt dieses temporeiche Frühstück nicht, da ich meine mir mittlerweile lieb gewordene Ruhe im Alltag vermisse. Beim Rausgehen werde ich jedoch durch eine kleine Begebenheit aufgemuntert. Im Flur kommt mir Knut, der 78-jährige Norweger, auf einer sehr engen Treppe entgegen und murmelt lächelnd etwas auf Deutsch. Ich verstehe Bruchstücke wie: »Ich … fehlt de Führer …« Ich bin zunächst sehr überrascht, gar etwas befremdet über seine Worte. Redet er etwa vom damaligen F …? Beim Dechiffrieren seiner Botschaft wird mir dann klar, dass er meinte: »Ich habe die richtige Tür verfehlt.« Als ich meinen Kumpanen dies erzähle, ernte ich brüllendes Gelächter. Der Spruch hat bei der Gruppe *gefangen*. Wir stellen uns während des ganzen Tages immer mal wieder »den fehlenden Führer« vor und haben so unsere Spaßmomente während des Gehens. Überhaupt albern wir heute ständig wie eine Horde übermütiger Halbwüchsiger rum. Das Frühstück hat seinem Namen alle Ehre gemacht. Dadurch machen wir uns entsprechend früh auf die Socken. Jens ist von dem freundlichen Service der beiden Kinder so gerührt, dass er ihnen beim Abschied noch ein paar Kronen zusteckt. Er erntet für diese Geste strahlende Gesichter und ist glücklich über deren Reaktion. Heute haben wir wieder eine relativ kurze Strecke von 17 Kilometern vor uns. Unsere Laune strahlt mit der Sonne

*Ferienhäuschen für Kletterer* ▶

um die Wette. Bettina und ich gehen als Erste. Eine Viertelstunde vorher ist die Pilgergruppe gestartet. Auf einem Feldwirtschaftsweg laufen wir an Wiesen in sattem Grün und wogenden Getreidefeldern vorbei. Die vom Wind bewegten Halme wirken wie ein grünes Meer mit sanften Wellen. Ein fantastischer Anblick, den wir tief beeindruckt in uns aufnehmen. Am Wegrand schmunzeln wir über ein ausgesprochen originelles Baumhaus. »Kreativ sind sie, die Norweger«, stelle ich bewundernd fest. Bettina spielt auf ihrem Smartphone Songs der 60er und 70er Jahre. Sie erzählt mir begeistert, sie liebe diese Art von Musik sehr. Die junge Dame ist halb so alt wie ich und liebt die gute alte Rockmusik. »Meine Eltern sind ebenfalls beide Rockfans. Diese gemeinsame musikalische Vorliebe finde ich gut«, erzählt sie mir. Jetzt hat mich das Oldie-Fieber auch gepackt. Led Zeppelin kommt mir in Erinnerung. Sofort startet Bettina auf ihrem Smartphone Songs von den Jungs. Für kurze Zeit rocken wir mit unseren Rucksäcken und steigern singend unseren Wohlfühlpegel. Als wir etwa 100 Meter vor uns die Pilgergruppe entdecken, drosselt Bettina rücksichtsvoll die Phonzahl. Unsere Hüpf- und Gesangseinlagen in Verbindung mit rockigen Rhythmen aus dem Smartphone sind wahrhaftig nicht Olavsweg-like. Sie machen jedoch gute Stimmung.

Wir steuern auf einige reizvolle Holzhütten zu. Dort gibt es laut unseren Informationen eine Wassertankstelle. Vor Ort treffen wir die Pilger wieder. Deren Gruppe ist kleiner geworden. Wir erfahren, dass zwei Frauen Probleme mit ihren Füßen haben und sich daher bis zur *Meldal*-Kirche fahren lassen. Derweil haben wir unsere Wasservorräte aufgefüllt und laufen weiter. Wir gehen auf schmalen Waldpfaden, die mit ihrer andächtigen Schönheit allen Sinnen schmeicheln. Ebenso wie das gesamte *Orklatal*, das ich als sehr romantisch, still und beschaulich empfinde. Mir fällt ein Song der Gruppe *Deep Forest* ein. Ich schwärme Bettina davon vor. Gegen 11:15 Uhr erreichen wir die *Meldal*-Kirche. Spontan entscheiden wir uns, am Gottesdienst teilzunehmen und mischen uns unter die zahlreichen Gläubigen. Als Katholik ist es für mich überraschend, dass eine Priesterin die Messe leitet. Ich verfolge die Liturgie aufmerksam und gerate in eine Art Trance. Zeit und Ort rücken dabei, einem meditativen Zustand gleich, vollkommen in den Hintergrund. Nach dem Gottesdienst werden wir von anderen Kirchenbesuchern zum Kaffee eingeladen. In unmittelbarer Nähe der Kirche befindet sich ein kleiner Park. Dort treffen sich die Einheimischen und plaudern bei Kaffee und Kuchen. Eine sympathische ältere Dame bittet uns in eine kleine Hütte und fordert uns auf, uns mit Kaffee und Kuchen zu bedienen. Wir setzen uns zu den Leuten an einen Tisch. Das Interesse an uns Pilgern und unseren Reiseerfahrungen ist sehr groß. Erstaunt und anerkennend reagiert ein älterer Mann, als er das Gewicht meines Rucksacks prüft. Wir erfahren, dass dieses gesellige Ritual jeden Sonntag nach Ende des Gottesdienstes stattfindet. Für mich ist dies ein Beispiel gelebter Kirchengemeinde. Nach fast zwei Stunden verabschieden wir uns bei strahlendem Sonnenschein von unseren Gastgebern. Ich habe die Zeit regelrecht vergessen, so angenehm und stimmungsvoll empfinde ich dieses überraschende Zusammentreffen. »Have a good journey«, »Have a nice trip«, nehmen wir mit auf unseren Weg. Ich bin begeistert von der Herzlichkeit und Gastfreundschaft dieser Menschen. Wehmütig und zugleich glücklich verabschieden wir uns und nehmen die vor uns liegende Strecke in Angriff. Bettina ist ebenfalls begeistert von dem gerade Erlebten. Der Pilgerweg ist tatsächlich bislang voller außergewöhnlicher Momente. Ob dies sein spezielles Geheimnis ist, sein »Spirit«, oder ob das alles heute mal wieder einfach so passiert ist, will und kann ich im Moment auch nicht erklären. Was in mir bleibt, ist Dankbarkeit und Freude über unsere Gastgeber, ihre unvoreingenommene Offenheit und Neugierde, ihr bedingungsloses Schenken und ihre charmante Integration von uns Pilgern. Wieder auf dem Weg, stößt später Lenny, unser Küken, zu uns. Er erzählt uns, die letzte Nacht im Zelt verbracht zu haben. Nach einigen Minuten hat sich die Jugend wieder etwas von mir abgesetzt. Ich behalte mein Tempo bei. Dieses Mal jedoch nicht nur wegen konditioneller, sondern auch wegen *duftender* Gründe. Lenny hat als ambitionierter Zelter in der letzten Zeit wohl nicht die Möglichkeit gehabt, sich und seine Wäsche regelmäßig zu waschen. »Aber große olfaktorische Unterschiede gibt es zwischen ihm und mir auch nicht«, bemerke ich nach einem kurzen Selbsttest und freue mich auf die nächste Dusche. Am frühen Nachmittag erreichen wir unser nächstes Ziel. Es ist ein kleines, in einem Waldstück stehendes Haus. Auch hier werden wir wieder sehr freundlich und zuvorkommend von unserem Gastgeber begrüßt. Maya und Martin haben sich bereits häuslich eingerichtet und informieren uns über die Abläufe in der Herberge. Sofort hüpfe ich unter die bereits sehnsüchtig erwartete Dusche und wasche meine Kleider. Zu meinem Leidwesen bemerke ich jetzt, dass ich heute Morgen meine Handtücher in der letzten Herberge vergessen habe.« Was soll's«, denke ich mir, »ich werde mir morgen neue Teile und eine Zahnbürste zulegen« und nehme die Tatsache mit Gelassenheit. Später entscheide ich mich für ein Nachtlager auf der Couch, lege mich auf meinen Schlafsack und bin sofort für 1,5 Stunden eingeschlafen. An dieser Stelle sei der Olavsweg allen Menschen mit Schlafproblemen empfohlen. Pillen sind hier überflüssig. Wieder unter den Lebenden, sehe ich zusammen mit den anderen erwartungsvoll dem Abendessen entgegen, das wir dieses Mal geordert haben. Plötzlich klopft es draußen an der Tür und Margarete, die Holländerin, ist wieder bei uns gelandet. Sie hat Glück. Ein Bett ist noch frei. Zusammen machen wir uns über ein leckeres und reichhaltiges Abendessen her (jede Menge Buletten, Kartoffeln und Mischgemüse; zum Nachtisch Obstsalat). Gut gesättigt löschen wir bereits um 21:00 Uhr das Licht.

## Montag, 24. Juli 2017

Heute feiert meine Tochter Steffi ihren 33. Geburtstag. Ich gratuliere ihr per *WhatsApp* und erhalte von ihr sofort ein erfreutes, herzliches Echo. Wenige Minuten später serviert mir der sympathische und aufmerksame Hausbesitzer ein Frühstück, das locker für drei Personen reicht. Auf meine Einladung hin bedient sich Bettina ebenfalls daran. Maya und Martin sind noch vom Abendessen satt. Margarete, die stille Holländerin, verabschiedet sich von uns. Wir bringen unsere Wohnung wieder in Ordnung. Anschließend geht's ans Packen. Draußen zeigt sich zwischenzeitlich wieder die Sonne und der Wind legt sich. In meinem Pilgerpass ist nur noch Platz für vier Stempel. Daher entschließe ich mich, den von dieser Herberge lediglich in mein Notizbuch zu drücken. Die Stempel der einzelnen Herbergen in dem Pass dienen als Nachweis für die Pilger, den Olavsweg auch tatsächlich gelaufen zu sein. Im Pilgerzentrum am *Nidaros-Dom* in Trondheim werde ich nach Vorlage des Passes eine Urkunde erhalten. Auch wenn ich ansonsten keinerlei Wert auf Zertifikate oder sonstige Leistungsbekundungen lege, so hat die Urkunde in diesem Fall für mich etwas Besonderes und damit bleibenden Wert. Sie verdeutlicht mir, in meinem jetzigen Lebensabschnitt etwas Außergewöhnliches gewagt, erlebt und erfolgreich bewältigt zu haben. Darauf darf ich stolz sein. Ich reiße mich aus meinen Gedanken und mache mich mit meinen Freunden die nächsten 13 Kilometer bis nach *Gumdal* auf den Weg. Solch eine kurze Strecke bedeutet für mich mittlerweile, ungeachtet der zu erwartenden Steigungen und Abstiege, eher eine Art Warmlaufen. Martin ist, aus mir nicht bekannten Gründen bereits alleine aufgebrochen. 20 Minuten später mache ich mich mit Bettina und Maya auf den Weg. Unterwegs schließen wir zu Martin auf, der gerade eine Pause macht. Gemeinsam gehen wir eine Landstraße entlang bis in den Ort *Lokken Verk*. Dort treffen wir wieder

Werner und Jens, mit denen wir uns verabredet haben. In einem kleinen Supermarkt kaufen wir Zutaten für das Abendessen ein. Unsere Stimmung ist etwas angespannt. Martins sicherlich unterhaltend gemeinte Frotzeleien kommen nicht bei jedem und jederzeit an. Für mich nicht verwunderlich, entstehen später auf dem Weg zur Herberge *Gumdal* drei Zweier-Gruppen. Bettina und ich lassen die anderen vorgehen. In *Svorkmo*, einem kleinen Ort, machen wir an einem weiteren Meilenstein Rast. Auf ihm steht in Stein gemeißelt »61 km til Nidaros«. Ich bin froh und erleichtert angesichts der kurzen Strecke, die wir noch vor uns haben. Heute verdränge ich die Tatsache des nahenden Abschieds vom Olavsweg und insbesondere von Bettina, Werner und Jens. Die drei habe ich mittlerweile fest in mein Herz geschlossen. Ich spüre zudem deutlich, dass die Chemie zwischen uns vier stimmt. Zu Beginn meiner Reise war ich mir noch sicher, den gesamten Weg alleine zu gehen. Nun bin ich froh, mit den dreien gemeinsam unser Ziel zu erreichen. Die Pilgergruppe erreicht uns wieder. Sie ist mittlerweile stark reduziert. Jenny, eine junge Dame, wandert trotz zahlreicher Blasen unter Schmerzen tapfer weiter. Gwen, eine Engländerin in den Fünfzigern ist sehr höflich und liebenswert. Sie forciert immer wieder die Kommunikation, was ich sehr an ihr schätze. Jürgen, ein Deutsch-Däne, unterhält die Gruppe ebenfalls mit seinen Schilderungen über seine bisherigen Reisen. Völlig unvermittelt nimmt mich Knut, der Norweger, zur Seite und eröffnet mir sein Interesse an einer etwa gleichaltrigen Dame aus der Gruppe. In den vergangenen Tagen ist mir in einigen Situationen seine Zuneigung zu dieser Frau aufgefallen. Solch ein dezenter Flirt älterer Menschen berührt mich sehr. Beide sind noch ausgesprochen fit und überholen uns mit einem Lächeln im Gesicht an der letzten Steigung kurz vor der Herberge. Bettina und ich gönnen den beiden Oldies diesen Triumph. »Ich habe gerade eben mit Pastor Dahl einen guten Deal gemacht«, eröffnet mir später Bettina.

»Er hat mir zugesagt, wir können in der Herberge *Lian*, die letzte kurz vor Trondheim kostenlos übernachten – Frühstück inklusive.« »Mit etwas Glück dürfen wir bei der Übergabe der Urkunden in Trondheim auf eine Extra-Verleihung hoffen«, sagt sie mit einem verschmitzten Lächeln. »Dann werde ich mich nicht dagegen wehren«, antworte ich erfreut. Trotz mehrerer strammer Anstiege sind wir bereits um 15:30 Uhr am Ziel. Der Hof *Gumdal Gård* begeistert uns alle auf den ersten Blick. Eine von Bäumen begrenzte Straße führt zum Hauptgebäude. Das ganze Anwesen besticht durch eine gelungene Architektur. Wir beziehen eine geräumige Hütte, die den Namen ihrer Größe wegen nicht verdient hat. Es ist vielmehr ein großes wunderschönes Holzhaus mit einer traumhaften Aussicht ins Tal und einem großen Garten. Wir können unser Glück nicht fassen, als wir in einer perfekt eingerichteten Küche auch Vorräte und Getränke zu einem günstigen Preis kaufen können. Zur Feier des Tages leisten wir uns alle eine Dose Bier und setzen uns bei strahlendem Sonnenschein und wolkenlosem blauen Himmel in den Garten an einen großen Holztisch. Die Stimmung könnte nicht besser sein.

Erst Stunden später gehen wir zu unseren Zimmern. Jeder von uns hat eine kleine, gemütlich eingerichtete Stube. »Danke, Olav!«, entfährt es mir spontan. Mit so einer Unterkunft habe ich nicht gerechnet. Jetzt fällt mir auf, dass ich permanent ein typisches *10-vor-2-Gesicht* mit einem heftigen Glücksgefühl im Bauchfleisch habe. »More, more, more«, ich könnte schreien wie ein Musikfan, der am Ende des Konzerts lautstark Zugabe fordert. Bei all diesen emotionalen Höhenflügen holt mich die regelmäßige Pflicht des Wäschewaschens wieder auf den Boden der Tatsachen zurück. Gemeinsam füllen wir die Waschmaschine, ebenfalls ein nicht alltäglicher Service. Aber unsere Superstimmung endet jäh. Von draußen hören wir einen lauten schmerzerfüllten Schrei. Bettina ist von einer Biene in den Fuß gestochen worden. »Ich habe eine Bienenstichallergie«, entfährt es ihr mit einem gequälten Gesichtsausdruck. Sofort packen wir drei Männer beherzt zu. Jens, unser Heilpraktiker, behandelt Bettina mit einer Akupunktur, Zwiebeln und homöopathischen Medikamenten. Während Werner den Stachel vorsichtig entfernt, eile ich zum Gefrierschrank, mache eine Eispackung fertig und kühle damit Bettinas Fuß. Die Schwellung bildet sich langsam zurück. Bettina beruhigt sich. Wir auch. So verzögert die heimtückische Tat eines schwarz-gelben Brummers unsere Vorbereitungen des Abendessens. Jens übernimmt die Rolle des Chefkochs und zaubert souverän eine leckere Tomatensauce mit Spaghetti. Werner macht in seiner typisch unauffälligen Art den Küchen-Cleaner. Ich berechne derweil die Kosten für das Menü. Jeder wird für 56,20 *NOK* richtig satt und zufrieden. Nach getaner Arbeit mache ich einen kleinen Verdauungsspaziergang über den Hof. Dabei entdecke ich noch mehrere kleine Unterkünfte. In einer haben es sich Maya und Martin gemütlich gemacht. Etwas später komme ich mit zwei jungen Österreichern in Kontakt. »Wir sind heute 45 Kilometer gelaufen und wollen den Trail in möglichst kurzer Zeit durchziehen«, eröffnet mir der eine in österreichischem Dialekt. Er ist Sportlehrer, steht entsprechend gut im Hemd, hat allerdings fürchterliche Blasen an den Füßen. »Egal wie, morgen geht's weiter«, erklärt er mir mit einem breiten Lächeln. Einerseits bewundere ich ihre fast überirdische Marschleistung. Andererseits finde ich es schade, dass beide mit einem solchen Highspeed eine Bilderbuchlandschaft wohl nur mit einer Art Tunnelblick erleben können »da wird ein beschauliches Genießen der Gegend nicht möglich sein; aber: Chacun a son goût«, denke ich mir meinen Teil. Stattdessen philosophieren wir noch eine Weile über unsere Motivation für diesen Weg sowie über dies und das. Heute steige ich um 23:15 Uhr in mein Bett. Die Sonne des vergangenen Tages hat mein Zimmer ziemlich aufgeheizt. Erstmals während dieser Tour lege ich mich ohne eine Decke ins Bett. Trotzdem wache ich aufgrund der Wärme nachts mehrfach auf.

*Impressionen auf dem Weg …* ▶

## *Dienstag, 25. Juli 2017*

### Moor and Moor

Fast synchron stehen Werner und Jens mit mir um 7:00 Uhr auf. Meine Stimmung ist so strahlend wie die Morgensonne. Die anderen sind ebenfalls verdammt gut drauf. Wir frühstücken gemeinsam in einem großen, geschmackvoll eingerichteten Wohnzimmer. »Hier kann man's gut aushalten«, finden wir einhellig. Diese Herberge hier ist mal wieder ein Glückstreffer. Ungeachtet dessen heißt es für uns: Abschied nehmen von diesem schönen Ort. Wir haben heute einen strammen Trail von über 20 Kilometern durch die Hochmoore vor uns. »Ich will und werde diese Strecke ebenfalls schaffen«, so mein fester Vorsatz. Zusammen mit Bettina mache ich mich auf den Weg. Werner und Jens sind bereits früher aufgebrochen. Wir schließen einige Zeit später zu ihnen auf. Schon bald erreichen wir nach mehreren Steigungen das erste Hochmoor. Die Sonne bearbeitet uns wie ein aus der Kontrolle geratener Heizpilz. Zusätzlich nagt das schwüle Wetter bald arg an unserer Kondition. Ungeachtet der widrigen Umstände finde ich die Moorlandschaft faszinierend. Birken und Wacholdersträucher säumen den schmalen Pfad. Wir sehen erste Moltebeeren am Wegrand, die allerdings zu unserem Bedauern noch nicht reif sind. Im weichen Boden sinken wir bei nahezu jedem Schritt zehn Zentimeter und tiefer ein. Der weiche Untergrund, den ich zunächst als sehr angenehm erlebe, raubt mir mit zunehmender Dauer meine Kräfte. Bei jeder kurzen Pause greifen uns sofort Bremsen und andere Stechmücken an. Abwehrbereit sprayen wir uns mit *Autan* und *Antibrumm* ein. Diese Mittel bieten uns für etwa drei Stunden einen guten Schutz vor den kleinen Blutsaugern. Die typischen Summgeräusche der kleinen Plagegeister halten uns trotzdem immer in Alarmstimmung. Angesichts solcher Tatsachen verspüre ich keinerlei Lust und

Muße zum Fotografieren. Trotz der einzigartigen Flora und Fauna treibt mich nur noch der Gedanke an unser nächstes Ziel, das Örtchen Skaun, voran. An einem kleinen Fluss treffen wir wieder Maya und Martin, die dort gerade ihre Pause beenden. Irgendwie komme ich nicht umhin, ihre Kondition und die beeindruckende Marschgeschwindigkeit zu bewundern. Für Sekunden steigt in mir wieder mein Wettkampfimpuls auf. »Mit denen kann ich es doch noch aufnehmen«, höre ich mich sagen »Wenn ich nur richtig Gas geben würde,. Meine zweite innere Stimme hält dagegen: »Dir scheint es wohl schwerzufallen zu akzeptieren, dass du nicht mehr in den Vierzigern bist; warum willst du dir beweisen, dass du genauso gut wie die Jüngeren drauf bist; Mensch Harry, sieh die Realität, du marschierst stramm auf die 66 zu und bist dem Irrglauben auf den Fersen, du könntest noch wie ein Junger!« Kleinlaut stimme ich ihr zu, wie sie mir die Realitäten des Lebens vor Augen führt. Wieder fällt mir mein Vater ein. Dieser war immer stolz auf seine körperlichen Kräfte, die er ungeachtet seines Alters gerne gegenüber Dritten demonstrierte. Ich habe dabei seine leuchtenden Augen, sein strahlendes Lächeln und seine Freude vor Augen, wenn er mal wieder seine Manpower anderen demonstrieren konnte. Als Kind und Jugendlicher machte dies einen starken Eindruck auf mich und bewog mich öfter dazu, es ihm nachzutun. Vielleicht bin ich nicht umsonst mit zwölf Jahren auf die Idee gekommen, dem »Stemmverein Deutsche Eiche 07« in meinem Heimatort Hostenbach beizutreten. Taufrische Erkenntnis meines kurzen Selbsterfahrungs-Trips: »Mein alter Freund! Lass solch illusionären Verkennungen. Dabei kannst du nur verlieren.« Alles richtig, nur nicht immer leicht zu akzeptieren.

Wieder im norwegischen Hier und Jetzt, versorgen wir uns mit kristallklarem kalten Wasser aus dem Bach nahe unseres Rastplatzes. Weiter geht es durch das Moor. An trockenen Abschnitten entdecken wir die ersten reifen Blaubeeren und pflücken uns eine Handvoll. Eine wahre Köstlichkeit, die kleinen blauen Kugeln, deren angenehme säuerlich unterlegte Süße meinen Geschmacksnerven schmeichelt. Ungeachtet aller Anstrengungen macht sich bei uns Enttäuschung breit, als wir am Nachmittag diese einzigartige Landschaft verlassen und unsere Füße wieder harten Kontakt mit Schotterwegen und Asphaltstraßen bekommen. »Mensch, bin ich kaputt«, raune ich Bettina zu. »Mir geht es genauso«, sagt sie lächelnd und macht den Vorschlag einer kurzen Rast unmittelbar am Fahrbahnrand. Jeder von uns sucht sich einen Liegeplatz auf dem grünen Seitenstreifen. Es ist jedes Mal ein unbeschreiblich tolles Gefühl, sich des *Dauerquälgeistes* Rucksack entledigen zu können. Augenblicke später liege ich mit einem wohligen Seufzer im Gras. Von der anderen Straßenseite lässt Bettina scherzende Kommentare über unsere tolle Leistungsfähigkeit ab. Mehr als ein gequältes Lächeln kann sie mir im Moment nicht entlocken. Vielmehr bin ich vor lauter Erschöpfung kurz vor dem Einschlafen, als sie mit den Worten: »Es sind nur noch zwei km bis nach Skaun« meine Sinne in den *Wach-Modus* lenkt. Wieder spüre ich die Last meines treuen Freundes auf meinen Schultern und die quälenden Signale meiner Füße und Hüften. Dunkle Wolken ziehen auf. Ab und zu donnert es. Solcherlei Natursignale lassen uns das Tempo deutlich anziehen. Wir wollen beide trockenen Fußes in unser Quartier kommen. Ich bekomme die zweite Luft und laufe Bettina davon. Unglaublich für mich, bin ich doch noch kurze Zeit vorher wie mit gezogener Handbremse gelaufen. Hier sieht man, welche Kräfte ein aufkommendes Gewitter freisetzen kann. Kaum 20 Minuten, nachdem wir im Gemeindezentrum des Ortes angekommen sind, beginnt es dann auch zu regnen. In einem großen Versammlungsraum mittelprächtiger Behaglichkeit treffen wir auf unsere anderen Pilgerfreunde, die bereits dabei sind, ihr Nachtlager aufzubauen. Für jeden von uns stehen eine Campingliege und eine Matratze zur Verfügung. Vor lauter Müdigkeit verzichte ich ebenso auf eine Einladung des Pfarrers zur Besichtigung der alten Kirche wie auf den Stempel in meinem Pilgerpass. Mir ist jetzt nur noch nach ausruhen und schlafen zumute. Vorab besorge ich mir noch Lebensmittel im *Coop-Laden* neben dem Gemeindezentrum. Eine gute halbe Stunde später decke ich gemeinsam mit meinen Pilgerfreunden den Tisch zum Abendessen. Alle reden beim Tischgespräch beeindruckt von der alten Kirche und ihrer Historie, aber ihre Eindrücke lassen mich im Moment ziemlich kalt. Meine Gedanken kreisen nur noch um meine bescheidene und hoffentlich bequeme Liegestatt. Um 23:00 Uhr ist es dann endlich so weit. Die Meute steigt in die Feldbetten. Ich schlafe sofort ein, muss aber während der Nacht viermal zur Toilette, da ich zuvor viel Wasser, Milch und eine Dose Bier getrunken habe. Fazit: »Wer abends viel säuft, der nachts viel läuft« oder »Und nächtens grüßt die Prostata.« Doch genug der Senioren-Pilgerprosa.

## Mittwoch, 26. Juli 2017

Am nächsten Morgen wache ich um 8:00 Uhr mit Kopfschmerzen auf, die aber ohne Medikamente nach kurzer Zeit abklingen. Meine Seelenlage ist ebenfalls etwas kopfschmerzig. Warum, ist mir nicht erklärlich. Ebenso wenig habe ich einen Plan, meine Energien wieder zielgerichtet auf die Jagd zu schicken. In der Küche kochen Jens und Werner bereits Kaffee. Den Tisch in der Mitte unseres Schlafsaals haben sie auch schon gedeckt. Links und rechts regt sich geräuschvolles Leben in den Schlafmöbeln. Kurze Zeit später sitzt die Runde kauend und klönend zu Tisch. Margaretha, die Holländerin, hält sich schweigend abseits und verabschiedet sich kurz danach wortlos von uns. Neben ihren lauten nächtlichen Schlafgeräuschen hinterlässt sie uns den Schmutz ihrer Wanderschuhe. Gedankenlosigkeit oder fehlendes Wir-Gefühl? Was auch immer. Der Großteil der Gruppe macht sich, außer Martin, ans Werk, die Räumlichkeiten in einem geordneten Zustand zu hinterlassen. Maya versüßt uns unsere Arbeit mit gekonntem Klavierspiel. Als Martin dann minutenlang ein Video mit Polizeisirenengeheul auf seinem Smartphone süffisant lächelnd präsentiert, fordere ich ihn verärgert auf, das Ding abzustellen. Fehlanzeige. Erst nachdem Jens sich mir anschließt, lässt er von seinem vielleicht gut gemeinten Unterhaltungsangebot ab. Wir begleichen bei dem Pfarrer unsere Übernachtungskosten. Ich starte mit Bettina, Jens und Werner guter Dinge zu unserer heutigen Zehn-Kilometer-Minitour nach *Kleivan*. Wir erwarten für unsere Füße ein leichtes Spiel. Die kurze Etappe hat es jedoch in sich. Heftige Steigungen wechseln mit steilen Abstiegen. Wir queren erneut ein Hochmoor, dessen typische und ebenso tückische Bodenbeschaffenheit unsere ganzen Kräfte fordert. Beim unachtsamen Überqueren einer kleinen Holzbrücke rutsche ich auf den nassen Bohlen aus. Nur dank des reflexhaften Einsatzes meiner Trekkingstöcke kann ich verhindern, in dem kleinen Bach zu landen. Ich komme mir in der Situation wie ein Eishockeyspieler vor, der von seinem Gegner gefoult worden ist. Dabei habe ich mich durch meine fehlende Achtsamkeit selbst gefoult. Schlagartig ist meine Aufmerksamkeit wieder bei 100 Prozent. Der Olavsweg verzeiht nun mal keine Fehler. Im Verlauf unseres Marsches machen wir einige Male Rast und erreichen zur Kaffeezeit nach einem längeren und sehr anstrengenden Aufstieg die Herberge *Kleivan*. Die Besitzer, Liv und Jonvald, begrüßen uns ausgesprochen herzlich. Liv weist uns unsere Unterkünfte zu und erklärt uns das gesamte organisatorische Prozedere. Kurze Zeit später trauen wir unseren Augen nicht, als sie uns in einer lauschigen Ecke ihres parkähnlichen Anwesens tatsächlich Kaffee und Pflaumenkuchen serviert. Vier strahlende und hoch zufriedene Gesichter machen sich über die kulinarischen Köstlichkeiten hier. Was gibt es Besseres nach so einem Marsch? Ich lasse mich von dem Ambiente regelrecht gefangen nehmen und entschließe mich nur widerwillig zu einer Portion dringlicher Körperpflege. Als Liv uns anbietet, unsere schweißdurchtränkten Klamotten zu waschen, kommt bei mir sofort helle Freude auf. Wenn ich in der ganzen

Zeit auf dem Weg eines nicht gerne gemacht habe, dann ist dies ganz klar Wäsche waschen. Nach einer gründlichen Reinigung meines Bodys in einer komfortablen Dusche fühle ich mich wieder wie neu geboren und voller Tatendrang. Keine Schweißperlen, kein Mief, nur ein ausgesprochen angenehmes Körpergefühl. So gestylt rufe ich mein Herzblatt an und gebe ihr die tagesaktuelle Wasserstandsmeldung. »Mein Schatz, ich vermisse dich und bin sehr froh, dich bald wieder in meine Arme schließen zu können«, kommt es spontan aus mir heraus. Sie erwidert mir, dass sie solche Botschaft sehr gern höre und sich auf unser Wiedersehen freue. Nach dem telefonischen *Tête à tête* schicke ich mich an, in bester Laune meine täglichen Notizen an einem Tisch im Garten zu machen. Um mich herum schmeicheln zahlreiche, in vielfältigen Farben leuchtende Blumen meinem Pilgerauge. Besonders schön finde ich den blauen Himalaya-Mohn.

*Blauer Himalaya-Mohn*

Ich bin froh, ihn in voller Blüte ablichten zu können. Als hätte Liv geahnt, dass sich bei mir etwa 40 cm unterhalb meiner Ohren ein Grummeln breitmacht, bittet sie uns zum Abendessen in einem kleinen Nebenhaus. Die gute Stube ist sehr behaglich mit Holz ausgekleidet. Liv serviert uns einen leckeren Gemüseauflauf mit Dorsch und Pellkartoffeln. Wir Männer genehmigen uns zur Feier des Tages ein *Corona*-Bier. Bettina genießt mit einem *Honigkuchenpferd-Gesicht* ihre heiß geliebte Cola. Wir langen tüchtig zu. Unser Appetit bewegt sich auch hier, wie auf dem gesamten gemeinsamen Weg, in einem weit geschnittenen *XL*-Format. Mir fällt in diesem Moment ein Kommentar von Markus, dem Fernwanderer, ein: »Wenn du wieder nach Hause kommst, musst du aufpassen, deine Ernährung wieder auf ein Normalmaß umzustellen. Ansonsten hast du die abgeschmolzenen Kilos ganz schnell wieder drauf.« Wie recht er mit dieser Aussage hat. Doch davon später. An einem Nachbartisch tafeln noch zwei ältere norwegische Paare, zu denen wir, außer der üblichen Begrüßung, keinen Kontakt aufnehmen, da sie es offensichtlich vorziehen, unter sich zu bleiben. In dieser Situation spüre ich eine leichte innere Befangenheit. Bislang war es für mich total normal und zudem eine Freude, mit Norwegern zu sprechen. Woher die momentane Ladehemmung herrührt, beschäftigt mich allerdings nicht weiter, frei nach der Aussage unseres saarländischen Heimatdichters Johannes Kirschweng: »Et is, wie et is«. Wie Recht er hat, unser verblichener Literat.

Nach gut einer Stunde bewegen sich vier Menschen in moderatem Schritt und einem deutlich niedrigeren Schwerpunkt in Richtung ihrer Schlafstätten. Bettina und mir hat Liv eine eigene kleine Holzhütte, die etwa 50 Meter vom Haupthaus mitten im Wald liegt, zugewiesen. Fast überflüssig zu sagen, dass das Ambiente ebenfalls ausgesprochen behaglich ist mit dem außergewöhnlichen Extra einer riesengroßen Panoramascheibe. Dies erlaubt uns eine tolle Aussicht auf den Trondheim-Fjord. Diese Nacht schlafe ich so tief und fest wie die kleinen Tiere, die so gerne murmeln.

## Donnerstag, 27. Juli 2017

Mein neuer Tag beginnt gut ausgeschlafen um 7:45 Uhr. Ich bin allerdings froh, in Kürze wieder in meinem eigenen Bett an der Seite meiner Frau zu nächtigen. Nach einer Katzenwäsche frühstücke ich mit meinen Weggefährten mit gutem Appetit. Liv begeistert uns erneut mit ihrer offenen, lebensfrohen und natürlichen Art. Kurz vor unserer Abreise unterhalte ich mich noch etwas mit ihr. Dabei bleibt mir ihre charmant vorgetragene Bitte nachhaltig in Erinnerung: »Bitte schreibt doch alle in unser Gästebuch einige Details über eure Pilgererfahrungen. Wir interessieren uns sehr dafür und haben während der langen Winterzeit dann etwas zum Lesen.« Ich bin sichtlich gerührt und schreibe bereitwillig einige Zeilen. An dieser Stelle kommt mir die Idee, mein Buch ins Norwegische übersetzen zu lassen, eine Würdigung für die überaus freundlichen und hilfsbereiten Norweger, die ich auf meinem bisherigen Weg hin zum großen Ziel kennenlernen durfte. Nach meiner Rückkehr werde ich diese Idee meinem langjährigen Freund und früheren Geschäftspartner Dr. Amders Seim vorstellen. Er ist gebürtiger Norweger und lebt seit vielen Jahren im Saarland. Bestimmt wird er mit Interesse reagieren und zusagen.

### Werners wilde Waldtour

Der Abschied von Liv und ihrem Mann fällt uns etwas schwer, durften wir uns doch in den vergangenen Stunden von ihrer überaus herzlichen und fürsorglichen Art verwöhnen lassen. Szenen wie diese habe ich in den vergangenen fünf Wochen oft erlebt. Ich komme mit zumeist tiefenentspannten Menschen in einen herzlichen und offenen Kontakt. Ich lasse meine Seele von ihrer ehrlichen und hilfsbereiten Wesensart streicheln. Ich genieße ihre bedingungslose Hilfsbereitschaft und Fürsorge. So gut behandelt zu werden, macht mir den Abschied jedes Mal schwer. »Verweile doch, du bist so schön.« Goethe lässt grüßen. Wir reißen uns von unseren Gastgebern los und marschieren talwärts in Richtung Trondheim zur nächsten Bushaltestelle. Wir haben beschlossen, einen Teil der noch vor uns liegenden 24 km langen Strecke mit dem Bus zu fahren. Ich gestehe, dass mir heute meine anfangs gelebte Konsequenz, den ganzen Weg zu Fuß zu laufen, erneut abhanden gekommen ist. Ungeachtet dessen spüre ich ein neues Gefühl innerer Gelassenheit und Ruhe, mich von meinem Perfektionismus wieder lösen zu können. Während ich hinter den anderen herstapfe, unternehme ich wieder eine kleine Expedition in mein Seelenleben. Der Wert *Verbindlichkeit* ist in meinem Glaubenssystem sehr hoch angesiedelt. Meine Eltern haben mir dies vorgelebt. In der Gesamtschau bin ich damit während meines Lebens sicherlich gut gefahren. Allerdings hat eine solche Haltung auch ihre Nebenwirkungen. Insbesondere in beruflichen, aber auch privaten Situationen habe ich mich dadurch in eine innere Spannung gebracht, die ich als belastend und manchmal überfordernd erlebt habe. Zudem machte ich mich verletzlich, wenn meine sogenannten »Vertragspartner« es an korrespondierender Verbindlichkeit fehlen ließen. So löst mein Gedankenspiel bei mir erneut ein schlechtes, wenngleich kleiner gewordenes Gewissen aus. Meinen Frieden finde ich, als meine innere Stimme wohlwollend bekundet: »Du musst nicht den ganzen Weg von A bis Z zu Fuß gehen. Es ist erlaubt, sich im Verlaufe der 643 km kleine zudem bequeme Passagen per Bahn, Auto oder Bus zu gönnen. Zudem habe ich bislang locker 30 Kilometer an Um- und Irrwegen hinter mich bringen müssen. Was ich zu diesem Zeitpunkt noch nicht weiß, ist die Tatsache, dass in den nächsten Stunden noch einige Kilometer dazukommen werden. Unseren kleinen fast täglichen Luxus vor Augen, versorgen wir uns im Tal in einem *KIWI-Markt* mit Verpflegung für die Etappe. Unsere Scherze an der Bus-Haltestelle haben zum Teil auch den Charakter einer Rechtfertigung unserer »Faulheit«. Um 14:00 Uhr beginnt eine kurze, 15-minütige Fahrt. Bus fahren ist einfach bequem, denke ich mir unterwegs und beobachte die Mitreisenden. Mir fällt auf, wie gelassen und höflich sich die Reisenden beim Ein- und Aussteigen verhalten. Für mich ein Kontrastprogramm zu zahlreichen Erfahrungen in der Heimat. Wie schaffen diese Norweger es nur, sich so anders zu verhalten? Liegt es vielleicht daran, dass sie durch die besondere geografische Situation mehr aufeinander angewiesen sind und zudem größere freie Räume zur Verfügung haben? Über Hypothesenbildungen komme ich in diesem Moment nicht hinaus. Der Bus hält und wir steigen aus, um zu unserem nächsten Ziel, der Herberge *Lian*, zu marschieren. Werner übernimmt die Führung und lotst uns per *GPS* weitab vom offiziellen Weg. Was sich zunächst in unseren Vorstellungen als ein kurzer Trip andeutet, wird letztendlich eine deutlich längere Etappe, die uns alle enorm fordert. Anfangs durchqueren wir unspektakuläre Wohngebiete. Zwischendurch stellen steile Anstiege höchste Anforderungen an unsere Kondition und Ausdauer. Wir passieren ein Hochmoor sowie ein Waldstück ohne jegliche Wege. Mühevoll müssen wir uns einen Weg durch Gestrüpp und Feuchtgebiete bahnen. Ich vertraue auf Werners Navigierkunst und füge mich schweigend in mein Schicksal. In manchen Momenten habe ich den Eindruck, als habe Werner die Orientierung verloren. Endlich lichtet sich der Wald und wir sehen eine Tankstelle. Am Tresen bitte ich eine junge hübsche Asiatin um Wasser. Sie nimmt meine Flasche, schüttet den Rest des Wassers aus und gibt sie mir schließlich gesäubert und gefüllt mit einem freundlichen Lächeln zurück. Ich bin sehr erleichtert. Zuvor hatte ich etwas Scheu, sie um Wasser zu fragen. Warum eigentlich? Ich komme nicht dazu, mir weitere Gedanken über mein Verhalten zu machen. Die Gruppe marschiert weiter wieder in Richtung Wald. Wir folgen diversen Langlaufloipen und erreichen nach zwei Fehlversuchen schließlich einen kleinen See. Schon von weitem hören wir Stimmengewirr und Musik. Auf einer großen Wiese ist eine Bühne aufgebaut, auf der zwei Musiker die Gäste unterhalten. Im See tummeln sich zahlreiche Besucher. Werner und Bettina entschließen sich kurzerhand zu einem Bad im kühlen Nass. Jens und ich beobachten, im Grase liegend, die illustre Szenerie. Etwas später brechen wir wieder auf zum *Lian-Restaurant.* Auf unserer vorletzten Etappe sehen wir keinerlei *OWZ*. Wir sind uns jedoch sicher, in Kürze unser Ziel zu erreichen. Ein letzter steiler Anstieg, und wir dürfen unsere Rucksäcke vor einem spektakulären Hause ablegen. Von einer freundlichen Servicekraft erhalten wir umgehend Mineralwasser. Wir treffen kurze Zeit später zwei Mitglieder der uns wohlbekannten Pilgergruppe. Es folgt eine herzliche Begrüßung, danach begleiten sie uns zu unserer Unterkunft. Hans-Jacob Dahl, der Pilgerpfarrer, hat für uns dankenswerterweise eine kostenlose Übernachtungsmöglichkeit organisiert. In dem großen rustikalen Gebäude belegen wir zunächst unsere Zimmer. Sie sind spartanisch mit vier Hochbetten ausgerüstet. Im Moment ist uns dies alles egal. In einem dekorativen Speisesaal, selbstverständlich ebenfalls ganz in Holz ausgekleidet, bereiten wir aus unserem Proviant ein gemeinsames Abendessen vor und langen tüchtig zu. Heute ist uns eine gesellige Abendrunde doch etwas zu viel. Wir machen uns sofort ins Bett. Für die morgigen letzten acht Kilometer bis zum *Nidaros-Dom* wollen wir auf jeden Fall fit sein.

## Freitag, 28. Juli 2017

### Noch einmal mit Gefühl …

Punkt 7:00 Uhr klingelt der Wecker. Heute beginnen die Festlichkeiten zu Ehren des heiligen Olav. Jedes Jahr finden diese am 29. Juli, dem Todestag von König Olav, statt. Für die

Norweger ein herausragendes Ereignis mit mehrtägigen Feierlichkeiten und Events. Ich stehe daher sofort auf, mache meine Toilette und packe. Wenig später laufen wir Richtung Frühstücksbuffet, das an diesem besonderen Tag für Bürgerinnen und Bürger draußen im Freien neben dem Hotel aufgebaut ist. Zahlreiche Gäste bilden bereits eine lange Schlange vor dem reichhaltigen Buffet. Sehr schnell wird mir anhand der Kleidung erkennbar, dass die meisten Gäste keine Pilger sind, sondern Touristen oder Einheimische, die teils mit Autos den Berg hochgekommen waren. Das Ambiente im Freien vermittelt den Charakter eines kleinen Volksfestes. Es kostet mich einige Mühe, mir einen Stehplatz für mein Frühstück zu ergattern. Ich lanciere meinen mit Leckereien gefüllten Pappteller auf einen schmalen Balken und lasse es mir im Stehen gut schmecken. Wie wir kurze Zeit später erfahren, hat sich auch Frau Linda Hofstad Helleland, norwegische Ministerin für Kultur, eingefunden, eine attraktive 40-jährige Frau. Sie hält eine kurze Rede. Im Anschluss setzt sich eine ca. 200-köpfige Prozession auf die letzten Kilometer in Richtung Dom in Bewegung. Zusammen mit unseren Pilgerfreunden und Pastor Hans-Jacob Dahl bilden wir eine Gruppe. Bevor wir den Abstieg beginnen, halten wir auf einer Aussichtsplattform an und bewundern den fantastischen Blick auf die Stadt. In ausgelassener Weise scherzen wir miteinander, fotografieren uns, im Hintergrund das tolle Panorama. Ich bin erleichtert und glücklich, dem Ziel meines Pilgerweges so nahe zu sein. Meinen Freunden geht es ebenso. Auf unserem weiteren Weg werden wir von einem Fotografen begleitet, der fleißig Fotos und Videos macht. Als sogenannte »echte Pilger« sind wir dank unserer großen Rucksäcke leicht identifizierbar. Manchmal applaudieren uns am Wege stehende Zuschauer. Wie ich später in Erfahrung bringen kann, haben die Olavsweg-Pilger bei den Norwegern ein ausgesprochen positives Image. Man erkennt deren Energieleistung vorbehaltlos an und respektiert ihren Mut zum Wagnis. Der Weg verläuft in Serpentinen hinunter in die Stadt. An der letzten Olavsquelle, etwa einen Kilometer vor dem

*Nidaros-Dom,* halten wir an und genehmigen uns einige Schlucke köstlich kühles Wasser. Eine knappe Viertelstunde später ist es dann so weit. Wir haben unser Ziel erreicht und stehen vor der mächtigen, imposanten Kathedrale. Auf dem Vorplatz ist eine große Tribüne für die zahlreichen Veranstaltungen der nächsten Tage aufgebaut. Erste Programme laufen bereits. Unsere gesamte Aufmerksamkeit ist jedoch dem sogenannten »Start-Stein« gewidmet, dem großen Ziel unserer entbehrungsreichen Pilgerwanderung. Als wir ihn entdecken, bricht aus uns allen ein Sturm der Begeisterung hervor. Wir haben es geschafft und liegen uns glücklich und erleichtert in den Armen. Jeder von uns berührt und umarmt das denkwürdige steinerne Symbol. Zeitgleich zücken alle ihre Kameras und es beginnt eine regelrechte Foto-Orgie. In unserer Begeisterung nehmen wir die zahlreichen Besucher auf dem

*Blick auf Trondheim mit Nidaros-Dom*

Platz zunächst überhaupt nicht wahr. In mir pulsieren Kaskaden von Emotionen. Ich spüre einen regelrechten Rauschzustand des Glücks und der Freude in mir. Um mich herum erblicke ich bei meinen Freunden strahlende Gesichter im *XXL*-Format. Pfarrer Hans-Jacob Dahl gelingt es, unsere Aufmerksamkeit auf einige wichtige Informationen zu lenken. Auf einem Steinblock mit dem

*Ein Schluck aus der Olavs-Quelle*

eingemeißelten *OWZ* stehend, informiert er uns über weitere Veranstaltungen während der Feiertage. »Heute Abend finden in den verschiedenen Kirchen vor Ort kleine Andachten statt. Pilger und interessierte Menschen gehen dann in einer Art Prozession weiter zur nächsten Kirche. Zum Schluss sammeln sich dann alle Teilnehmer auf dem Domplatz und ziehen in einer feierlichen Prozession gemeinsam in den Dom ein«, erklärt der uns. Unsere kleine Vierergruppe lässt sich noch eine gute Stunde von dem beeindruckenden Treiben auf dem Platz gefangen nehmen. Dann begeben wir uns zum Pilgerzentrum, lassen uns registrieren und halten kurze Zeit später unsere *Olav-Pilgerurkunden* »stolz wie Oskar« in Händen. Die Überreichung der Urkunde verläuft routiniert und unspektakulär. Mir fällt in diesem Moment die Reise 2009 mit meinem Bruder ein. Damals war der Domplatz verwaist. Jetzt ist er das Zentrum des Olavfestes. Werner reißt mich aus meinen Gedanken und schlägt vor, direkt zu unserer Herberge, dem Trondheim Vandrerhjem Rosenborg, zu gehen. Auch dieser Weg hat noch einige Steigungen für uns bereit, die wir allerdings ohne Probleme meistern. Der Check in der Einrichtung verläuft zäh. Wir beziehen unsere Zimmer in einem großen gut eingerichteten Apartment, beziehen unsere Betten essen eine Kleinigkeit und machen uns frisch geduscht wieder auf den Weg in die Innenstadt. In der Nähe des Hafens entdecken wir eine große Gastro-Meile. In einer Kneipe stärken wir uns mit einer Pizza. Es ist bereits früher Abend, als wir uns auf den Weg zur *Ille-Kirche* machen. In dem Gotteshaus beginnt kurze Zeit später eine kleine Andacht. Zusammen mit anderen Pilgern und Kirchenbesuchern wandern wir danach singend und betend durch die Straßen zur nächsten Kirche. Dies wiederholt sich noch mehrere Male. Bis zum Eintreffen am *Nidaros-Dom* wächst die Zahl der Teilnehmer mehr und mehr an. An der Kathedrale angekommen, warten bereits viele Gläubige auf den feierlichen Moment, dem Einzug in das imposante Gotteshaus. Dann endlich ist es so weit. Mehrere Priester in festlichem Ornat ziehen an der Spitze einer langen

Menschenschlange durch ein Spalier von in Mönchsgewänder gehüllten Fackelträgern in die Kirche ein. Nicht nur auf mich wirkt diese Zeremonie irgendwie mystisch bis unheimlich. Als ich das Innere der Kathedrale betrete, fühle ich mich regelrecht erschlagen von der Pracht und Mächtigkeit dieses Bauwerks. Grauer Stein, zahlreiche fein gestaltete Bögen mit Rosetten, kleine Logen in mehreren Etagen, im Mittelschiff ein kleiner Altar mit einem großen goldenen Kreuz. Weit vorne ist ein großer Altar zu sehen, an dem die Feierlichkeiten ihren Beginn nehmen. Es würde viele Seiten brauchen, meine Eindrücke auch nur annähernd zu beschreiben. Für mich ist es förmlich spürbar, wie die komplexe und filigrane Architektur die anwesenden Menschen ganz in

*Glücksgefühle pur am Nidaros-Dom*

ihren Bann schlägt. Kurze Zeit später betritt eine Gruppe rot gewandeter Frauen ein Seitenschiff am Altar und beginnt mit einer Art gregorianischem Gesang. Herrliche Stimmen, die in der phänomenalen Akustik des Raumes optimal zur Geltung kommen. Ich spüre Gänsehaut pur. Ein wahrer Ohrenschmaus. Gegen 23:00 Uhr beginnt der Gottesdienst, der vorweg gesagt, bis 0:15 Uhr andauert. Einige ausgesuchte Pilger tragen ihre persönlichen Eindrücke über ihre Pilgerreise in norwegischer und englischer Sprache vor. Danach predigt ein kirchlicher Würdenträger eine gefühlte gute Stunde lang auf Norwegisch. Da ich natürlich kein Wort verstehe, konzentriere ich meine Aufmerksamkeit auf die Architektur des Raumes und die Kirchenbesucher. Es ist bereits

*Pilgerziel Nidaros-Dom*

Mitternacht geworden. Mich überfällt bleierne Müdigkeit. Insofern bin ich erleichtert, als um 0:20 Uhr die Zeremonie ihren Abschluss findet. Zusammen mit meinen Freunden verlassen wir die Kirche und stärken uns draußen vor dem Pilgerzentrum mit einem Baguette und einem künstlich schmeckenden Saft. Um 1:00 Uhr treten wir den Rückweg zu unserem Quartier an. Dort angekommen, lasse ich mich in mein Bett fallen und bin auch sofort im Reich der Träume. Ich bekomme gerade noch mit, wie Bettina noch zu Jens und Werner zu einem Mitternachtstalk geht. Die drei Kommunikationsgiganten haben doch tatsächlich noch bis 3:00 Uhr miteinander geplaudert.

## Samstag, 29. Juli 2017

Um 8:00 Uhr schlage ich die Augen auf und entdecke, wie Bettina in ihrem Bett bereits mit ihrem Smartphone zugange ist. Entgegen ihrer gestrigen euphorischen Stimmung scheint sie heute wieder fast auf Normalniveau zu sein. In bester Stimmung nehmen wir in unserer großzügig und modern eingerichteten Gemeinschaftsküche unser Frühstück ein. Vom Küchenservice hat jeder ein Lunchpaket erhalten. Geschmacklich keine *Haute Cuisine*, aber der Hunger treibt's rein. Meine Weggefährten sind voller Tatendrang und wollen sofort die Stadt erkunden. Ich lege heute einen Solo-Tag ein. Stimmungsmäßig fühle ich mich akut ruhebedürftig. Mir wird die Bedeutung des Satzes »das Ankommen ist der Tod des Pilgers«, den ich in einem Buch gelesen habe, in diesem Moment sehr deutlich und nachvollziehbar. Eine gewisse innere Leere macht sich breit. Ich habe mein Ziel erreicht. Das nächste Ziel ist der Heimweg und das von mir herbeigesehnte Wiedersehen mit meinen Lieben. Alleinsein

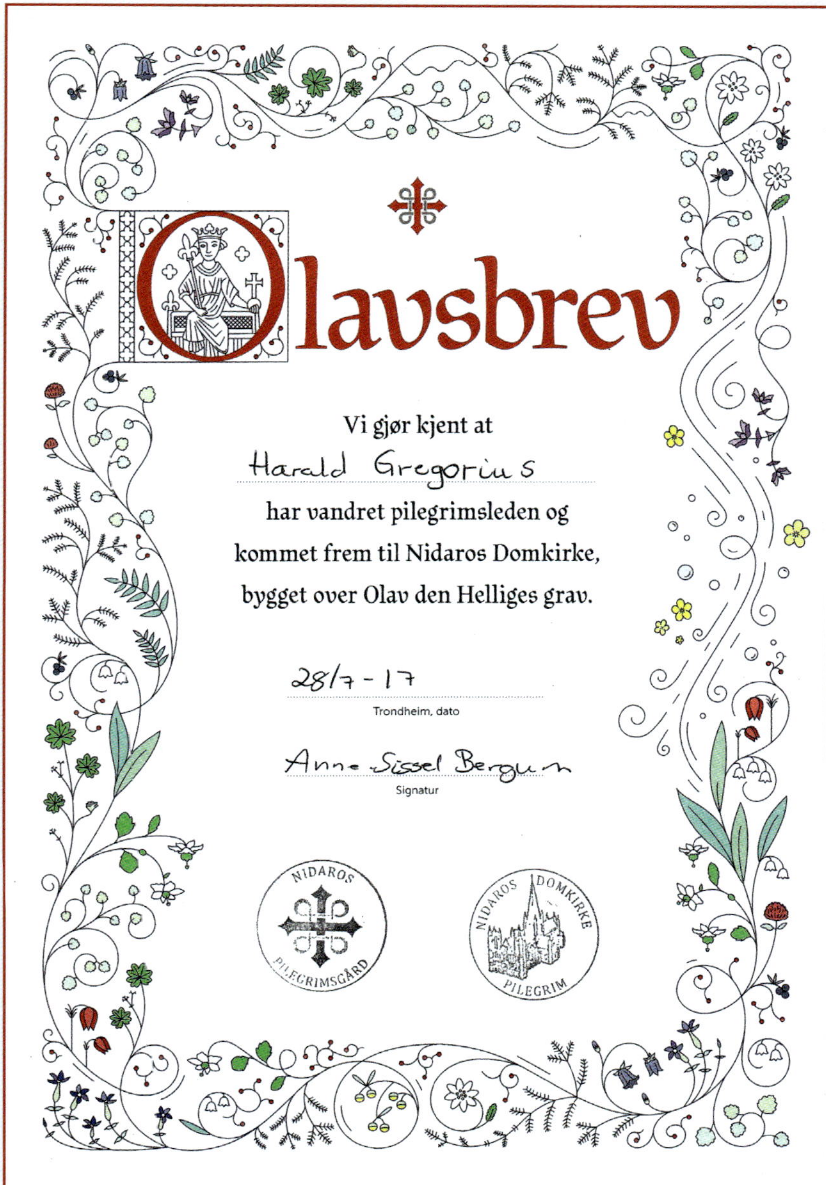
Olavsbrev

Vi gjør kjent at

Harald Gregorius

har vandret pilegrimsleden og
kommet frem til Nidaros Domkirke,
bygget over Olav den Helliges grav.

28/7 - 17

Trondheim, dato

Anne Sissel Bergum

Signatur

NIDAROS PILEGRIMSGÅRD

NIDAROS DOMKIRKE PILEGRIM

*Der Olavs-Brief – ein ganz besonderes Zertifikat*

*In jeder Herberge gibt es einen Stempel*

*für den Pilgerpass*

bedeutet für mich im Moment aber auch »fein sein«. So putze ich in aller Ruhe zunächst die Küche, trage meine Notizen ins Buch ein und telefoniere mit Lene, meiner ersten norwegischen Wegbegleitung. Sie hat mir, als sich unsere Wege in *Kapp* trennten, das großzügige Angebot gemacht, auf dem Rückweg bei ihr in Oslo zu übernachten. Ich freue mich riesig, ihre angenehme Stimme wieder zu hören. Eine Viertelstunde plaudern wir und verabreden uns in Oslo am Bahnhof. Als Lene mir dann noch eine Einladung zum Essen in einem Lokal am *Holmenkollen* offeriert, ist meine Stimmung wieder auf einem hohen Level angelangt. Gut gelaunt mache ich mich in aller Ruhe auf den Weg hinunter ins Stadtzentrum. Ein letzter Geldwechsel, typisch norwegische Kosmetikartikel für meine beiden Töchter sowie eine letztlich vergeblich verlaufende Suche nach einem gusseisernen Olav-Logo bestimmen meinen Nachmittag. Wie gut, heute für ein paar Stunden mit mir alleine sein zu können. Ein passender Ausgleich für das Laufen in der Gruppe. Letzteres habe ich sehr genossen. Ebenso schätze ich die Freiheit, mich nach niemandem richten zu müssen, Gruppenprozesse mitzugestalten oder Fragen wie: »Wo gehen wir jetzt lang?, wann werden wir an der Herberge ankommen? oder was auch immer«, klären zu müssen. Mein Bummel durch das facettenreiche und durchaus anmutige Trondheim bedeutet für mich ein außergewöhnliches Erlebnis. Ich bin erleichtert, fühle mich stolz und rundum zufrieden. Wieder und wieder lasse ich in Gedanken meine Pilgerreise Revue passieren. Ich habe zahlreiche emotionale und sehr berührende Highlights inklusive tief gehender Reflexionen über meine Verhaltens- und Einstellungsmuster erlebt. Ich habe mich etwas besser kennengelernt, bin stolz auf mein Durchhaltevermögen und dankbar, körperlich unversehrt mein Ziel erreicht zu haben. Selbst von Blasen an den Füßen, die mir zu Beginn meiner Reise von einigen Wanderprofis vorhergesagt worden sind, bin ich verschont geblieben. Ich habe eine ganze Reihe großartiger Norwegerinnen und Norweger kennen, schätzen und mögen gelernt. Ihre selbstverständliche Hilfsbereitschaft, ihre ansteckende Freundlichkeit und ihre gelassene Ausstrahlung haben sich unauslöschlich auf den Logenplätzen meiner Seele niedergelassen. Ihnen allen gehört meine Dankbarkeit und Wertschätzung. Ich habe Wanderfreunde wie Lene, Bettina, Werner, Jens und Thomas, alles prachtvolle Menschen, in mein Herz geschlossen und bin dankbar, sie zu meinen Freunden zählen zu können. Zu guter Letzt habe ich auf meinem Wege einmalige, herrliche und abwechslungsreiche Landschaften Norwegens kennenlernen dürfen. Bilder und zahlreiche intensive Sinneseindrücke, der unmittelbare und tägliche Kontakt mit der grandiosen Natur, ihrer erhabenen Stille und ihrem beeindruckenden Wesen werden mich wohl bis an mein Lebensende begleiten. Aus solch außergewöhnlichen Erinnerungen künftig immer wieder schöpfen zu können, betrachte ich als eine Bereicherung meines Lebens. Am intensivsten bin ich mit meiner eigenen Stille und inneren Ruhe in Kontakt gekommen. Eine Seite, die sich in meinem bisherigen Leben zumeist mit dem zweiten Platz begnügen musste, die ich möglicherweise gemieden, zu wenig beachtet und »aus Zeitgründen« als nicht erreichbar gesehen habe.

Die in vielen Büchern von Pilgern beschriebenen existenziellen, mystischen oder religiösen Ausnahmeerlebnisse und Erfahrungen habe ich bei mir indes nicht verspüren können. Damit will ich nicht ausschließen, dass sie möglicherweise unbewusst in mir gären und vielleicht zu späteren Zeitpunkten hervortreten können.

Ab sofort bin ich wieder der Dynamik einer Stadt, ihrer hohen Pulsfrequenz und dem geschäftigen lauten Treiben der Menschen sowie der unausweichlichen und permanent aufdringlichen Informationsflut ausgesetzt. Ich spüre eine deutliche innere Abwehr in mir aufkommen. Abwehr im Sinne einer sich selbst-bewussten Abgrenzung, nicht Abschottung. Für die kommende Zeit dürfte es eine schwierige, aber auch reizvolle Aufgabe sein, in der Auseinandersetzung mit der sogenannten normalen Welt eine für mich passende Balance zu finden. Präsent zu sein im »sich zurücknehmen«, sich »dabei zu fühlen«, ohne vorne mitmischen zu müssen. Wie wird sich mein Lebensmobile auf einen möglichen Standortwechsel neu positionieren? Mit Gedanken wie diesen spaziere ich zunächst mit langsamem Schritt zum Bahnhof und dann an dem Fluss Nidelva vorbei. In der Innenstadt kaufe ich mir ein belegtes Baguette zu einem stolzen Preis von 48 *NOK*. Am *Nidaros-Dom* angekommen lasse ich mir das leckere Teil schmecken, ganz ohne Hast. Unmittelbar neben dem Dom ist ein großer Mittelaltermarkt aufgebaut. Die verschiedenen Angebote und Attraktionen kenne ich auch aus meiner Heimat. Außer ein paar jungen Männern in zugegebenermaßen perfekt und authentisch wirkenden Wikingerkostümen beeindruckt mich so gut wie nichts. Vielleicht lässt mich meine latente Traurigkeit das ganze Spektakel nicht genießen. Ich beschließe, mich wieder auf den Rückweg zu machen. Zuvor kaufe ich in meinem Lieblingsgeschäft *KIWI* auch einige Lebensmittel ein und trotte langsamen Schrittes in Richtung Unterkunft. Fast dort angekommen höre ich hinter mir plötzlich »Harry-Rufe« mir mittlerweile bestens vertrauter Stimmen. Bettina, Werner und Jens haben sich ebenfalls auf den Heimweg gemacht. Sie haben reichlich Essen eingekauft. Jens eröffnet mir, man habe Marc sowie eine Doktorandin mit ihrer 13-Monate alten Tochter zum Essen eingeladen. Marc, den Globetrotter, kenne ich bereits seit *Meslo Gård*. Tags zuvor hat er bei der Eröffnungsfeier im Dom einen beeindruckenden Beitrag über seine Ansichten zum Pilgern vorgetragen. Ich bin zwar von Jens' Idee überrascht und etwas irritiert, jedoch gehört das Teilen und gegenseitige Einladen zur Pilgerphilosophie. Kurze Zeit später machen sich Jens und Werner voller Energie an die Zubereitung einer leckeren Spaghettisauce mit gemischtem Salat. Trotz Magengrimmen warten wir geduldig 20 Minuten auf Marc, beginnen dann aber mit dem Essen. Kurze Zeit später kommt er doch noch. Die Frau und das kleine Mädchen, die er im Schlepptau hat, wirken auf Anhieb sympathisch. Während und nach dem Essen entwickelt sich eine rege Unterhaltung über die jeweiligen Pilgererfahrungen, die Feier im Dom und über dies und jenes im

Leben. Entgegen meiner sonstigen Art bleibe ich weitgehend in der Zuhörerrolle. Dabei fällt mir auf, wie sich Marc auf unterhaltsame und sympathische Weise in den Vordergrund spielt und die Gesprächsthemen dominiert. In mir steigt ein etwas indifferentes Gefühl hoch. War ich unzufrieden mit mir selbst, warum fällt es mir jetzt so schwer, in die Diskussion einzusteigen oder hätte ich gerne den Abend mit meinen Freunden alleine verbracht? So sehr ich mich bemühe, ich kann mir keinen konkreten Reim darauf machen. Offenkundig an dieser Situation ist die euphorische Stimmung der anderen Akteure. Lediglich Jens und die Frau halten sich zurück. Je länger der Abend dauert, umso öfter wiederholen sich die geschilderten Erfahrungen. Gegen 21:30 Uhr, wen hätte es überraschen können, erscheint *PhanThomas*. Wir freuen uns riesig über unseren sympathischen norwegischen Freund. Mit seinem typischen strahlenden und gewinnenden Lächeln sagt er zu uns: »Ich kann euch doch nicht ohne Abschiedsgruß aus meiner Heimat entlassen.« Wir plaudern noch eine Zeitlang mit Thomas, der sich kurze Zeit später von uns verabschiedet und im Dunkeln der Nacht verschwindet. Typisch Thomas: Er ist ein Phantom, mein Phantom, unser Phantom. Zusammengefasst: ein Typ zum Mögen. Die Gruppe klönt unverdrossen weiter. Jens koppelt sich zuerst aus und geht telefonieren. Wenig später gehe ich mit meinem Notizbuch nach draußen, um im Hof meine Tagesnotizen zu schreiben. Dort treffe ich Thomasz, einen Polen, der mit zwei Kollegen hier berufsbedingt für die nächste Zeit Quartier bezogen hat. Wir beginnen ein Gespräch auf Englisch. Thomasz hat anscheinend schon etwas russisches *Babbelwasser* intus und erzählt gut gelaunt ohne Ende. So habe ich die Möglichkeit, mein Englischverstehen mit polnischem Slang zu optimieren. Thomasz eröffnet mir, mich sehr sympathisch zu finden und bittet mich, ihm meine E-Mail-Adresse zu geben. Ich erfrage sein Einverständnis und mache noch ein paar Fotos von ihm. Thomasz hat ebenfalls zuvor von unserer Gruppe Bilder am Esstisch gemacht und ebenfalls unser Einverständnis eingeholt. Ein überaus netter und sympathischer Kerl, der auf nordeuropäischen Baustellen rumtingelt, um für sich und seine Familie den Lebensunterhalt zu bestreiten. Um Mitternacht verabschiede ich mich von ihm und lege mich ins Bett. Dieser Tag war für mich etwas befremdlich. Ich kann meine Stimmung nur so beschreiben, keinen rechten Zugang zu meiner momentanen Befindlichkeit gefunden zu haben. Vielleicht ist es der Situation geschuldet, das Ziel erreicht und momentan eine Art Leere in mir selber vorzufinden. Trondheim ist mir trotz allen Reizen ebenfalls irgendwie fremd geblieben. Was auch immer, jetzt wird geschlafen.

## Sonntag, 30. Juli 2017

Unser letzter Tag in Trondheim beginnt erst um 8:15 Uhr. Meine Schlafphasen werden immer länger. Ich gehe zur Rezeption, hole die Frühstückspakete, decke den Tisch und rufe die anderen zusammen. Gemeinsam schieben wir uns unser »lecker norwegisches Frühstück« rein und gehen Richtung Stadt. Wir wollen heute auf die Insel Munkholmen fahren. Trotz technischer Ausrüstung wie *GPS* finden wir die Anlegestelle erst nach mehreren Fehlversuchen. Unsere Stimmung ist geprägt von dem uns nunmehr bevorstehenden Abschied. Gegen 12:30 Uhr besteigen wir die kleine Fähre. Angesichts des strahlenden Wetters ist das kleine Schiff komplett mit sonnenhungrigen Norwegern ausgebucht. Knapp 15 Minuten später setzen wir unseren Fuß auf das kleine unspektakuläre Eiland, das von vielen Norwegern wie ein Bade-und Freizeitparadies genutzt wird. Die Wiese um das historische Gebäude ist bevölkert mit sonnenhungrigen Menschen. Es wird sich wohl keiner daran erinnern, geschweige denn daran stören, dass sich an dem Ort um das Jahr 1100 eine Hinrichtungsstätte befunden hat. Meine Freunde machen eine Besichtigung der alten Anlage und deren Verliese. Mich haben kurze Zeit zuvor Kopfschmerzen regelrecht überfallen. Daher habe ich im wahrsten Sinne des Wortes keinen Kopf für die unselige Historie. Ich nehme mir einen Stuhl und setze mich im Schatten der alten Mauern zu einer dreiviertelstündigen Döserunde hin. Mein therapeutisch geschultes Hirn kann es nicht lassen, sich die Frage nach der Funktion und dem Zeitpunkt des Auftretens meiner Kopfschmerzen zu stellen. Ist es der Abschied, macht dir die Umstellung Probleme, hast du zu wenig getrunken oder what ever. Solcherlei Gedanken werden von meinen Freunden unterbrochen.

»Die Führung war hochinteressant. Dort unten in diesen brutalen Verliesen seinem Ende entgegenzufaulen, dürfte der wahre Horror gewesen sein«, berichtet mir Werner sichtlich beeindruckt. Nach dieser Gruseleinlage gehen wir in das Restaurant in einem Nebengebäude und genehmigen uns eine große Portion Krabben. Für mich als Nicht-Nordlicht gestaltet sich der Pulprozess zunächst recht schwierig. Jedoch mit Bettinas und Jens' Hilfe schaffen Werner und ich es schließlich, die kleinen Meerestiere aus ihrem hauteng anliegenden Kostüm zu befreien. Ein richtiger Pilgerhunger lässt sich mit dieser Mahlzeit allerdings nicht stillen. Daher bestellen wir später noch Kaffee und essen dazu Waffeln mit einem ordentlichen Schlag Sahne drauf. Später ist der Rest der Insel recht schnell erkundet. Wir sehen noch Relikte der unrühmlichen, um nicht zu sagen brutalen Aktivitäten der deutschen Wehrmacht aus dem Zweiten Weltkrieg. Unsere Vorfahren haben den Norwegern bei ihrem Eroberungsfeldzug unsägliches Leid zugefügt. Während meiner Pilgerreise habe ich mit einigen älteren Norwegern über dieses Thema gesprochen. Keiner zeigte Hass oder irgendwelchen Groll gegenüber den Deutschen. Mich hat diese Souveränität ohne Ressentiments, aber mit klarer Benennung der Verantwortlichen sehr beeindruckt. Irgendwie hinterlässt die kleine Insel ungeachtet ihrer angenehmen Atmosphäre ein zwiespältiges Gefühl bei mir. Wo vor etwas über 70

Jahren deutsche Soldaten ihr fragwürdiges Handwerk verrichteten, sonnen sich nunmehr erholungssuchende Norweger auf der Wiese des Festungsgeländes, begleitet von ausländischen Touristen jedweder Couleur. Die Vergangenheit in Form von stählernen Geschützen und meterdicken Wachttürmen rostet und verrottet vor sich hin. Auch gut, dass es den Schleier des Verdrängens oder Vergessens gibt. Wie auch immer, wir nehmen um 16:30 Uhr das Schiff zurück zum Festland und spazieren quer durch die Stadt zu unserem Quartier. Unsere Stimmung ist locker. Wir albern viel herum. Möglicherweise eine Verdrängungsreaktion auf den heute noch anstehenden Abschied von Bettina. In der Herberge wärmen Jens und Werner die Spaghetti vom Vortag auf. Während des Essens sinnieren wir über unsere Reise und versprechen einander fest, uns bald wieder zu treffen. Um 19:00 Uhr ist es dann so weit. Unter Tränen nimmt Bettina Abschied von mir. Wir umarmen und küssen uns. Wie in Fels gemeißelt wirkt unser Versprechen, miteinander in Kontakt zu bleiben. Jens und Werner begleiten Bettina zum Bus. Ich bleibe zurück, da meine Kopfschmerzen nach wie vor sehr stark sind und ich sie weder durch Entspannungstraining oder gezielte Atemübungen in den Griff bekomme. Letztlich entscheide ich mich in meiner Not für eine *Ibu 400* und lege mich kurz aufs Bett. Meine Frau ist sehr erfreut, als ich ihr später in einem Telefonat mitteile, bereits am Mittwochabend zu Hause zu sein. Kurz darauf maile ich noch Lene wegen unseres morgigen Treffens in Oslo an. Mein Versuch, die Rückreise mit der Fähre zu buchen, geht schief. Keine Ahnung, warum. Morgen versuche ich es erneut. Vor dem Schlafengehen dusche ich mich, wasche noch einige Kleider und schreibe meine Tagebuchnotizen. Bei allem, was jetzt noch an emotionsschwangerem Abschied ansteht, freue ich mich auf die Heimreise, insbesondere den Moment, an dem ich meine Lieben wieder in die Arme schließen kann.

## Montag, 31. Juli 2017

### Ha det bra, Olav – tusen takk for turen, Norge!

Bereits um 4:00 Uhr wache ich auf, döse noch ein wenig vor mich hin und plane in Gedanken den heutigen Tag. 30 Minuten später stehe ich auf, wasche mich kurz, koche Kaffee für uns und klopfe an die Zimmertür meiner beiden Pilgerfreunde. Sie sind bereits reisefertig. Sie erzählen mir beim Kaffee, wie schwer gestern der Abschied von Bettina gewesen sei. Kurz darauf checken wir aus und marschieren zum Bahnhof. Der Zug wartet bereits und wir steigen ein. Ich bin gelassen. Keine Spur von Wehmut, nunmehr Trondheim zu verlassen. Ich bedaure jedoch, in einigen Stunden meine beiden, mir ans Herz gewachsenen Hamburger Jungs, verabschieden zu müssen. Leider muss ich mich aufgrund meiner späten Buchung in ein anderes Abteil setzen. Der Zug startet auf die Minute pünktlich. Während der insgesamt sechsstündigen Fahrt fällt mir auf, dass die Bahn anscheinend eine andere Strecke fährt, als ich gedacht habe. Jedenfalls sind die Gegend, die an meinem Fenster vorbeieilt, sowie die Halteorte mir alle fremd. Dabei habe ich mich so darauf gefreut, das *Dovrefjell* noch einmal aus der Perspektive eines Bahnreisenden sehen zu können. Am Bahnhof in *Hamar* trennen sich unsere Wege endgültig. Werner und Jens wollen dort noch die berühmte Kathedrale besichtigen und dann einen späteren Zug nach Oslo nehmen. Wem fällt hier auf dem Bahnsteig schon auf, mit wie viel Wehmut sich der Abschied dreier Männer gestalten kann. Ich kämpfe mit den Tränen. Werner schlägt ein Treffen im ersten Halbjahr 2018 vor. Eine super Idee, von der ich begeistert bin. Minuten später sitze ich in meinem Abteil und winke den beiden ein letztes Mal zu. Begleitet von dem gleichförmigen typischen Rattern der Bahn erlebe ich die Fahrt bis nach Oslo fast wie in Trance. Bilder, Gedanken und Emotionen der zurückliegenden sechs Wochen flie-

*Ha det bra – tusen takk for turen!*

ßen vor meinem geistigen Auge vorbei wie ein Gebirgsbach auf dem *Dovrefjell.* Ich unterbreche meinen mentalen Datenstrom zeitweise dadurch, dass ich andere Fahrgäste beobachte. Um 13:36 Uhr setze ich meinen Fuß auf Osloer Bahnhofsboden. Ich komme mir in dem lauten Getümmel und Treiben rund um das Bahnhofsgelände irgendwie verloren und wie Falschgeld vor. Straßengeräusche, mehr oder weniger aufdringliche Gesprächsfetzen vorbeihastender Passanten und die wehleidigen, Mitleid erheischenden Bettelversuche orientalisch anmutender Frauen im Minutentakt bombardieren regelrecht meine Gehörgänge. Keine Chance, alldem zu entfliehen. Kein ruhiger dichter Wald, in den ich mich zum Selbstschutz zurückziehen kann. Keine Möglichkeit, die Dauerbeschallung etwas abzumildern. Wie paralysiert setze ich mich auf einen schwarzen Steinquader in der Nähe unseres vereinbarten Treffpunktes, einem großen Tigerdenkmal, und warte auf Lene. Um 15:00 Uhr, auf die Minute pünktlich, melden unsere Augenpaare synchron Zielkontakt. Sekunden später liegen wir uns freudestrahlend in den Armen und drücken uns herzlich. Von einem Moment auf den anderen ist meine Bluesphase wie weggeblasen. Lene schlägt vor, zunächst zu ihr nach Hause zu fahren. Dort könne ich meinen Rucksack ablegen und mich frisch machen. »Danach werden wir essen gehen«, sagt sie mit einem strahlenden Gesichtsausdruck. Ihrer auf Englisch vorgetragenen Offerte setze ich keinerlei Widerstand entgegen. Ich freue mich auf ein gemeinsames norwegisches Menü in einem Lokal direkt an der berühmten *Holmenkollen*-Sprungschanze. Lene hat eine sehr behaglich eingerichtete Wohnung in einem der Außenbezirke Oslos. Bei Kaffee und Kuchen haben wir uns viel zu erzählen. Lene berichtet, ebenfalls ein Buch geschrieben zu haben. Sie sei derzeit in Verhandlungen mit einem Verleger. Der ganze Prozess gestalte sich zäh und schwieriger, als sie es sich vorgestellt habe. Sie sei aber nach wie vor guten Mutes, dass alles klappen werde. Als ich ihr von meiner noch ausstehenden Buchung der Rückreise mit der Fähre erzähle, managt sie kurzerhand per Laptop und

Telefon meine Rückreise. Dabei handelt sie einen um 100 € günstigeren Sondertarif aus. Ich bin begeistert und bedanke mich sehr herzlich bei ihr. Gegen 18:00 Uhr fahren wir in ein typisch norwegisches Lokal hoch oben über der Stadt. Wir haben eine grandiose Aussicht auf den Fjord und die Schären mit ihren zahlreichen Inseln. Lene lässt es sich nicht nehmen, mich zum Essen einzuladen. Ich nehme Elchfleisch mit Bohnen und Kartoffelbrei. Das fettarme und feste Fleisch schmeckt mir ausgezeichnet. Bis ca. 21:30 Uhr sind wir beide im Gespräch in unser Hauptthema, den jeweiligen Erfahrungen auf dem Pilgerweg, vertieft. Lene will sich demnächst in schönster Natur ein Grundstück kaufen und darauf ein Haus bauen. Dieses will sie später an Touristen vermieten. »Wenn es fertig ist, bist du gerne bei mir eingeladen«, bietet sie mir an. Ihre Offerte werde ich sicherlich gerne wahrnehmen. Wieder bei Lene zu Hause, macht sie mir mein Bett und zeigt mir alles Notwendige für morgen früh. Wir verabschieden uns bereits an diesem Abend, da Lene schon um 7:00 Uhr morgens zur Arbeit fahren muss. Müde, aber zugleich glücklich und dankbar schlafe ich ein. Lene ist eine außergewöhnlich liebenswerte, taffe und fürsorgliche Frau, die mitten im Leben steht. Ich bin sehr froh, sie kennengelernt zu haben und lade sie für das nächste Jahr zu mir ein.

## Dienstag, 1. August 2017

Als ich um 7:00 Uhr aufwache, ist Lene bereits weg. Ich frühstücke in aller Ruhe, räume auf und gehe aus dem Haus. Lenes Haustürschlüssel übergebe ich einer Nachbarin. Den Weg zum Fähren-Terminal finde ich dank meines Navigationssystems ohne Probleme. Bei strahlendem Sonnenschein bewältige ich die sieben Kilometer lange Strecke in knapp 90 Minuten. Auf einer Brücke kurz vor dem Terminal spricht mich unvermittelt ein älterer Herr an, der mit seinem Hund umherspaziert und fragt mich lächelnd nach meinem Reiseziel. Er ist auf eine ausgesprochen angenehme Art neugierig. Insofern lasse ich mich gerne auf eine letzte Unterhaltung auf norwegischem Boden ein, zumal er einen Teil davon in Deutsch führt. Bevor wir uns verabschieden, mache ich noch ein Foto von ihm und seinem Hund »Bello Finale«. Später überbrücke ich die Wartezeit in der Boarding-Zone bis zum Check-In mit *SMS*- und *WhatsApp*-Schreiben. Entspannt und in erwartungsfroher Stimmung beobachte ich, wie sich der Warteraum mit zahllosen Fahrgästen bis zum Bersten füllt. Dabei nervt mich das lautstarke Redegewirr der Passagiere mehr und mehr. In Momenten wie diesem, sehne ich mich wieder nach der erhabenen Ruhe der norwegischen Wälder zurück. Neben mir auf der Bank fängt es an zu »schwäbeln«. Zwei Männer um die Siebzig kritisieren leidenschaftlich und ausführlich mit typisch deutscher Sorgfalt die mangelhafte Blumenpflege im Eingangsbereich des Terminals. »Man sollte diesen beiden *Ich-kann-alles-besser-Altschwaben* vor Ort einen Job als Gärtner anbieten, dann wäre hier sicherlich bald ein Blumenparadies das Resultat«, denke ich mir meinen Teil. Plötzlich kommt Bewegung in die Menschenmasse. Das Boarding beginnt, das Drängeln auch. Als gehe es darum, noch einen freien Liegestuhl zu ergattern, bemühen sich vornehmlich Kreaturen der Gattung *Weißkopfadler* mit ernstem Eifer und spitzen Ellenbogen, die Poleposition zu besetzen. Dabei haben doch alle wohl eine Kabine bereits fest gebucht. »Zu Hilfe, Olav«, höre ich mich flüstern. Als einer der letzten Passagiere winde ich mich durch das Eingangsdrehkreuz. Zu meinem Erstaunen benötige ich dieses Mal weder meine Boardingkarte noch meinen Personalausweis. Ebenso wenig entdecke ich einen offiziellen Kontrolleur. »No Security«. Beste Aussichten für Menschen mit bösen Absichten. Wie auch immer, meine Einzelkabine finde ich dieses Mal recht schnell. Mehr als überrascht entdecke ich zur Seeseite hin ein überdimensionales Bullaugenfenster von über einem Meter Durchmesser. Unmittelbar dahinter wartet ein knallgelbes Rettungsboot Marke

*Yellow Submarine* auf seinen Einsatz, der hoffentlich nie erfolgen muss. Mit einem Seufzer der Erleichterung entledige ich mich meines treuen alten und wahrscheinlich nur noch 16 Kilo schweren Freundes und begebe mich auf das Passagierdeck. Tatsächlich haben sich dort bereits zahlreiche vorausschauend denkende *Weißkopfadler* ihren Liegestuhl gesichert. »Vorausschauende Planung inklusive arthrosegehärteter Ellenbogen führt also doch direkt zum Objekt allen Strebens«, stelle ich emotionslos fest. Auf dem Sonnendeck ist der Bär los. Zahlreiche Leute fotografieren wie wild in Richtung der entschwindenden Hauptstadt Norwegens. Viele Elfies machen Selfies. Ein kleiner Junge jagt schreiend seiner Mütze nach, die ihm eine Windböe vom Kopf gerissen hat. Genüsslich verwandeln leidenschaftliche Raucher frische Brise in schlechte Luft. Gerstensaft in Plastikbechern findet regen Absatz. Mein Bedarf an zivilisatorischen Eindrücken dieser Art ist nach einer Viertelstunde hinreichend gedeckt. Ungeachtet dessen treibt mich meine Neugierde noch zur Shopping-Mall im Schiffsinneren. Auch hier herrscht reger Betrieb wie beim Sommerschlussverkauf. Bevor meine Ruhe und Gelassenheit vor die Hunde geht, suche ich meine Kabine auf und mache in dem bequemen Bett ein längeres Nickerchen. Aufkommender Hunger weckt mich nachdrücklich. Ich packe meine restlichen Nahrungsvorräte aus und esse langsam Stück für Stück. Am Abend schalte ich erstmalig wieder einen Fernseher an. Im deutschen Programm läuft Fußball (*Audi-Cup* in München). *Real Madrid* besiegt *SSC Neapel* mit 2:1. Anschließend erlebe ich das 0:3-Debakel der *Münchener Bayern* gegen den *FC Liverpool*. Mein Interesse an den Spielen hält sich zu meinem Erstaunen in engen Grenzen. Stattdessen notiere ich mir aufkommende Ideen für mein Buchprojekt. Meine Gedanken führen mich mehr und mehr zu meiner Familie. Auch Lenes Gastfreundschaft kursiert in angenehmer Erinnerung. Ab 23:00 Uhr läute ich »Traumreisen auf hoher See« ein und tauche erst am nächsten Morgen um 6:30 Uhr nach einem tiefen und erholsamen Schlaf wieder in der Realität auf.

## Mittwoch, 2. August 2017

Mit Freude begrüße ich meine ersten Gedanken, die mich darauf hinweisen, ab 10:00 Uhr wieder deutschen Boden unter den Füßen zu haben. Frisch geduscht verspeise ich mein letztes *norwegisches Frühstück* aus meinen Vorräten. Wie kommt es, dass die kleinen Brötchen mir heute ebenso wenig schmecken wie Mayonnaise, Wurst und Käse? Anscheinend lechzen meine Geschmacksknospen jetzt nach deutschen Leckereien. Das soll jetzt hier nicht heißen, es habe mir in Norwegen nicht geschmeckt. Während der letzten Minuten an Bord schaue ich mir im Fernsehen die Kurznachrichten an. Auf eine Wiederholung der News kann ich gut verzichten. Ich habe mir diesbezüglich zum Ziel gesetzt, Nachrichten im Radio oder Fernsehen nur noch einmal pro Tag zu konsumieren. Beim Verlassen der Fähre kommt mir das Ganze vor wie ein Almabtrieb. Gezielten Schrittes mache ich mich in Richtung Bahnhof auf. Meine Vorfreude, in spätestens zwölf Stunden meine Familie wieder in die Arme schließen zu dürfen, lässt mich den Abschied von meinem geliebten Olavsweg glatt vergessen. Im Moment hoffe ich nur sehnlichst, die Bahn möge mich dieses Mal pünktlich nach Hause bringen. Tatsächlich: sie schafft es. Am Bahnhof im saarländischen Homburg ereignet sich um 22:00 Uhr ein inniges Wiedersehen mit meiner Frau. Wir umarmen, küssen uns, kommen ins Erzählen. All das empfinde ich in diesem Moment viel intensiver als so manche Umarmung in den vergangenen Jahrzehnten unserer Beziehung. Dabei sind es nach wie vor die gleichen Muster. Und doch wirken sie auf mich jetzt nahezu umwerfend und lassen mich das Gefühl des Glücks unmittelbar erspüren. Was sechs Wochen Beziehungsdiät alles bewirken können!

# ... und täglich grüßt mich Olav

Wie wird aus einem Pilger oder Fernwanderer wieder ein ganz normaler Mensch? Ganz einfach: Der Alltag kommt mit weit ausgebreiteten Armen auf mich zu und ich begegne ihm sehr bald wieder mit all meinen Gewohnheiten, Verhaltensmustern und Macken. Bereits vor Beginn meines Weges war mir klar, dass ich danach mein Leben weder vollkommen umkrempeln noch ein neuer Mensch sein werde. Ähnlich sicher bin ich in meiner Vermutung, dass die Erlebnisse und Erfahrungen im Verlaufe meiner Wanderung das eine oder andere in mir verändern werden.

Jetzt, Ende Juni 2018, wo ich diese Zeilen niederschreibe, hat es in der Tat keinen Tag gegeben, an dem ich mich nicht an den Olavsweg erinnert habe. Sei es ein noch so unbedeutender Moment, beeindruckende Begegnungen mit Menschen oder ein außergewöhnliches bewegendes Ereignis im Verlauf der Tour. Der Pfad begleitet mich bis heute jeden Tag und ich bin sehr froh, ihn täglich begrüßen zu dürfen. Er ist für mich eine Art Energiespender. Ebenso bringt er mich in oftmals hausgemachten Spannungssituationen zu alternativen Überlegungen und Handlungen. So schaffe ich es mittlerweile öfter, meine Leistungsansprüche an mich selbst und andere zurückzuschrauben und der Muße mehr Raum zu geben. Tagesnachrichten im Radio oder Fernsehen haben für mich keinen *must-have-Charakter* mehr. Wenn, dann höre oder schaue ich sie mir nur einmal am Tag an. Rückblickend waren die sechs Wochen selbst verordneter kompletter Nachrichtenabstinenz in Norwegen für mich eine Art mentale Entgiftung. Es hat mir gut getan, eine Weile von den dramatischen Ereignissen und trivialen Informationen auf diesem Globus bewusst Abstand genommen zu haben. Es hat mir gut getan, meinen Körper wieder etwas besser kennengelernt zu haben, seine Verlässlichkeit, seine Ressourcen, aber auch seine Grenzen. Es hat mir gut getan, von jetzt auf gleich mit mir bis dahin unbekannten Menschen mal gehaltvolle, mal banale Gespräche geführt zu haben. Schlussendlich hat es mir gut getan, Tag für Tag Augenblicke des *Jetzt* erleben zu dürfen mit all den Gefühlen der Freude, des Glücks, aber auch der Unsicherheit, des Alleinseins und der Angst. All das wirkt in mir bis heute nach und bereichert mein Leben. Spirituelle Erfahrungen, wie sie von nicht wenigen Pilgern beschrieben worden sind, habe ich nicht machen können. Vielleicht habe ich sie auch nur nicht wahr- oder ernst genommen. Insofern messe ich den beschriebenen kleinen Zufällen oder merkwürdigen Ereignissen und Begegnungen durchaus einen gewissen spirituellen Aspekt bei. Hier hat es sich einfach so gefügt, hat für mich einen Sinn gemacht und mich letztlich auch offen gemacht für Dinge, die sich einer schnellen verstandesmäßigen Erklärung entzogen haben.

Fakt ist, ich lebe meinen Alltag etwas bewusster und entspannter. Entwickeln sich die Dinge einmal nicht erwartungsgemäß, reagiere ich oft gelassener als vorher. Manch ein geplatzter Termin ist dadurch zu einem Erholungsmoment mutiert. »Mut zur Lücke wird ein Schritt zum Glücke«. Apropos Schritte: Ein bis zwei Nordic-Walking-Touren während der Woche sind nach wie vor obligatorisch. Zusätzlich mache ich Besorgungen in die Stadt deutlich öfter zu Fuß. Während einer Fünf-Kilometer-Strecke erhalte ich mehr und intensivere Eindrücke als durch eine zehnminütige Sitzkur hinter der Windschutzscheibe meines Autos. *Wellness by Walking* nenne ich das. Die Last der Einkäufe in meinem kleinen Rucksack erinnert mich an meinen 17-Kilo-Rucksack in Norwegen. Dann kommt mir das Leben wieder viel leichter vor.

Von besonderer Bedeutung ist für mich die Freundschaft zu meinen Pilgerkameraden Lene, Bettina, Werner, Jens und Thomas. Wir stehen miteinander in regelmäßigem Kontakt. Im Februar 2018 nahmen Bettina, Jens und Werner meine Einladung an und besuchten mich. Während eines erlebnisreichen Wochenendes konnte ich den drei Nordlichtern meine schöne Heimat zeigen. Wir hatten uns jede Menge zu erzählen. Gemeinsam stellten wir fest, wie nahtlos wir wieder an unsere Beziehung während der Olavsweg-Zeit anknüpfen konnten. Jens schickte mir kurze Zeit später einen norwegischen Sauerteig mit einer Anleitung zum Brotbacken. Seither bin ich ein begeisterter Amateur-Bäcker und habe schon zahlreiche Sauerteigbrote gedrechselt. Im Sommer steht ein weiteres Treffen bei Jens an. Besuche bei Bettina und Werner werden sicherlich folgen. Mit Lene und Thomas, unseren beiden Norwegern, halte ich ebenfalls einen lockeren Kontakt.

Als Jens mich zu einem Fasten-und Wanderseminar auf der Insel Rügen im April 2018 einlud, habe ich direkt zugesagt. Diese Woche auf der Insel bei strahlendem Sonnenschein war für mich in jeder Hinsicht außergewöhnlich. Ich lernte dort erneut liebenswerte Menschen mit ähnlichen Grundhaltungen kennen. Den Verzicht auf jegliche feste Nahrung und die täglichen Wanderungen, Qigong-Übungen und Meditationen habe ich sehr genossen. Auch dieses Erlebnis wirkt in mir bis heute nach.

Als Nächstes werde ich mit meinen norwegischen Gastgebern wieder Kontakt aufnehmen. Es ist mir ein großes Anliegen, mich bei allen für ihre wohltuende Gastfreundschaft und motivierende Unterstützung zu bedanken. Immer, wenn ich meine Fotos vom Olavsweg betrachte, denke ich an sie. Sofort spüre ich dann ein wohltuendes und warmes Gefühl bei der Erinnerung an diese außergewöhnlichen Menschen. Im Herbst wird Anders, Norweger und früherer Geschäftspartner von mir, dieses Buch ins Norwegische übersetzen. Ich hoffe, dass später die dortige Leserschaft sich insbesondere während der kalten und schneereichen Zeit meiner Ausführungen mit Vergnügen und Wärme im Herzen zu Gemüte führen wird.

Ab 2019 plane ich zusammen mit meiner Frau eine Leserreise mit Bildervortrag an interessanten Orten in Deutschland. Für uns beide eine ideale Möglichkeit, malerische Plätze und sympathische Menschen in ganz Deutschland kennenlernen zu dürfen. Ebenso eine reizvolle Chance, dem beginnenden Herbst des Lebens, dem sogenannten *Faltikum*, bunte Impulse und bereichernde Begegnungen abgewinnen zu können.

Der Olavsweg war für mich ein langer, oft auch sehr anstrengender Weg durch ein herrliches, malerisches Land. Er war geprägt durch zahlreiche wertvolle und schöne Begegnungen mit prachtvollen, offenen und hilfsbereiten Menschen. Stets fühlte ich mich gut aufgehoben und wie von unsichtbaren Kräften geleitet und geschützt. Es fügte sich immer wieder so. Fügung heißt für mich auch, meinen Teil in selbstverantwortlicher Weise dazu beizutragen. Ohne Erwartungen, ohne Bedingungen. Das scheint der Spirit zu sein, der dem Olavsweg innewohnt.

Pater Anselm Grün schrieb einmal in einer seiner zahlreichen Publikationen: »Wer nie den Mut hat, seine eigene Grenze zu überschreiten, dessen Leben verkümmert«. Dieser Satz hat mich genauso beeindruckt und motiviert wie ein Kommentar des Schweizer Chemikers Albert Hofmann, Erfinder des *LSD*: »Es gibt nichts, das zu nichts wird, es gibt nur Wandel in dieser Welt, alles ist schon da, ich bin in diesem Wandel drin und fühle mich wohl und geborgen darin.« Hofmann, der Chemie und Spiritualität als wesensverwandt ansah und 102 Jahre alt wurde, schrieb in einem seiner letzten Briefe: »Man sollte in meinem Alter überhaupt nichts anderes tun, als staunend und träumend durch das Leben zu gehen.« Eine Anregung für mich selbst, vielleicht auch für Sie, liebe Leserinnen und Leser, es bereits früher, nämlich jetzt, zu tun.

**In diesem Sinne noch einmal: Danke, Olav!**

JU
71854

# Das Beste zum Schluss – berührende Begegnungen

Die Leserschaft soll sich so auch ein Bild von ihnen machen können, von all den sympathischen und hilfsbereiten Norwegerinnen und Norwegern sowie Menschen anderer Nationen, die ich in meinem Buch beschreibe.

Menschen, denen ich im Laufe meines Pilgerweges begegnet bin. Begegnungen, die für mich sehr wertvoll und wohltuend waren, Begegnungen, die einmalig bleiben. Begegnungen, an die ich mich immer wieder gerne zurückerinnere und die es wert sind, sie weiter zu pflegen.

321

Olavsweg
GRANA

HU 4232

Salonger
Vikhagen
Ringerike 1-3
Gildehuset

# Danke ...

Es ist ein guter Autorenbrauch, allen Menschen, die in irgendeiner Weise zu meinem Buch beigetragen haben, Danke zu sagen.

Ich danke meiner Frau Birgit. Ihre anfänglichen wichtigen Einwände gegenüber meinem Vorhaben haben mir geholfen, meine Vorbereitungen für den Olavsweg präzise zu planen. Ihre wohlwollende Unterstützung während meiner Wanderung gab mir Mut und Zuversicht für die jeweiligen Herausforderungen der nächsten Etappen.

Danke auch meinen Kindern, Lisa, Stefanie und Simon. Deren Begeisterung und Ideen für mein Vorhaben habe ich als sehr inspirierend und ermutigend erlebt. Sie haben mir sozusagen »Hoffmanns-Stärke ins Kreuz gebügelt« und meinen Ehrgeiz befeuert, diesen Weg zu gehen und auch zu schaffen.

Als glückliche Fügung empfinde ich es, meine Pilgerfreunde, Bettina, Werner, Jens sowie Lene und Thomas auf dem Weg kennengelernt zu haben. Darüber hinaus ist eine Freundschaft zu ihnen entstanden, die bis heute anhält und mir sehr viel bedeutet.

Dank auch an alle, die mir bei der Gestaltung und Realisierung dieses Buches in jedweder Form geholfen haben, insbesondere Herr Brunner, Herr Christmann, Herr Jost und Herr Collmar.

Ein ganz besonderer Dank gilt auch allen Menschen, die ich auf meinem Pilgerweg getroffen habe. Die Begegnungen mit ihnen haben mich sehr beeindruckt und froh gemacht. Ihre Offenheit, Freundlichkeit und spontane Hilfsbereitschaft haben mich sehr berührt und wirken bis zum heutigen Tage nach.

## Literatur

**Hanna Engler**
Norwegen: Olavsweg
*Conrad-Stein-Verlag, Welver (2. Auflage 2018)*
**Bernd Lohse**
Der Olavsweg
*Lutherische Verlagsgesellschaft, Kiel*
**Renate und Helfried Weyer**
Bildband Olavsweg – Pilgern in Norwegen
*Tecklenborg Verlag Steinfurt, 1. Auflage 2010*
**Renate und Helfried Weyer**
Pilgerreiseführer Olavsweg – Pilgern in Norwegen
*Tecklenborg Verlag Steinfurt, 1. Auflage 2014*
**Franz Alt, Bernd Lohse, Helfried Weyer**
Aufbruch zur Achtsamkeit
*Herder Verlag 2016*

## Informationen im Internet

www.olavsweg.de
www.pilgern-im-norden.de
www.pilegrimsleden.no
www.nidarosdomen.no
www.youtube.com, Suchbegriff: Fernwanderer
www.visitnorway.de